KB190848

예수 인문학

예수 인문학

차정식 지음

차례

서문

우리가 인류의 구세주로 신앙하는 예수는 공생애 기간을 통해 두 가지 현장을 지속적으로 유지했다. 첫째가 가르치는 일이었고, 둘째가 치유하는 일이었다. 가르침은 제자들과 탐방객들 앞에서 논쟁과 대화의 방식으로 제공될 때도 있었지만 더 자주 일방적인 선포의 어록이나 비유의 말씀을 통해 베풀어졌다. 물론 예수 사역의 이 두 현장을 관통하는 일관된 주제는 하나님 나라(천국)였고, 하나님의 그 왕적인 통치가 이 땅의 삶에 실현되는 결과로서의 구원이었다.

예수의 갑갑함, 또 그로 인한 탄식과 분노는 주로 당대의 사람들이 선민이란 종교적 자부심에 취해 하나님도, 그분의 왕적인 통치도 제대로 깨닫지 못한 데서 비롯된 것으로 보인다. 예수의 가르침을 진중하게 새겨보면 그 깨달음은 그저 율법책의 요절을 암송하거나 기도만 한다고 저절로 생기는 것이 아니었다. 그는 구약 시대에서 이어진 토라의 전통에 담긴 핵심 유산을 문자적으로 받아들이지 않고 심사숙고해 가르쳤다. 그의 가르침에는 앵무새 같은 맹목적 순종이나 복창 대신 전통에 대한 (재)해석이 있었고 요약이 있었다. 아울러 당대의 세계를 날카롭게 통찰하고 이에 덧대어 활기차고 명랑하게 적용하는 법에 그는 둔감하지 않았다. 그는 오늘날 넓은 의미의 인문학적 공부를 폭넓게 체현하여 인간과 자연, 세상과 죄악, 깨달음과 회개, 구원과 해방의 문제에 간단명료하면서도 꽤 심오한 앎의 선물을 후세에 남겨주었다. 그의 예언은 그렇게 그의 필연적 운명이 되었다.

나는 예수의 전체 모습은 아닐망정 이처럼 공부와 해석을 중시하고 제자들에게 꾸준히 삶의 길을 구하고 찾으며 문을 두드리길 종용했던 구도자적 현자로서의 엄연한 예수 전승이 우리 한국 기독교의 신앙 세계에서 거의 실종된 모습이 안타까웠다. 그것은 내 표현대로 예수가 지향하고 그의 가르침에 반영된 신학의 인문학적 측면이었을 것이다. 이제 인문학의 전성시대가 이 땅에 도래하여 한국적 르네상스가 올 것 같은 요란한 분위기가 항간에 스치고 있지만 예수를 통하여, 예수와 함께 이드거니 어울리며 말씀을 공부하고 깨우침을 사모하는 현장은 여전히 드문 것 같다. 승자독식주의가 우리 교회 안팎에도 기승을 부리다 보니 한 가지 주류의 트렌드가 이런 가물가물한 진리의 그늘을 압도하고, 그 결과 거칠고 단선적이며 폭압적인 무례와 무지의 자세가 뜨거운 신앙으로 기세등등한 세태를 양산하고 있다. 전복적인 유머와 재치가 넘쳤던 예수의 가르침의 자취는 이런 세태 속에서 그저 희미할 따름이다. 언제나 냄비처럼 들끓는 내 분요한 조국의 한 후미진 구석에서 성서와 신학이란 이름으로 명패를 걸친 지 어언 20년, 아무리 설교하고 강의해도 그 세상이 그 세상으로 별로 변함없다. 그럼에도 불구하고 나는 내 서푼어치의 지적인 양심을 걸고 예수의 실종된 전통 한 가닥을 꼭 언급하고 거기에 물꼬를 대고 싶었다.

나는 미국의 한 신학교에 한 학기 초청받아 지난 반년 정도 이방에 체류하면서 내가 마냥 한량처럼 놀고먹지 않고 있다는 증거로 이 책을 쓰기로 작심하고 단기간에 집중하여 이 졸고를 완성했다. 동시에 나는 지적 식민지로서 체면을 못 세우는 현재의 국내 풍토에서 그저 서구학자들이 해온 방식을 기계적으로 모방하고 그것을 절대 불변의 기준인 양 맹종하는 학문적 풍토를 안타까워하며 거기에 조그만 균열이라도 내고자 자유분방하게 내 사색의 결을 따라가고 싶었다. 물론 그 이면에는 내가 여기저기서 책으로 배우고 내 몸과 삶의 체험을 통해 익힌 영양분들이 녹아 있겠지만, 나는 어설픈 흉내 내기로서의 공부가 한없이 역겨웠고 서구 신학의 영웅적 장삼이사들이 구축한 세계에 하나마나한 수준에서 잡다한 각주를 다는 식의 학문이 불쌍했다.

이런 종류의 책을 한 권 내기로 오래전 새물결플러스 대표 김요한 목사님과 의기투합한 바 있다. 그는 꾸준히 이 약속을 상기시켜주었고 복잡한 세간사의 굴곡 속에서도 선하게 의리를 지켜주었다. 더불어 이 책이 조금이라도 빛을 발한다면 그것은 순전히 유영성 전도사님이 그려준 삽화의 후광 덕분일 것이다. 지새우던 기나긴 밤들의 기억이 공중에 부유물처럼 출렁인다. 이제 또 새벽이 되어 새 책의 출간과 함께 새날이 밝아오기에 이런 분들이 끼친 참한 은혜의 빚을 빛으로 받아 간신히 이 서문을 쓴다. 훠이, 물렀거라! 예수의 본심과 무관한 잡것들아!

2016년 6월 14일

텍사스의 한 골방에서

저자 씀.

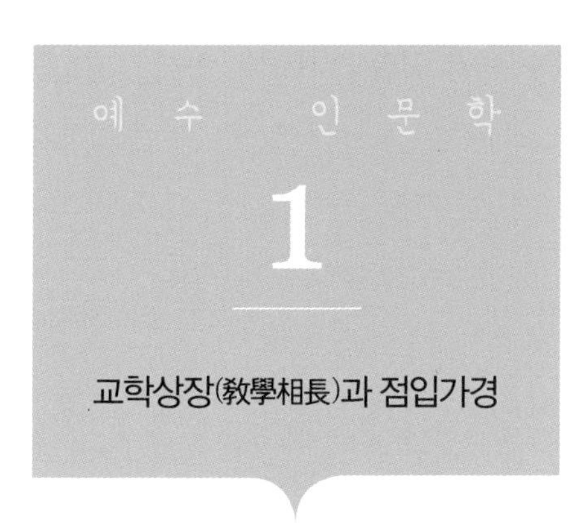

어제 박사 과정에 새로 입학한 제자가 내게 공부법을 물었다. 나는 잠시 생각을 공글리다가 예수의 경우에 빗대어 두어 가지 일러주었다. 하루가 지나고 내 생각의 틈새가 보이기 시작할 무렵, 새벽녘의 영감을 다독여 이제 내가 말한 것과 말하지 않은 것(또는 못한 것)을 간추려 정리해본다.

예수는 자신의 몸을 끌고 움직이며 부리는 동선을 통해, 그리고 바깥 사물과 현상에 대한 일상적 관찰을 통해 가르쳤다. 또 그는 묵시의 하늘과 지혜의 땅을 두루 조망하는 원근법적 통찰로 그 공부가 전체를 지향하면서 앎의 지경을 확대·심화해나가는 개인의 경험임을 깨우쳐주었다. 이를 위해 그는 주로 비유와 어록의 형식을 통해 암시와 압축의 교수법에 바람직한 공부법의 실례들을 담아내었다.

무엇보다 예수는 길 위의 존재였다. 아니, 그의 존재(being)는 길 위에서 생성(becoming)의 과정을 밟았다. 그는 길 위에서 부단히 움직이며 사람을 만났고 그들과 관계를 맺으며 그들의 필요에 부응하여 적극 도와주었다. 가버나움에서 시작된 갈릴리 사역은 예루살렘과의 대척점이라는 결핍된 지리적 변두리를 하나님 나라라는 내밀한 화두로써 풍성한 교육의 장으로 둔갑시켰다. 동서사방으로 그 발걸음의 동선을 확대해나간 그의 선교 여정은 곧 몸으로 겪어내며 보는 만큼 알고 깨치는 공부의 신체적 차원을 역설한다. 자신의 몸을 끌고 길의 여정을 탄주하는 동선 끝에서 그는 자신이 개척한 길의 정점을 찍은 뒤 마침내 "그 길"(the Way)로 승화되었다.

예수의 눈은 명민한 관찰의 미덕을 지녔다. 가깝게는 땅의 백합화를 주시하고 멀리는 하늘을 나는 새를 응시하면서 그는 원근법의 시선으로 사물을 관찰하고 피조세계를 여유 있게 관조함으로써 그 틈새에 서린 하나님의 섭리와 그윽한 생명의 아름다움을 포용할 줄 알았다. 그 시선의 관찰을 통한 공부길의 언저리에는 무궁한 자유를 통해 다다르는 평화가 있었고, 그 평화로써 누리는 생명의 향유가 움트고 있었다.

그는 천지의 조화를 향해 묵시적 비전을 간직하면서도 그것이 공허한 이상으로 겉돌지 않도록 이 땅의 사람살이에 대한 현실주의적인 지혜에 충실했다. 카이로스의 번득이는 순간에 임하는 우주적인 천국/하나님 나라의 이념형을 설파한 예수가 "망대의 비유"와 "불의한 청지기의 비유"를 베푼 그 예수와 동일인물인지 간혹 의아해질 때가 있을 정도다. 그만큼 그는 이것을 붙잡고 저것을 놓지 않는, 또는 저것을 품으면서 이것을 팽개치지 않는 전체에 대한 통찰의 공부법을 견지했다.

그의 교수법 한가운데에는 듣는 제자의 상상력을 증폭시키는 평이하면서도 경이로운 비유의 세계와 기지 넘치는 촌철살인의 아포리즘들이 자리하고 있었다. 그것은 생활 현장의 일상적 체험에 터를 잡아 자신의 발견을 소박하게 서사화하고 이를 다시 한 번 뒤집어 그 서사의 다채로운 이면을 깊이 성찰하는 데 공부의 맥점이 있음을 암시한 증거였다. 이로써 그는 공부가 경청과 숙고, 묵상과 성찰, 해석과 적용이란 과정을 거친다는 점도 드러냈다. 이 세상의 주류 가치를 향한 집착과 그로 인한 상투적 인습이 공부의 가장 버거운 장벽이라는 경고도 그 가운데 은근히 깔려 있었다. 그것을 뒤집어 정신의 헐거운 통풍구가 조성될 때 비로소 공부의 에너지가 자생하는 이치도 그 틈서리에 꼬물거리고 있었다.

예수의 공부법은 또 과격한 사랑법으로 이어졌다. 그것은 오래 묵은 전통을 품되 그것을 과감하게 재해석하는 방식, 곧 다중(多衆)이 듣고 소문으로 전하여 고착된 습관을 넘어서는 자리에서 빛을 발했다. 산상수훈의 발화 방식이 절묘하게 드러내듯, 그에게 "전통"이라는 권위적 매개로 강요된 수동적 청종의 텍스트("너희들은 이와 같이 들었다")는 예수가 용감하게 개척한 주체적 해석의 컨텍스트("그러나 나는 이렇게 말한다")를 거쳐 마침내 반역과 전복의 지평으로 그 의미를 갱신해나갈 수 있었다. 그렇게 갱신된 의미의 지평 위에 가난한 심령들을 더 많이 아우르고 사랑할 수 있는 태반이 조성되었음은 물론이다.

그에게 공부는 곧 태초의 감각을 염두에 둔 신명 나는 삶의 퍼포먼스에 다름 아니었다. 그의 짧은 공생애와 이야기에 식사와 잔치 모티프가 자주 등장하는 것은 공부의 결실이 삶의 향유와 긴밀히 연동되어 있었음을 암시한다. 삶이 그렇듯, 배움 역시 축적하고 소유하는 것보다 좋아하여 즐기고 누리는 것이 상전이었던 셈이다. 그가 당대 최고 권위의 전당이자 거룩함의 표상이었던 예루살렘 성전에서 자기 목숨을 담보로, 그의 이전 모습과 어울리지 않는 듯한 폭력적인 언행 속에 극렬한 퍼포먼스를 벌인 예는 그의 공부가 즐거움을 매개로 역사를 의식했음을 보여주는 증거라 할 수 있다.

그 예언자적 상징 행위는 자신의 공부가 한 시대의 "뜨거운 상징"이길 지향한 선택이었지만, 동시에 그는 자신의 몸과 피를 떡과 포도주의 상징에 담아 제자들에게 공여하는 방식으로 죽을 때까지 몸에 의한, 몸을 통한, 몸의 공부에 충실했다. 종말도, 구원도, 사랑도, 우리의 식도를 타고 흐르는 물질의 감각처럼 구체적으로 체감되는 자리에 제자들을 위한 공부의 열정이 육화되고 있었던 것이다. 이런 이타적 방식과 별도로 그는 한 무명 여인의 머리털과 입술에 실려 감촉되는 값비싼 나드 향유의 서비스를 통해 역설적으로 거룩한 낭비와 사치의 생산성을 전수하는 여유를 보여주었다. 이처럼 향유(香油)를 통해 삶의 마지막을 향유(享有)하는 순간 속에, 죽어 바스러질 몸의 생명을 달래며 예의를 갖춰 위로하는 것도 공부의 윗길에 있었다.

마지막으로 예수는 죽어가면서도 가르쳤다. 또 그것이 가장 중요한 운명의 공부임을 예감했다. 겟세마네는 죽음을 통과하는 배고픈 소크라테스의 길과 배부른 돼지의 길 사이에서 제3의 미학적 대안을 제시한 공부의 또 다른 현장이다. 그는 냉엄하고 초연하게 죽음을 가뿐히 넘어가지 않았다. 그는 자신의 죽음을 예감하면서 충분히 고뇌하고 슬퍼했다. 또 죽음을 두려워하는 인간적 실존의 인지상정을 깊이 공감했다. 그렇다고 그가 돼지 멱따는 소리 하면서 동물적인 생존본능의 노예가 된 것도 아니었다. 그는 그 실존의 극점에서 자신의 뜻을 아버지의 뜻에 맡김으로써 지극히 인간적인 죽음이 인간 이하로 추해지지 않는 선에서 절묘한 미학적 긴장을 유지했다. 살아생전 분요한 가운데서도 여유롭고 고요한 평정을 유지해오던 그는 죽어가면서 가장 아름다워지는 포즈로써 공부의 모범을 보여주었던 것이다.

오늘날 공부하는 이들은 종종 좁게 파다가 넓이를 놓치고 넓게 파다가 깊이를 잃어버린다. 그런가 하면 현미경의 시선으로 공부하다가 망원경의 존재를 망각하거나 그 반대의 선택으로 전체에 대한 통찰을 포기한다. 또 어떤 이는 장황한 지식의 대양을 유영하다가 압축과 요약의 묘미를 얻지 못한 채 익사하기도 한다. 어떤 때는 배부르게 채우고 쌓는 데 혈안이 되어 서늘하게 존재하는 법을 배우지 못

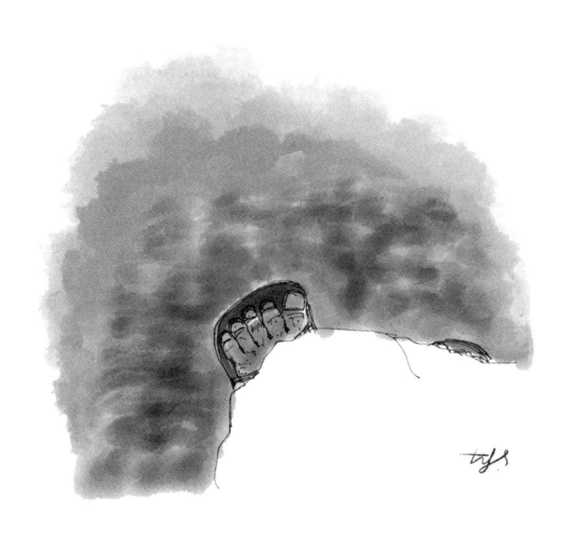

한다. 대학 잘 가라는 지청구에 떠내려가는 이들의 공부길에 전복적 상상력과 과감한 해석은 언감생심이고 용감하게 존재하려는 결기가 생길 리도 만무하다.

생활의 현장에서는 뱀처럼 교활할 정도로 영리해져야 할 이들의 공부 목표가 비둘기처럼 순진한 구석으로 맴돌기 십상이고, 비둘기의 순결한 자세를 다져야 할 이들은 도리어 세속에 닳아빠지고 너무 영악해져서 지나치게 교활한 꾀에 자주 휘둘려 제 함정을 스스로 파기도 한다. 공부의 수많은 재료들이 난무하는 현대에 지혜를 살려 독을 약처럼 쓰며 공부하는 현명한 이들이 있는가 하면, 맥락을 살려 쓸 만한 양약조차 불신하여 독으로 내치는 우매한 자들도 적지 않다.

내 공부길을 되짚어보니 나 역시 어리석은 길에서 혼미하게 헤매고 시간 낭비한 경우가 적지 않았다. 고개를 돌려 앞을 보니 읽을 책이 산더미 같고, 공부하여 깨치고도 망각한 진리의 숲을 대하자니 민망한 근심이 가득 차오른다. 내 천학비재(淺學菲才)를 통렬하게 자각하고 탄식하는 순간은 곧 내가 다시 새롭게 공부해야 할 이유를 제공한다. 내 부실한 삶의 열매와 빈곤한 공부의 결실을 반성하는 새벽녘 고요한 시각, 내 다급한 기도 제목은 예수와 더불어 공부하여 그의 공부법에 신입생으로 다시 입문하는 것이다. 공부의 위기는 공부의 새로운 기미다. 다시 참신한 탐구자가 되라고, 결기 충만한 구도자로 공부길 위에 우뚝 서보라고 예수의 영이 지친 내 등을 떠밀고 있다. 가르치면서 배우고 배우면서 가르칠 때 우리는 서로 자란다. 그 성장은 아름답다. 그 속에 피어나는 삶의 풍경이 점점 더 아름답게 피어나기 때문이다.

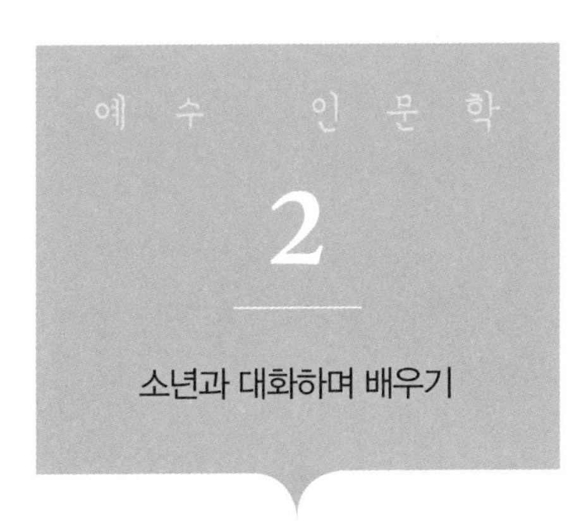

"그가 선생들 중에 앉으사 그들에게 듣기도 하시며 묻기도 하시니 듣는 자가 다 그 지혜와 대답을 놀랍게 여기더라"(눅 2:46-47).

누가복음에는 다른 복음서에 나오지 않는 예수의 유년기에 대한 기록이 두 단락 있다. 그중 하나가 예수의 나이 열두 살 되던 해 있었던 유월절 에피소드인데 당시의 "관례"대로 소년 예수가 부모와 함께 예루살렘 성전을 방문한 이야기다. 유월절 기간의 행사를 마치고 돌아가던 중 어린 예수가 동행 중에 있는 줄 알고 하룻길이나 갔다는 부모의 무신경함에 독자들이 먼저 혀를 찰 수 있다. 그러나 그건 그럴 수 있다고 넘어가도 된다. 부모가 아이를 잃은 줄 알고 되돌아 예루살렘으로 가서 열심히 찾아 마침내 만났으니 됐다. 물론 그를 찾는

"사흘간"의 애타는 시간에 부모의 애간장이 녹고 자신들의 불찰을 자책한 내면의 복잡한 심경을 잠깐 들여다보는 것도 무해할 터이다.

이 이야기의 초점은 부모의 그런 심경보다 어린 예수의 행보와 행태에 있다. 부모가 예수를 다시 만난 곳은 그들의 유월절 행사가 벌어졌던 성전이었다. 예수는 그곳에 건성으로 가서 건성으로 행사를 치르는 어릿광대 아들이 아니었다. 군중 틈에 기웃거리며 별난 행사들을 눈요깃감으로 쳐다보는 구경꾼도 아니었다. 행사장 주변 시장 골목의 맛있는 것들에 한눈팔며 이것저것 사달라고 응석부리는 소년의 모습도 여기서 도통 찾아볼 수 없다. 그는 자신이 앉아야 할 자리를 찾아 앉았고, 만나야 할 사람들을 만났다.

부모와 떨어져 있던 사흘간 그가 어디서 잠을 자고 무엇을 먹었는지 내가 궁금한 사소한 일상의 소품들은 몽땅 생략되어 있다. 그가 성전에서 배우든 가르치든 기력이 있어야 할 텐데, 그것은 저자의 관심사 밖이었던 모양이다. 다만 그는 유대교의 선생들과 함께 앉아 있었다고 한다. 가만히 원문을 살펴보니 그냥 나란히 앉은 게 아니다. 소년 예수가 "한가운데"(*en mesō*) 좌정한 상태에서 선생들이 이 아이를 빙 둘러앉은 구도다. 거기서 그는 유대교의 선생들에게 듣기도 하고 묻기도 했다고 한다. 구체적인 대화의 세목은 나오지 않지만 이 간단한 한마디에 공부의 요체가 담겨 있다. 배움은 먼저 좌정하여 대화할 준비가 된 태도로부터 비롯된다. 시장 바닥에서, 산속의 오솔길에서도 공부의 경험이 가능하지만, 진중한 화제로 차분한 대화를 나누기 위해서는 함께 앉아 서로에게 주의를 기울이고 집중하는 태도가 선행되어야 한다.

아무리 똑똑해도 줄곧 저 혼자 떠들어서는 교학상장이 이루어지지 않는다. 듣기도 하고 묻기도 해야 한다. 여기서 듣는 것이 먼저 나오는 게 우연이 아니라면 뭔가 이유가 있었을 게다. 예수가 어린아이니까 어른들의 말씀을 먼저 겸손하게 듣는 게 마땅했을 거라는 상식을 섣부르게 들이대지 말자. 굳이 어린이가 아니라 어른, 어른의 상전이라 할지라도 배움의 자리에서 남의 이야기를 신중하게 듣지 못한다면 앎의 현상태(*status quo*)를 지속하는 것 이상으로 공부 효과를 기대하기 어렵다. 경청의 소중한 미덕은 아무리 강조해도 지나치지 않다.

이즈음 짜증 나는 이야기, 신문 잡지의 통속적 보도, 식상한 만담이 워낙 많아서인지, 아니면 하나마나한 수사적 공식이 과도해서인지, 사람들이 잘 듣지 못한다. 귀는 열어놓는데 마음은 콩밭에 가 있기 십상이다. 진리에 대한 갈증의 결핍이 경청의 최대 장애물이다. 마주치는 모든 대상이 배움의 일리를 감춰두고 있다면 침묵의 소리까지 들을 수 있는 태도가 긴요하지 않을까?

공손하게 듣는 태도만으로 물론 배움이 저절로 이루어지지 않는다. 질문이 잇따르는 것이 정상이다. 소년 예수는 선생들에게 뭔가를 물었다. 물음의 내용은 괄호 안에 봉인돼 있지만 그 질문의 파동은 대단했다. 소년 예수의 질문에 어른 선생들은 대답했고 역으로 또 예수에게 질문했다. 이렇게 질문과 대답으로 주거니 받거니 그들은 대화하며 토론한 것이다. 예수의 질문과 대답에 그들이 경이로운 반응을 보였다는 기록으로 미루어 예수의 말에 뭔가 예사롭지 않은 신동의 끼를 느꼈음 직하다.

저자는 예수가 어려서부터 범상치 않은 신기를 지닌 채 지혜와 몸집이 자랐고 공동체의 사람들에게 사랑을 받는 분이었음을 들려주기 위해 이 이야기를 여기에 삽입했을 것이다. 그러나 독자로서 보기에 신기 넘치는 예수와 더불어 그 어린아이에게 그렇게 관심하며 정중하게 대화의 파트너로 대해준 유대인 랍비들의 태도는 더욱더 훌륭해 보인다. 어린아이에게 진리를 묻는 어른들을 우리가 어디 쉽게 볼 수 있는가? 학교에서 초청한 학부모 참관 수업에 가보면 어린 학생들에게 선생이 묻는 질문은 다 빤한 모범 답안을 유도하는 연출된 내용뿐이다. 함께 앉거나, 한 어린아이를 어른들이 둘러앉아 경청하는 풍경은 어른들의 자족적 유희를 위한 재롱잔치 아니면 접하기 극히 어렵다.

내가 어렸던 시절, 동네 아이들은 방목의 경험을 키우며 자랐다. 부모들이 집안 생계에 내몰려 고된 노동에 힘들고 바쁜 탓도 있었겠지만, 지금처럼 제도권 교육이 공부 기계로 아이들을 옥죄던 경쟁 체제가 상대적으로 헐거웠던 때였다. 그만큼 자유의 여백이 컸다. 특히 변두리에서 초등학교를 다닌 내 기억에 의하면 등하굣길의 골목과 논두렁 밭두렁은 자발적 실종을 유혹하는 샛길로 사소하나마 일탈의 즐거움을 선사해주었다. 방과 후에는 가방을 내던지고 뒷동산이나 도랑에 나가 자연과 어울려 놀이에 열중하거나 골방에 숨어 벗들과 어울리며 속닥거리는 재미가 쏠쏠했다. 그렇게 방목해놓은 아이들이었지만 부모는 저녁때에 맞춰 돌아오기만 하면 별 걱정하지 않고 넘어갔다.

여기 한 어린 소년의 주체적인 공부의 결기가 돋보인다. 그는 자기가 있어야 할 자리, 곧 "아버지의 집"에 당당히 있었다. 그는 방관적 구경꾼이나 수동적 시청자가 아닌 능동적 참여자로 어른들과 함께 대화할 줄 알았다. 그 어른 선생들은 아이의 말을 무시하지 않고 경청하며 질문/대답의 형식으로 진중하게 대화하는 도량을 보여주었다. 그것이 교학상장에 인색하지 않은 선량한 선생들의 초상이다. 이에 비해 예수의 부모는 자못 초라하다. 사흘간 애간장이 다 녹았겠지만 예수를 만나자 그들은 아이의 행방을 수소문해서 찾아온 자기들의 근심을 쏟아부으며 지청구하기에 정신없었다.

그러나 이즈음 아이들은 정해진 코스에 맞춰 움직이지 않으면 스스로 불안해할 정도로 많이 길들여졌다. 부모 역시 마찬가지다. 나 역시 평범한 아비로 아이들의 신체적 부재, 패턴화된 행로의 이탈에 대해 불안과 근심을 수시로 노출한다. 그 존재의 심연에 가 닿기 위해 더러 심오한 질문과 함께 대화를 유도하지만 교학상장보다는 유도심문의 심리적 탐색에 그치기 일쑤다. 우리는 여전히 아이들과 함께 앉거나 그들을 한가운데 두고 섬기며 대화할 줄 모른다. 듣는 일도 묻는 일도 상투적이다. "밥 먹었냐?", "시험 잘 봤냐?"에서 진도를 나가지 못한 채 타성의 언저리를 맴돌 뿐이다.

예수를 미아로 신고하지 않은 유대교 선생들의 천연덕스러운 지적 호기심과 자기중심적인 이기적 대화를 탓할 수 있을까? 어린이가 어른의 스승이라는 워즈워스(William Wordsworth) 식의 낭만주의적 구호가 들먹여지는 건 어린이날뿐이다. 하지만 옛날에는 선재동자(善財童子)의 이미지가 시사하듯, 어린아이를 실제로 진지한 배움의 파트너 내지 스승으로 여기며 공대한 유풍이 있었다.

도마복음의 예수는 이렇게 말했다. "자신의 연수가 많은 늙은이는 서슴지 말고 태어난 지 이레 되는 아기에게 생명의 장소에 대해 물어야 할 것이다. 그러면 그는 살리라." 우리 아이들을 공부란 미명 아래 애늙은이로 만들라는 말이 아니지 않은가? 잘 듣고 잘 묻기가 여전히 버거운 시대에, 일단 함께 앉기라도 해보자. 약한 아이를 한가운데 모시듯 앉아 겸허한 경청의 태도와 함께 차근차근 말하는 법을 배워야 한다.

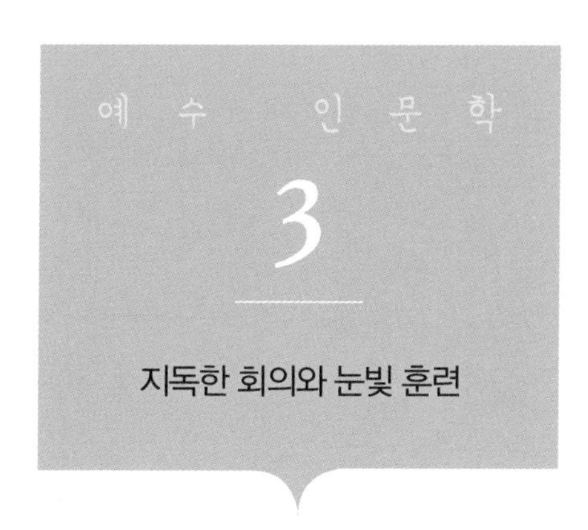

예수 인문학

3

지독한 회의와 눈빛 훈련

"눈은 몸의 등불이다. 그러므로 네 눈이 성하면 온몸이 밝을 것이요, 눈이 나쁘면 온몸이 어두울 것이니 하물며 네게 있는 빛이 어둠일 뿐이라면 그 어둠이 얼마나 심하겠는가?"(마 6:22)

"몸의 등불은 눈이다"라는 예수의 어록을 가지고 멋진 설교를 하는 것을 들어본 적이 있는가? 아니, 스스로 이 말씀에 근거하여 의미심장한 설교를 해본 적이 있는가? 자신 있게 나서기 어려울 만큼 이 단순한 어록은 설교의 교훈으로 풀어내기가 쉽지 않다. 그 겉만 핥고 적용할 양이면 교인들 중 안과 의사로 개원하는 자리에 눈의 중요성을 강조하는 맥락에서 수월하게 동어 반복할 수는 있겠다.

이 어록의 이면에는 고대 그리스의 자연철학자들이 즐겨 토론한 시각 기능 발생에 대한 이론들이 전제되어 있다. 모든 자연만물을 탐구의 대상으로 여긴 유명한 철인들이 눈에서 시각 기능이 어떤 배경과 근거를 가지고 생겨나는지에 대해 나름대로 추론하여 다양한 학설과 이론을 만들어냈다. 그 공통분모를 뽑아보면 대강 이렇다. 우주적 이성의 한 분깃으로 인간의 내면에는 불타는 진리의 빛이 있다. 그 빛이 바깥으로 발현되어 나가고 바깥에서는 태양에서 빛줄기가 인체로 들어오는데 그 두 종류의 빛이 눈에서 만나 시각 기능이 발생한다. 아울러 그 시각 기능에 터하여 로고스 이성에 근거한 인지 능력도 생겨나는 것이라 보았다.

그것이 바로 눈이 몸의 등불이 된 사상사적 내력이다. 예수께서는 여기에 설명을 덧붙여 그 눈이 성하면 몸 전체가 두루 밝게 되지만, 반대로 나쁘면 몸 전체가 어두컴컴해지리라고 본 것이다. 여기서 "성함"(*haplous*)과 "나쁨"(*poneros*)은 신체적인 건강 상태를 이르는 표현이지만 동시에 윤리적인 맥락으로 바꾸어 읽어도 해석이 무난해진다. 눈이 몸의 등불 역할을 잘한다는 것은 "더 나은 의"를 추구하는 예수의 제자도에 가름하는 하나님 나라의 윤리에 부응한다는 뜻이다. 반대로 그 기능이 부실하다는 것은 하나님 나라의 기준에 못 미치는 부실한 삶으로 전락한다는 뜻일 것이다.

바깥에서 들어오는 태양이 빛의 원천으로 제 기능을 수행한다면 문제는 우리의 내면에 머무는 "빛"에서 생길 공산이 크다. 놀랍게도 몸의 등불로서 눈에 대한 언급으로 시작된 이 어록은 마지막에 "네 안에 있는 빛"을 언급하면서 끝난다. "네 안의 빛이 어둠이라면 그 어둠이 얼마나 심각하겠는가!" 우리 안에 있는 빛은 그리스적 맥락에서 우주적 로고스의 분깃이 아니라면 히브리적 맥락에서 토라의 교훈이 마음에 심겨 생겨난 진리의 빛일 터이다. 그것은 몸으로 움직이는 우리 삶을 빛나게 하는 진리의 터전이다. 아무리 바깥에서 들어오는 빛이 환하다 할지라도 그것과 만나 자신의 몸 전체를 빛의 회로로 선순환시킬 내면의 빛이 온통 컴컴한 어둠이라면 몸의 등불은 제 역할을 감당할 수 없다.

이 어록을 통해 예수는 유대교의 선생들이 신주단지처럼 주워섬겨온 토라의 진리가 실상은 빛이 아니라 어둠일 수 있는 놀라운 반전의 가능성을 직시한다. 나아가 이 메시지는 오늘날 그리스도인들이 절대 진리로 떠받들어온 온갖 교리적 전통과 자칭 정통의 버전들이 빛이 아니라 어둠일 수 있다는 급진적 전복의 가능성을 예견한 것이라고 볼 수도 있다.

이신론자 데이비드 흄(David Hume)은 어디선가 그리스도인이 되는 가장 좋은 길은 자신이 믿는 바에 대해 끊임없이 회의적인 시각을 견지하는 것이라고 설파한 적이 있다. 이 기준을 그에게 적용한다면 그의 이신론적 신념 역시 회의의 대상으로 담금질되면서 그리스도교의 진리가 거듭나는 길을 모색해야 한다는 논리가 성립된다. 믿음의 주 되신 예수께서 이렇게 독한 회의의 정신을 드러내고, 내면의 빛을 뒤집어 그것이 어둠일 가능성을 염두에 두라고 한 것은 그를 치열한 계몽주의자처럼 보이게 만든다. 그러나 사실 그는 회의적 계몽주의자 이상이었던 것 같다. 계몽해야 할 최후의 밑천이었을 "내면의 빛"까지 건드려가면서 어둠 운운했기 때문이다.

우리는 선글라스를 꼭 햇빛을 차단하는 기능만으로 쓰지 않는다.

정반대로 우리 내면의 빛이 어둠이라는 걸 감추고 위장하기 위해 요청되는 선글라스의 심리학이란 게 있다. 오랫동안 제대로 된 내면의 빛을 받지 못한 우리 눈의 망막은 바깥의 건조한 태양빛에 자주 달구어진 나머지 안구건조증이라는 현대인 고유의 증상을 얻게 되었다. 우리의 눈빛은 내면에서부터 소외되어 바깥의 타자를 향해 환하게 시선을 교환하는 법을 잊어버린 것이다. 내면의 빛이 싱싱하게 공급된 시선으로 사랑하고, 그 시선으로 통찰하고, 그 시선으로 대화하며 소통하는 법을 잊은 지 오래다. 그렇게 부실하게 굴러먹고 소외된 몸의 등불일수록 눈빛 훈련은 더욱 요긴하고 갈증 나는 신체 심리적 과제가 되었다. 그 눈빛 훈련의 밑천인 내면의 빛은 더더욱 갈급한 회복과 갱신의 대상이 아닐 수 없다.

이 어록을 묵상할수록 언제부턴가 내겐 기형도 시인의 「전문가」라는 작품이 떠오르곤 했다.

이사 온 그는 이상한 사람이었다.
그의 집 담장들은 모두 빛나는 유리들로 세워졌다.

골목에서 놀고 있는 부주의한 아이들이
잠깐의 실수 때문에
풍성한 햇빛을 복사해내는
그 유리 담장을 박살내곤 했다.

그러나 얘들아, 상관없다.

유리는 또 갈아 끼우면 되지
마음껏 이 골목에서 놀렴.

유리를 깬 아이는 얼굴이 새빨개졌지만
이상한 표정을 짓던 다른 아이들은
아이들답게 곧 즐거워했다.
견고한 송판으로 담을 쌓으면 어떨까
주장하는 아이는, 그 아름다운
골목에서 즉시 추방되었다.

유리 담장은 매일같이 깨어졌다.
필요한 시일이 지난 후, 동네의 모든 아이들이
충실한 그의 부하가 되었다.

어느 날 그가 유리 담장을 떼어냈을 때, 그 골목은
가장 햇빛이 안 드는 곳임이
판명되었다, 일렬로 선 아이들은
묵묵히 벽돌을 날랐다.

그저 햇빛을 복사할 뿐인 유리 담장이 아이들의 생명과 자유를 저당 잡아오면서 그들을 빛의 노예로 만들었지만 마침내 그 빛의 실상이 가장 컴컴한 어둠으로 판명되고야 만다. 이렇게 위장되고 왜곡된 빛의 세계는 오늘날 "종교"라는 동네에 "진리"라는 이름으로 가장 무성하게 번성한다. 이의를 제기하고 회의를 품는 자는 즉각 추방이란 철퇴를 각오해야 한다. 그 사이비 빛이 두려워 우리는 툭하면 자신의 컴컴한 골방에 숨은 채 자꾸 두 눈마저 감고 실종된 내면의 빛을 심어준 아득한 본향의 창조주를 부르며 그리워하는 것일까?

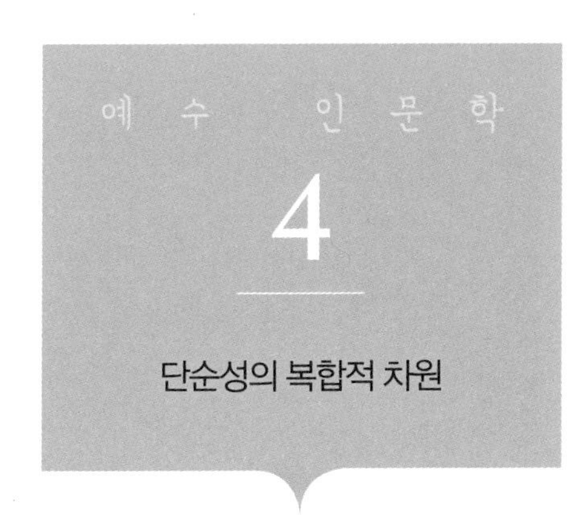

4 단순성의 복합적 차원

"어린아이들이 내게 오는 것을 용납하고 금하지 말라. 하나님의 나라가 이런 자의 것이니라"(막 10:14).

"너희가 돌이켜 어린아이들과 같이 되지 아니하면 결단코 천국에 들어가지 못하리라"(마 18:3).

예수와 하나님 나라를 논할 때 중요한 관건 하나가 이 "어린아이들과 같음"의 문제다. 이것이 천국/하나님 나라에 들어가는 기준으로 예수의 말씀 가운데 설정되다 보니 심각하게 숙고하지 않을 수 없다. 여기서 많은 사람들이 "천진무구함", "순진함", 나아가 "단순성"의 영적인 가치를 끄집어낸다. 또 여기서 가리키는 뜻이 "유치함"(childishness)이 아니라 긍정적인 의미의 "어린이다움"(childlikeness)이라는 걸 강조하기도 한다. 그 말뜻을 온전히 깨우쳤다면 예수의 영성을 닮아 우리는 그렇게 천진성과 단순성의 삶을 추구하며 살아갈 일이다.

그러나 그 단순성이 그리 쉬운 목표인가? 이 어록을 조금만 비틀어도 교회 내에 합리적인 사유를 추구하는 노력들에 찬물을 끼얹는 철퇴로 변신한다. 어린아이의 천진함과 단순성이란 게 마냥 미덕으로 구현될 수 없는 현실적 상황이 너무 많기 때문이다. 그런가 하면 어린아이 특유의 기질에 해당되는 전적인 신뢰와 의존, (1세기의 기준에서) 의심 없는 무조건적인 순종의 신앙적 가치를 뽑아 저 어록에 결부시키기도 한다. 그러나 인간의 성정도 꾸준히 복잡계로 진화하는지 21세기의 어린이들은 많이 고집스럽고 영악해져서 이런 세계와도 상당히 동떨어져 있다.

마가복음의 저 어록을 보면 어린아이들이 예수께로 "오는 것"에 초점을 맞추고 있다. 이는 당시 어린아이들이 사회적 약자로서 그 약자를 환대하시는 하나님의 사랑을 연상시켜준다. 마치 구약 시대 고아와 과부의 보호자로서 하나님의 이미지가 특화된 것과 유사한 맥락이다. 로마 시대 어린아이가 여자들과 마찬가지로 인권의 사각지대에 있었음을 감안할 때 일리 있는 통찰이다.

그런데 마태복음의 어록은 어린아이와 같이 되기 위한 "돌이킴"에 초점이 맞추어져 있다. 무엇을 어디로 돌이킨단 말인가? 어린아이보다 더 어린 것은 갓난아이고 갓난아이 이전 단계는 태아다. 또 그 이전 단계는 무의 상태로 아직 생명이 부재한 상태에서 하나님의 은총이 간절한 시점이 되겠다. 또 어린아이의 이후 단계는 장성한 어른

이고 노년기의 병약한 생명이며, 그 이후는 육신의 고향인 흙으로 돌아가야 할 시점이라 할 수 있다. 그렇다면 그 돌이킴의 차원으로 어린이다운 단순성은 급진적인 겸손의 어느 지점이 아닐까 싶다.

이 대목에서 가장 먼저 떠오르는 또 다른 예수의 어록은 "(심령이) 가난한 자는 복이 있다"는 말씀이다. 거기서도 역시 하나님 나라와 결부되어 이 말씀이 제시된다. 사회·경제적인 가난, 영적인 가난, 도덕·윤리적인 가난 등을 두루 포괄하여 이 어록은 인간의 기본 조건을 특기하는 존재론적인 겸손의 메시지를 드러내준다. 자신의 생명이 오로지 하나님의 은혜를 덧입어 컴컴한 무로부터 발원했다는 인식, 또 육신을 입어 살다가 결국 진토로 돌아갈 수밖에 없는, 철저하게 가난한 존재라는 각성, 그 자리가 바로 우리 심령과 삶의 총체를 돌이켜야 할 지점인 셈이다. 어른스런 마인드로서는 지키고 챙겨야 할 것이 많고, 해소해야 할 난맥상이 복잡하여 그 자리로 내려가기가 어렵다. 그러나 어린아이다운 담백한 심성을 갖출 때 그 결단은 충분히 가능해진다.

예수가 어린아이처럼 되는 교훈을 설파하면서 맥락과 무관한 천진한 단순성의 차원을 옹호했다고 봐서는 안 된다. 그런 그분이 비둘기 같은 순결함을 말씀하기 직전에 뱀같이 현명해지라고(*phronimos*라는 원어의 의미대로라면 교활할 정도로 영리해지라고) 힘주어 강조했겠는가? 또 어린이스러운 순진한 열정만으로 하나님 나라가 이루어질 것처럼 그가 외곬으로 생각했다면 "불의한 청지기의 비유"(눅 16:1-8) 같은 뜬금없는 비유의 교훈으로 순진한 제자들을 깨우치려 애썼겠는가?

이처럼 오늘날 영성훈련과 신앙생활의 교본처럼 떠받드는 "단순성"(simplicity)의 가치와 그 성서적 모형으로서의 "어린이다움"에는 단순하지 않은 차원이 얽혀 있다. 그리하여 예수처럼 암시적 메타포 대신 리얼리즘의 직설법으로 말한 사도 바울은 오히려 어린아이 개념의 역설적 지평을 보여준다.

> 형제들아, 내가 신령한 자들을 대함과 같이 너희에게 말할 수 없어서 육신에 속한 자 곧 그리스도 안에서 어린아이들을 대함과 같이 하노라(고전 3:1).

> 내가 어렸을 때에는 말하는 것이 어린아이와 같고 깨닫는 것이 어린아이와 같고 생각하는 것이 어린아이와 같다가 장성한 사람이 되어서는 어린아이의 일을 버렸노라(고전 13:11).

> 형제들아, 지혜에는 아이가 되지 말고 악에는 어린아이가 되라. 지혜에는 장성한 사람이 되라(고전 14:20).

사도 바울은 조직을 꾸리고 관리해야 하는 입장에서 마냥 모호한 메타포에만 의지할 수 없었다. 어린아이스러운 일차원적 단순성에 연루되어 그가 겪어낸 고초가 공동체를 해체할 정도로 만만치 않았기 때문이다. 그래서 그는 신령함과 지혜의 맥락에서는 말과 생각과 깨달음의 차원을 어린아이의 수준을 벗어나 장성한 사람의 수준으로 돌이키라고 설득하고 있는 것이다.

단순성 자체는 원죄가 없다. 인간 삶의 복잡계를 장성한 자의 지혜로 관통하면서 다양한 맥락의 이치를 살펴 깨치고 온몸으로 통과한 연후에 소박한 정신으로 거듭날 수만 있다면 그야말로 그것이 최선이다. 일차원적 단순성이 순진한 맹목이라면 삼차원, 사차원의 단순성은 성숙한 소박인 셈이다. 그렇지 못할 경우 단순성은 건강한 삶의 세포를 파괴하고 온갖 인간관계를 오염시키는 사악한 근본주의적 에너지의 발기점이 되기도 한다. 평범한 인간사의 층층켜켜마다 우리가 종종 아프게 겪는 것은 "사악한 단순성"의 에너지가 어떻게 그 주변을 감염시키고 멀쩡한 인간관계를 파괴하는가 하는 점이다. 그것은 이른바 "악의 진부함"(banality of evil)을 배태하는 정신적인 숙주다. 유치증(infantalism)과 유아론(solipsism)도 그 태반에서 곰팡이 피듯 번성한다.

조심하자. 어린아이와 같아지는 것은 응석받이의 제스처와 언행으로 천방지축 제멋대로 까부는 게 아니다. 합리적인 사유와 고도의 지적인 섬세함을 뭉개버리고 비사유와 반지성의 강박을 재촉하려는 의도와도 무관하다. 천진한 일차원적 단순성의 삶을 상찬하려는 메시지는 더더욱 아니다. 천국/하나님 나라로 들어가는 기준으로 예수가 제시한 어린아이 같아짐은 차라리 그 어린아이의 가장 낮은 자리로 내려가고 더 내려가 자신이 생명에 이르기 이전의 무(無)와 같은 상태, 또 어린아이가 이 세상의 삶을 두루 통과한 뒤 흙으로 돌아가 그 가난한 흑암의 지경에 다다르는 인간의 실존적 조건에 대한 전복적 성찰을 가리킨다.

그 궁극에 이르는 과정에서 우리는 얼마나 복잡다단한 생의 아이러니를 경험하는 것이랴! 그러나 이런 상태에서 더할 나위 없이 겸허해지는 삶의 태도가 우러난다면, 그 존재론적 가난은 우리가 전혀 다른 지평에서 하나님을 만나고 그분의 통치에 비로소 순전한 마음을 여는 유일한 입구가 될 것이다. 그래서 말과 생각과 깨달음이 장성한 어린아이의 길에서 역설적인 예수의 공부법 한 토막이 건져진다. 이런 어린아이의 후미진 구석을 찾지 못하고 그 "단순성"에 집착하여 천진한 열정에 들뜨거나 나이브한 행실을 자랑삼을 때 우리는 "사악한 단순성"의 덫에 걸려 파행하게 되어 있다. 공부의 정조준이 안 되었으니 저 어록을 전해준 예수의 유산도 덩달아 파산할 수밖에 없다.

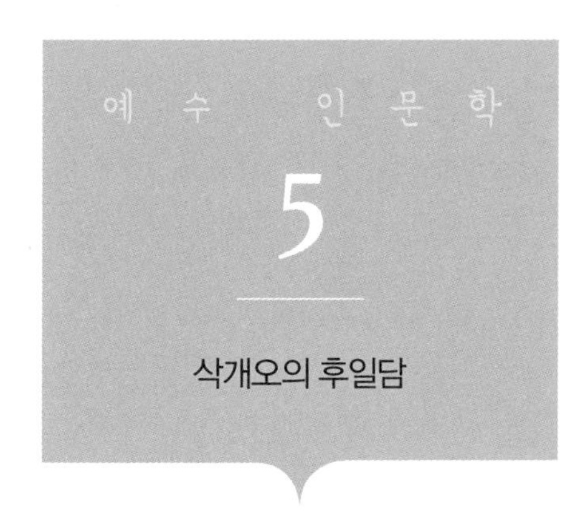

"오늘 구원이 이 집에 이르렀으니 이 사람도 아브라함의 자손임이로다"(눅 19:9).

예수가 세리장이며 부자였던 삭개오에게 던진 이 말은 좀 성급한 게 아니었을까? 삭개오가 예수의 집중된 관심에 감읍한 나머지 자기 집에 초청하여 환대 좀 했다기로서니 그토록 엄중한 "구원"을 그렇게 냉큼 선포하시다니…. 그 미래의 행로와 후일담을 좀 더 숙고했더라면 아마 판단이 달라졌을지도 모르겠다. "오늘 그대의 행실을 보니 구원의 길이 멀지 않도다"라고 좀 신중하게 달리 표현하거나 삭개오가 공약한 말이 열매를 맺는지 뜸을 들이면서 살핀 연후에 선포해도 늦지 않았을 텐데 싶은 것이다.

삭개오가 실제로 자기가 한 말 그대로 자기 소유의 절반을 가난한 자들에게 나눠주고 타인의 것을 속여 빼앗은 일을 다 꼼꼼히 기억해내어 네 갑절이나 갚았는지 그 이후의 이야기를 우리는 알 수 없다. 화장실 들어갈 때 마음과 나올 때 마음이 달라지며 변덕을 부리는 것이 인간의 생리다. 특히 부자가 자기 재산을 놓고 선심을 쓸 것처럼 공언했지만 나중에 흐지부지되는 사례가 얼마나 잦은가?(우리나라의 최근 사례만 훑어봐도 삼성 재벌의 주인이 공약한 수천억 원의 사회 환원, 이명박 전 대통령의 재산 기부 약속, 박근혜 대통령이 전두환에게 받은 불법 자금 7억원 반환 약속 등등)

예수는 삭개오에게 그가 소유한 모든 재산을 처분하여 가난한 자들에게 나눠주고 자신을 따르라고, 다른 이들에게 했을 법한 제자도의 요청을 하지 않았다. 삭개오는 그 뒤로도 세리장으로 살아가면서 여전히 부자였을 가능성이 높다. 예수를 만나 회개한 그 마음의 진정성을 살려주더라도, 1세기 로마의 식민 체제에서 세리장으로 살아가면서 피할 수 없는 체제 내적 족쇄에서 그가 마냥 자유로웠을 리 만무하다. 시스템이 빚어내는 이른바 "구조적 범죄"의 사슬에, 착하게 변화된 그의 개인적 성품이나 예수와의 이전 약속이 어떤 대단한 파괴력을 발휘했을지 냉큼 상큼한 그림이 그려지지 않는다.

그런 후일담의 구도를 충분히 파악하고도 예수께서 삭개오에게 그처럼 화끈하게 구원을 선포했다면 그와 제자들을 환대한 것에 대한 외교적인 답례의 차원에서 그렇게 한 것일까? 아니면 한술 더 떠 삭개오가 예수와 제자들의 하나님 나라 운동에 추가로 큰손의 후원자로 나서서 거금의 기부를 하도록 유도하는 선제적 미끼였을 거라고 의심한다면 지나치게 불경스러울까?

이런저런 의혹의 안개 숲을 지나 예수의 이 선포에 깃든 순정한 의도를 십분 살려낸다면, 그것은 아마도 개인별로, 사안별로 다양한 인간사의 지형 속에서 예수가 드러낸 담백한 낙관주의의 발로가 아니었을까 싶다. 그것은 인간의 결핍을 속속들이 파헤쳐 따지고 대들면서 에누리 없이 냉철하게 처단하기보다, 미완료의 희망을 걸고 틈을 열어 곁을 준 한 인간을 격려하고 축복하는 너그러운 여유와 같은 것이었을 게다. 그리하여 가난한 자가 복이 있고 부유한 자가 화가 있다고 말하면서도, 또 부자가 하나님 나라에 들어가는 것보다 낙타가 바늘귀를 통과하는 게 쉬울 거라고 선포하면서도 부자 삭개오를 대하던 예수의 태도는 좀 유별났다. 자기의 재산을 뚝 잘라 착한 일을 하겠다고 나섰지만 여전히 부자였을 삭개오를 향해 아브라함의 너른 품을 들이대며 구원씩이나 선포한 예수의 곡진기정(曲盡其情)은 그의 하나님 나라 운동에서 좀 특이한 위상을 차지하는 것처럼 보인다.

특히 로마의 식민 체제 아래 세리장으로 일하는 것 자체가 아무리 양심적으로 자기 관리를 해도 동족에게 해를 끼치는 구조적 죄악에 연루될 수밖에 없었을 텐데, 예수가 이 점을 전혀 숙고한 흔적이 없다는 점은 보기에 따라 당혹감을 야기할 수도 있다. 그만큼 삭개오와의 만남과 대화가, 예수가 개인의 내면적 회심에는 민감했어도 당시 사회·정치 체제를 구조적인 관점에서 전반적으로 치밀하게 통찰하는 안목이 부족하지 않았나 하는 혐의를 던지기 때문이다. 그렇다고 복음서의 다른 곳에서 그가 당시 로마의 식민 체제와 이에 결탁한 내부의 권력자들을 향해 대놓고 공격의 언사를 높인 경우를 찾아보기 도 쉽지 않다. 비록 한 차례 그가 헤롯을 "여우"라고 비아냥거리긴 했지만 그게 전부였다. 이런 까닭에 그들의 억압적 통치와 이에 대응하는 예수의 길이 코드가 맞지 않은 채 겉도는 게 아닌가 싶을 정도다.

그러나 예수의 하나님 나라 과업을 한 가지 궁극적인 목표에만 초점을 맞추다 보면 그를 경직된 교조주의자의 틀에 가두어버릴 위험이 있다. 오히려 현재의 긴장 어린 상황에서 궁극 이전의 다양한 삶의 자리를 현실적인 감각으로 투시하고 상이한 맥락이 빚어내는 역동적인 이치들을 살필 줄 알았던 예수의 현명한 감각을 발견하는 것이 공부에 이로울지 모른다. 이 삭개오의 후일담에 대한 추론과 묵상이 21세기의 맥락에서 적실한 효험을 드러낸다면 일차적으로 신학자 본회퍼(Dietrich Bonhoeffer) 같은 회개한 부르주아를 양산하는 메시지로서 긴요할 수 있다. 그것보다 더 소중한 교훈이 있다면 인간의 내면과 역설적인 삶의 정황들을 세밀하게 파악하는 능력이다. 나아가 인간 사회의 다층적인 지형에 대한 주름 잡힌 안목을 갖추고 탄력적인 관점으로 현실에 대응하면서 원근법의 조율을 할 줄 아는 자세다. 진실은 늘 디테일에 있다고 하지 않던가?

이런 궁극적 목표와 궁극 이전의 과정에서 오늘날 삶의 지형을 가늠한다면 삭개오를 향한 예수의 말씀이 우리를 여유롭게 한다. 오늘날 신자유주의 자본주의의 체제 속에 한 가닥 걸치고 사는 사람들로서 우리는 그 체제 바깥으로 뛰쳐나가야 한다는 성급한 혁명의 강박관념에 시달리지 않아도 된다. 미네르바의 부엉이가 황혼녘에야 날아오르듯이 세상만사가 다 시숙(時熟)의 템포에 맞춰 결실도 하고 폭발도 한다. 그렇지만 인간의 속성이란 게 늘 그런 클라이맥스의 달뜬 감각 속에 뜨겁게 달아오르면서 살 수만은 없다. 그래서 무더운 열기가 지는 햇볕과 함께 서늘한 밤의 대기에 감싸이는 것이고, 무도한 죄를 지은 자조차도 갱생하여 재기할 구석을 찾고자 주변을 두리번거릴 수 있는 것이다.

그렇게 따진다면 삭개오의 결심조차 대단하게 보일 수 있다. 평생에 걸쳐 재물의 축적을 목표로 살아간 사람이 예수와의 만남을 통해 단박에 자기의 재산을 쪼개 남들에게 끼친 손해를 배상하고 가난한 자들에게 통 크게 나누고자 하는 마음을 먹기란 결코 쉽지 않다. 예수에게 필이 꽂힌 것은 물론이고 자신에 대한 그의 인간 대접에 나름 깊은 은혜를 느낀 나머지 그런 동력이 생겼다고 볼 수 있다. 감화력이란 이렇게 한순간 인간을 화끈하게 뒤집어놓을 수 있는 신기한 힘이다.

삭개오를 향한 의혹 어린 시선을 거두고 그의 변화를 이런 관점에서 좀 후하게 쳐주자. 그렇게 한 개인의 내면적 회심들이 모여 구조적 변혁도 가능해지지 않겠는가? 그것이 공허한 구호를 반복하는 구조적 변혁에 총체적 혁명의 깃발보다 더 실속 있고 구체적이지 않을까? 한꺼번에 모든 것을 이루고 싶은 바람이야 누군들 없을까? 그렇지만 역사도 그렇고 세상 이치도 그렇고 매사에 때가 있고 점진적인 흐름이란 게 있다. 그것을 인위적으로 바꾸고자 할 때 본전마저 잃기가 쉽다. 여기에 한 인간과 시대를 두고 변화의 지형을 읽는 공부법이 있다. 그것은 사람과 사람 사이의 심리적 지형을 읽는 독도법과 다를 바 없다.

복음서를 읽으면서 흑과 백, 빛과 어둠이 화끈하게 갈리는 세계, 또 선과 악의 냉엄한 배타적 진영을 포착할 줄 아는 자는 제 생의 에너지를 집중하여 강렬하게 투쟁할 줄 아는 자다. 반면 그 스펙트럼의 반경을 확장하여 흑과 백의 사이에서 명멸하는 수많은 유채색의 아이러니한 공간을 살피는 자는 선과 악의 틈새로 애매모호한 삶의 실존을 탐지할 줄 아는 자다. 이들은 그 가운데 집중의 에누리를 살피면서 그 투쟁의 잔해 위에 부서지는 자신의 몰골을 들여다보며 애통할 줄도 안다. 불행인지 다행인지 복음서의 예수는 그 언행으로 이 두 가지 현장을 두루 포괄하고 있다.

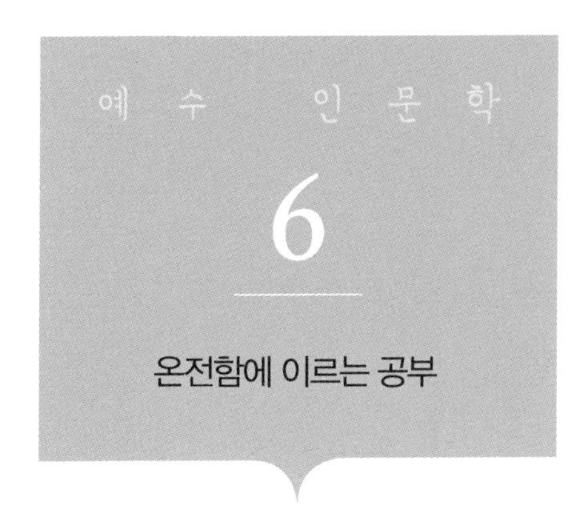

"하늘에 계신 너희 아버지의 온전하심과 같이 너희도 온전하라"(마 5:48).

예수의 말씀 중 참 이해하기 어려운 것 하나를 꼽으라면 우리의 온전하심을 하나님의 수준에 빗대어 명령하는 산상수훈의 이 어록일 것이다. 이게 과연 가당키나 한 말인가? 많이 의아해할 수 있다. 나도 처음에 그랬다. 예수를 공중에 구름 잡는 얘기나 하신 이상주의자로 치부하는 증거로 삼을 수도 있다. 그러나 이 말씀을 자세히 분석하고 그 맥락을 살피면 이것이 참 중요한 말씀이라는 걸 깨닫게 된다.

우리가 피조물로서 창조주이신 하나님의 존재에 걸맞게 온전해질 수는 없다. 그것은 물이 불처럼 될 수 없는 이유와 같이 명백하다. 그러나 이 말씀의 뜻은 "존재론적 완벽함"을 가리키는 게 아니다.

여기서 온전함으로 번역된 그리스어 *teleios*는 명사 *telos*에서 온 단어인데, 이 명사의 뜻은 "끝", "완성", "목표"의 3중적 의미를 함유하고 있다. 그중에 어떤 의미를 취해도 여기서 온전함이란 자신이 설정한 어떤 목표나 목적에 부응하여 일관되게 완주하는 성숙한 태도로 통한다. 그러니까 "존재론적"(ontological) 완벽함이 아니라 "목적론적"(teleological) 온전함인 셈이다. 영어의 목적론(teleology)도 이 그리스어 단어(*telos*)에 뿌리를 내리고 있다.

그러면 예수가 여기서 전제한 하늘 아버지의 온전한 목적/목표는 무엇일까? 앞의 문맥을 보니 그것은 다름 아닌 경계를 지우는, 경계 없이 베푸는 하나님의 보편적 사랑이다. 심지어 그분은 의로운 자와 불의한 자의 경계, 선한 자와 악한 자의 경계를 초월하여 햇빛과 비를 내려주신다고 한다. 우리가 경험상 다 아는 현상인데도 예수의 이 오연한 통찰에 새삼 감탄하게 된다. 이는 인간이 가장 넘기 어려워하는 시비곡직의 경계, 우리가 툭하면 다투고 엄청나게 갈등하며 에너지 소모하는 쟁점이다. 그런데 내가 옳니 네가 그르니 시비를 다투며 뒤엉켜 싸우는 일, 이놈이 착하니 저놈이 악하니 따지며 으르렁거리는 일의 경계조차 훌쩍 넘어서는 영역이 있다는 것이다.

따라서 이 온전함의 맥락은 자신의 의와 선의 경계 바깥에서 놀고 있는 적들을 염두에 둔 것이다. 그들은 "원수"라고 하지만 기실 우리가 늘 만나고 접하는 정치적·문화적·종교적·사상적 대적들이다. 그들을 향해 하나님의 온전하심을 닮아 모든 배타적인 장벽을 허물고 폐쇄적인 경계를 넘어서 보라는 것이다. 그 껄끄러운 타인의 모습을 있는 그대로 일단 포용하라는 것이다. 무슨 박멸해야 할 사탄 마

귀처럼 악랄하게 대들고 받아치지 말고 말이다.

우리가 이런 방향으로 온전해지려면 먼저 우리의 상용 어휘에 박혀 있는 고정관념을 탈색시켜야 한다. 온전함에 대한 거부감은 완벽주의에 대한 불편함의 정서에 잇닿아 있는 듯하다. 그것은 불완전한 존재인 인간이 완전한 척하면서 쌓아올리는 바벨의 망상으로 직결된다. 또한 이는 그 결과로 생기는 존재론적 균열을 미봉하면서 자기모순에 빠져 허덕이는 인간의 실존을 연상시켜준다. 그 연상 작용 속에 온전함은 불온한 완벽주의에 저당 잡혀버린다. 그러나 그것은 신화적 틀 속에 갇힌 순결 콤플렉스의 발로일 뿐 우리 삶의 현주소와 전혀 무관하다. 이런 방식으로 하늘 아버지의 온전하심을 우리의 것으로 닮는 길은 불가능하기 때문이다. 온전함은 포용적인 반경이다.

전주의 옛말이 "온고을"인데 이 말의 정겨움은 완벽과 무관하다. 산과 물, 마을이 두루 원융의 경지로 어우러진 부드러움과 포용적 덕성이 그 어감 속에 우러난다. 하나님의 온전하심도 마찬가지다. 그것은 우리에게 완벽의 "벽"에 새겨진 딱딱함이나 옹골찬 도그마를 강요하는 규범이 아니다. 차라리 그 규범을 넘어설 때 보이는 하나님의 둥그런 미소가 그 온전하신 아버지의 덕성 가운데 연상되는 것이 자연스럽다.

이제 저 말씀에 주눅 들지 말자. 강박관념에 절어 자신의 부족함을 탓하며 너무 자학하지도 말자. 말씀대로 살고자 애쓰는 것은 좋지만 그것이 강파른 완벽주의의 규범을 세워 은연중 우리 내면에 심리적 콤플렉스를 키우지 말도록 단속해야겠다. 하늘의 아버지를 닮는 것은 하루나 한 시간 내에, 좀 더 길게 잡으면 한 주나 한 달, 또는 한 해에 걸쳐 나름의 목표를 설정하여 그 목표를 이루고자 집중하여 최선을 다하는 데서 가능해진다. 그 가운데 시행착오가 있을 수 있고 넘어질 수도 있다. 영혼에 때가 묻을 수도 있고 잘못을 저지를 수도 있다. 또 마지막 지점에서 이룬 결실이 최고 점수로 평가받을 수 없이 초라하게 비칠 수도 있다.

그러나 그렇다고 순결지상주의나 결벽증에 시달리면서 온전하지 못한 자신을 심하게 압박하는 것은 부질없는 짓으로 별로 건강하지 않다. 반성과 겸손한 회개야 좋지만 그것의 틀이 염결주의적 완벽성이라면 이는 예수의 말씀을 대하는 미학적 감수성이 모자란 탓이다. 예수를 믿기는 하되 그의 말씀을 공부하는 자리에 아직 입문하지 못한 증거다. 어쨌거나 그 시간을 견디며 부족할망정 그 코스를 완주했으면 온전함을 닮고자 애쓴 것이니 그만 됐다. 미완성의 완성이란 것도 있지 않은가?

오늘 전주에 내린 첫눈이 대단한 기세가 있어 내심 감탄하며 이 골목 저 골목 다니다가 오래전 읽은 임철우의 단편소설 「아버지의 땅」이 생각났다. 한국현대문학사에 길이 남을 명작 중에 하나라고 믿어 의심치 않는다. 이청준의 단편 「눈길」 역시 대학 도서관에서 훌쩍이며 읽은 감동적인 작품이었지만, 산상수훈의 저 예수 말씀에 빗대어 볼 때 임철우의 저 작품 마지막 문단에 들어간 눈 내리는 풍경 묘사는 참 오랜 세월이 지난 지금 회상해도 압권이다.

그것은 눈이 모든 대지를 평등하게 다져서 인간이 만든 모든 경계를 지우고, 마침내 그 치열한 이념 갈등이 만든 남과 북의 휴전선마저도 파묻어버리는 눈의 선한 감화가 선명한 이미지 가운데 부각되는 풍경이었다. 눈이 그 경계를 지우든 말든, 하늘의 새나 땅의 동물들은 인간의 이념적 배타성의 벽을 아랑곳하지 않은 채 자유스럽게 넘나들었을 것이다. 그런데 그 짐승들을 다스리며 창조의 질서를 관리해야 할 인간들은 심성이 우매하고 정신이 타락하여 분단 70년이 넘도록 원수지간으로 지내왔으니 이 얼마나 통탄할 노릇인가?

오늘 내린 눈이 서설이고, 모든 눈이 그 현실적인 효용성을 넘어 서설일 수밖에 없는 이유가 바로 여기에 있다. 눈은 인간이 만든 인위적인 경계를 단박에 지워버린다. 경계를 넘지도 않은 채 지워버리고 없는 것처럼 돌리는 눈의 그 마력은, 하늘 아버지가 이 땅의 인간들 사이에 끊임없이 반복되는 선/악, 의/불의, 미/추의 경계마저 초월하여 그 만유의 충만을 향해 무한과 영원의 템포로 달음박질하는 온전하신 사랑의 이미지와 겹치는 것이다.

첫눈이 오면 인상 쓰는 사람 별로 없이 한순간 푸근해지는 보편적인 경험이 있다면, 이는 경계를 지우는 하늘 아버지의 온전한 심성이 우리에게 잠재되어 있다는 증거로 새겨도 좋으리라. 내게 이 어록의 진정한 의미를 가르쳐주시고, 그 "하나님 닮기"(*imitatio Dei*)야말로 예수의 핵심 사상임을 깨우쳐주신 먼 타국의 선생님께 감사드린다.

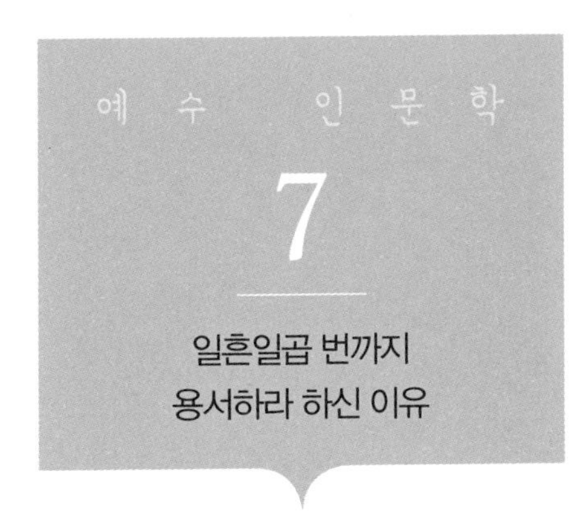

"주여, 형제가 내게 죄를 범하면 몇 번이나 용서하여 주리이까? 일곱 번까지 하오리이까?"(마 18:21)

용서의 이면에 감추어진 얼굴은 상처이고 설움이다. 또 그 상처와 설움의 속내를 파보면 인간의 욕망이 충돌하면서 만들어온 갈등과 폭력의 흔적이 생생하게 포착된다. 용서는 잘하기도 어렵고 또 제대로 받기도 어렵다. 아무리 몇 마디 말로써 용서해준다고 해도 그 속에 가라앉아 있는 원한의 앙금이 말끔히 씻길 리 없고, 또 용서를 받은 것으로 확신한다고 한들 그 증거가 또렷하지 않은 마당에 죄의식은 언제 어떻게 불거질지 모르기 때문이다. 인간이 그처럼 불확실한 존재인 마당에 용서 역시 불확실한 미궁의 늪에서 흐느적거리기 십상이다.

그럼에도 예수는 용서에 대해 집중적으로 가르쳤다. 어느 날 베드로가 예수 앞에 나와 여쭈었다. "형제가 내게 죄를 범하면 몇 번이나 용서하여 주리이까? 일곱 번까지 하오리이까?"(마 18:21) 여기서 형제는 베드로의 집안 내 혈통 가족에 국한된 말이 아닐 것이다. 그것은 좁게는 예수의 제자들을 포함하는 공동체의 도반에 해당되고, 넓게 보면 선민 이스라엘의 범주를 아우르는 개념이다. 그렇다면 베드로의 질문을 이방인에게까지 확장시켜 범인류적 형제애가 여기 전제되어 있다고 보는 것은 텍스트의 맥락에 비추어 다소 무리일 성싶기도 하다. 그러나 해석의 윤리적 지평을 확대시켜 최대한 넓게 그 맥락을 잡아 용서의 교훈을 묵상해본다고 해서 용서 자체가 더 어려워지거나 쉬워지는 것은 아니다. 문제는 그 범위가 아니라 "용서"의 실행 가능성과 그 효력의 지속 가능성이기 때문이다.

베드로의 심중에 강조된 관심사는 용서 자체보다 "몇 번"이란 수치에 있는 듯하다. 그래서 성급한 마음에 "일곱 번까지"를 잠정적인 최대치로 은근히 제안하고 있다. 일곱이 수비학적 상징에 비춰 완전수라는 걸 모르는 사람은 별로 없을 것이다. 그런데 이 답을 내장한 베드로의 질문에 예수는 한술 더 떠 "일곱 번뿐 아니라 일곱 번을 일흔 번까지 할지니라"(마 18:22)고 내지른다. 이 대목에서 우리는 허망한 덧셈과 곱셈의 결과로 77이나 490이라는 수치를 내놓을 필요가 없다. 예수의 해법이 용서의 수치적 한계를 설정하고자 한 것이 아니기 때문이다. 그것은 무한대의 용서, 이를테면 하나님의 용서를 닮아가는 용서, 용서할 수 없는 것까지 용서하는 온전하심에 목표를 둔 것이다. 몇 번이 중요한 것이 아니다. 단 한 번을 용서하더라도 그 의미를 새기고 왜 용서해야 하는지 그 온전한 뜻을 배우고 깨치면 이로써 용서의 가르침을 내면화할 수 있으니 공부의 결실이 맺힐 것이다.

예수는 그 용서의 당위를 빽빽한 교리적 틀에서 설명하지 않는다. 대신 그는 한 이야기를 가지고 용서를 "긍휼"의 관점에서 설파한다. 천국이 그 신학적 배경이다. 용서가 온전히 이루어지는 천국은 종들과 함께 임금이 결산하는 자리다. 거기서 임금은 만 달란트 빚진 종에게 엄격한 정의의 기준으로 다그친다. 당사자의 재산은 물론 자신의 몸과 아내와 자식들까지 노예로 팔아 빚을 갚으라는 판결이 떨어진 것이다. 그러나 하나님을 대변하는 이 임금은 종의 딱한 처지를 외면하지 않았다. 참아줄 것을 간청하니 그를 불쌍히 여겨 빚을 탕감해준 것이다. 그러나 그 종은 나가서 자기에게 백 데나리온 빚진 다른 동료 한 사람을 향해 목을 잡고 빚 갚을 것을 종용하면서 사정을 봐달라는 그의 간청을 외면하여 옥에 가두었다. 이 소식을 들은 임금은 그 종의 긍휼 없는 처사에 격노하여 그를 옥졸들에게 넘겨 그에게 베푼 긍휼을 회수하고 말았다.

죄의 용서가 빚의 탕감이라는 비유적인 소재로 바뀌어 등장한 이야기 자체도 흥미롭지만, 몇 번인가 하는 용서의 수치적 한도가 얼마인가 하는 탕감의 분량으로 전환된 것도 의구심을 유발한다. 그래서 예수의 우회적 답변이 베드로의 질문에 정곡을 찌르지 못한 게 아닌가 하는 의문이 들기도 한다. 한 데나리온이 당시 일용직 노동자의 하루 품삯이었다니 백 데나리온도 적은 돈은 아니지만, 만 달란트는 이에 비할 수 없을 정도로 어마어마한 천문학적 액수의 자금이다.

그렇다면 용서와 관련된 이 비유의 메시지는 명료해 보인다. 백 데나리온이 인간이 인간을 향해 용서할 수 있는 최소치라면, 만 달란트는 하나님이 인간을 향해 늘 유효하게 베푸시는 용서의 최대치라고 볼 수 있다. 하나님은 최대치로 우리를 용서하실 준비가 되어 있는데 인간은 최소치의 용서에도 미치지 못한 채 용서의 벽에 부대껴 늘 실패하기 십상이란 것이다. 그만큼 하나님께 쉬운 용서가 인간들에게는 어렵다는 말이다.

이런 최대와 최소의 차이에도 불구하고 그 두 가지 용서를 관통하는 공통분모가 있다. 바로 불쌍히 여기는 마음, 즉 긍휼이다. 하나님이 보시기에 이 땅의 어느 인간도 용서가 불필요한 존재는 없다. 하나님의 최대치 용서의 은총이 아니라면 단 하루도 건사하여 살 수 없는 게 죄인의 실존 가운데 처한 인간이다. 따라서 일곱 번을 일흔 번까지 용서해야 할 이유는 명백하다. 우리는 이미 하나님의 만 달란트 용서의 은총 아래 있는 존재이기 때문이다. 오로지 하나님의 긍휼하심이 그 엄청난 용서를 가능하게 하셨고 지금도 가능하게 하신다. 하나님과의 수직적인 관계에서 용서받을 수밖에 없는 존재로서 인간이 그 사실을 안다면, 수평적인 관계에 처한 다른 인간과의 불화와 갈등 속에 일그러진 관계 역시 용서와 화해로 회복되어야 마땅하다. 그러나 그 용서와 화해의 시도들이 줄곧 보복과 반동의 벽에 부대껴 악화 일로로 치닫는 것이 저간의 현실이다.

이 마태복음 이야기와 평행을 이루는 누가복음 본문에서는 용서의 선결조건으로 "경고"와 "회개"가 언급된다(눅 17:3). 용서하는 자의 조건과 용서받는 자의 책임을 규정한 셈이다. 마태복음의 이야기에서는 "참아주소서, 다 갚겠나이다"라는 탄원 속에 그 회개의 책임이 암시되어 있다. 시일의 말미를 주면 갚을 테니 채무 변제의 시간을 연장해달라는 말이다. 그런데 그게 가능할까? 만 달란트의 빚이 평범한 서민의 처지에서 시간만 연장해주면 갚을 수 있는 액수인가? 불가능하다. 결국 왕의 "긍휼"이 아니면 이런 번드르르한 회개의 말, 책임의 공표도 별로 소용이 없다.

우리는 용서의 전제조건으로 흔히 사과나 사죄를 강조하지만 그 진정성이 몇 마디 말에서 확증된다고 믿는 것은 어리석다. 인간의 말에 끼인 수사적 장식을 아주 제거할 수 없는 법이다. 따라서 아무리 극진한 사과의 변을 늘어놓고 참회의 표정을 보인다고 해도 그것은 무대 속의 사건으로 끝날 공산이 크다. 물론 "회개의 열매"라는 것이 있으니 기다리면서 그 사과와 회개의 진정성을 어느 정도는 가늠할 수 있다. 그러나 그 열매가 어느 정도 되어야 일만 달란트로 표상되는 우리의 채무가 변상될 수 있는지는 아무도 모른다. 따라서 궁극적인 지점에서 용서는 긍휼히 여기는 마음의 감동 없이는 불가능해지는 것이다.

용서를 받아야 하는 상대방의 처지가 나와 동일한 일만 달란트 채무자라는 점을 인정해야 용서의 가능성은 실현 가능한 희망이 된다. 그런 인식 가운데 동병상련의 마음을 내면서 상대방을 긍휼히 여길 수 있기 때문이다. 이후 상대방이 동일한 잘못을 저질러도 이전의 경우를 상기시켜 좀 더 다그치면서 책임을 강조할 수 있기야 하겠지만 이 역시 자신의 일만 달란트 채무자의 실존을 무화시키지는 못한다. 그럴 경우 우리에게 남은 외곬의 선택은 용서일 수밖에 없다. 혹자는 현대인의 내면이 황폐해진 상태를 겨냥하여 용서의 불가능성을 주장하기도 한다. 용서는 하는 것이 아니라 어느 예기치 않는 순간 발견되는 것이라는 통찰도 그 연장선상에서 나온다. 그러나 그 발견의 우발적인 순간도 그냥 생기지 않음을 직시해야 한다. 그것은 꾸준히 하나님의 아버지 마음을 닮고 예수의 심성 공부법을 따라 살면서 내가 불쌍한 존재, 나아가 불쌍히 여김을 받아온 존재라는 사실을 각성해 긍휼의 심성을 평상시 키워나갈 때 가능해지기 때문이다.

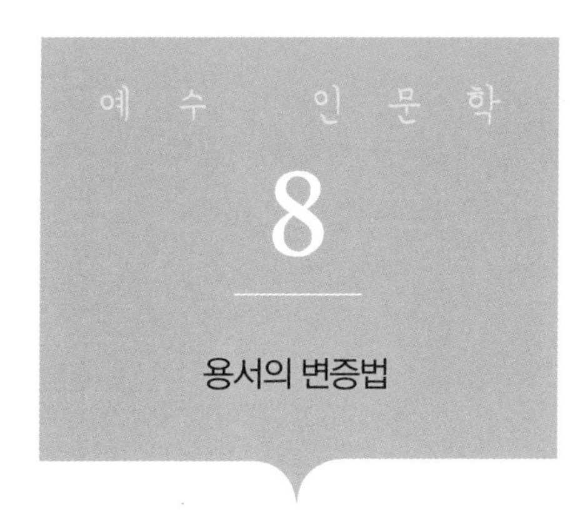

"우리가 우리에게 빚진 자를 변제해주었듯이 우리의 빚을 변제해주옵소서"(마 6:12).

마태복음의 주기도문은 누가복음의 것과 다소 다르다. "죄"라는 표현에 흔히 "과녁을 빗겨감"이라는 뜻의 그리스어 단어(*hamartia*)가 사용되지 않고 채무를 뜻하는 또 다른 어휘(*paraptōma*)가 쓰였기 때문이다. 그러나 그 기본 함의는 대동소이하다. 과녁을 비껴가는 일탈로 잘못을 저질렀든, 빚을 져서 채무/채권의 관계로 사람들 사이가 일그러졌든, 모든 것은 결국 인간관계의 불균형과 이로 인한 불평등을 전제로 하기 때문이다. 불균형한 인간관계는 불평등하기 마련이고 불평등한 인간관계는 그 경위야 어찌 되었든 상호 간 불화로 점철된다.

그럼에도 마태복음의 주기도문이 인간의 죄를 형이상학적·도덕규범적 차원에서 조명하지 않고 사회경제적인 채무/채권 관계로 설정한 것은 참신하다. 사실 따지고 보면 이 땅에서 일그러지기 쉬운 인간관계의 저변에서 작동하는 가장 현실적인 변수가 바로 이런 물질적 빚, 나아가 그 이전과 이후에 작동하는 정신적인 채무감/채권의식이기 때문이다. 이즈음 우리 사회를 휩쓸고 있는 이른바 "갑을관계"라는 것이 그 현장의 적나라한 증거다. "갑"이라는 위치의 인간이 자기보다 열악한 처지의 "을"이라는 인간을 억압하고 비인간화하고 또 그런 굴절된 관계가 마냥 감내해야 할 것처럼 용인된다. 이는 사회적 병리현상이기에 앞서, 적어도 주기도문의 저 항목에 비춰보면, 신학적 관심사일 수밖에 없다. 물론 인간관계는 단선적이지 않다. 앞의 "을"의 위치에 있는 인간에게 "병"이라는 인간이 또 무차별한 폭압의 대상으로 된통 당하게 된다면 폭력의 악순환 속에 사회적 상처의 병증도 깊어질 것이다.

예수가 용서를 채무/채권 관계의 해소로 보았다는 것은 이후로 이천 년이 지나서도 해결되지 않은 인간관계의 질곡을 정확하게 진단했다는 증거다. 잠재적으로 죄악을 품고 사는 인간들에게, 전혀 기울지 않은 채 절대적으로 대등한 관계는 성립되지 않는다. 아무리 생일이 같고 연봉 액수나 직급이 같더라도 그들 사이에 보이지 않는 미세한 불균형은 탐지된다. 그것이 정서적인 편차이거나 심리적인 우열관계일 수도 있다. 그렇게 기울어진 기우뚱한 운동장에서 노는 존재가 인간이다. 물론 그 미세한, 때로 격렬한 편차와 불균형은 자주 뒤집어진다. 한 거대 회사에 중역으로 군림하던 사람이 하루아침에 구조조정의 철퇴를 맞아 길거리에 포장마차를 개업할 때 매출액을 올리기 위해 자기의 옛 시절 부하 직원들에게 도움을 구걸하는 처지가 되기도 한다. 하루아침에 이렇게 뒤집어지는 역전의 현실 속에 용서의 역동성도 그만큼 증가한다.

예수의 주기도문은 용서와 관련하여 이런 맥락에서 한마디 교훈을 전하고 있다. 그것은 우리의 빚을 변제해달라는 간구로 나타난다. 우리는 하나님께 존재 자체를 빚진 자들이다. 무로부터 아무런 조건 없이 생명 자체를 빚졌으니 우리는 하나님 앞에 예외 없이 채무자다. 이런 신학적 인식에는 우리의 생명이 저주를 받아 이 땅에 던져진 것이 아니라 하나님의 은총에 덧입혀 이 땅에 기적적인 방식으로 태어난 선물이라는 통찰이 담겨 있다. 그런데 우리는 그 생명의 빚을 갚을 길이 없다. 생명을 주신 하늘 아버지의 뜻에 걸맞게 그 생명을 풍성히 누리고 이 땅에서 부여받은 사명을 감당하는 것이 그나마 유일한 채무 변제의 길이겠지만 그조차 만만한 것이 아니다.

그 과정에서 인생마다 너무 많은 흠집이 잡히기 때문이다. 설사 최대치의 수고로 그 몫을 다했다고 평가받는 인생이 더러 있다고 해도 그것이 생명 자체의 빚과 상쇄될 수 있는 수준은 못된다. 그만큼 우리는 창조주 하나님께로부터 철저히 그 빚을 탕감받지 않으면 채무자의 굴레를 벗어날 수 없다. 그래서 자신의 존재론적 가난과 생명의 기적을 깨달은 인생이라면 "우리의 빚을 변제하여 주옵소서"라는 기도는 선택이 아니라 필연이 되는 것이다.

존재 자체를 놓고 볼 때 우리가 자력으로 채무자의 족쇄를 벗어나는 것은 불가능하다. 그래서 아버지의 전적인 긍휼하심에 의지하여 이런 기도를 드릴 수밖에 없다면 최소한의 염치가 있어야 한다. 벼룩도 낯짝이 있다는데 사람의 낯짝은 그것보다 더 심오해야 하지 않겠는가? 그래서 아버지께 존재의 빚을 탕감받기 전에 아버지를 따라, 아버지의 긍휼을 닮아 뭔가 애쓰고 있다는 시늉이라도 해야 한다. 아니, 시늉만으로는 부족하다. 실제로 자신과 엮인 주변의 수많은 사람들과 기우뚱한 그 관계를 온전히 바로잡기 위해 조율하려는 상시적 결단과 행동이 필요하다. 그것이 바로 "우리가 우리에게 빚진 자들을 변제해주었듯이"라는 문구에 담긴 함의다. 이 구절이 완료형 동사로 쓰인 점을 주목해야 한다.

용서의 현실태는 언제나 미완료다. 용서의 말을 발한 뒤에도 찜찜한 뒷맛은 남기 때문이다. 더 이상 자신의 채권을 주장하지 않고 채무의 당사자를 꼬아보지 않더라도 그 속내의 심리적 앙금마저 어쩔 수는 없기 때문이다. 그러나 완료형의 채무 변제는 심리적 풍경의 우여곡절과 무관하게 앞으로는 그의 빚을 나의 권리로 대놓고 주장하지 않겠다는 결단이고 선언이다. 더 이상 형제를 빚쟁이 취급하지 않고 온전한 하나님의 아들로 대하겠다는 수용의 자세다. 이는 하나님 앞에 눈곱만 한 선행을 앞세워 공치사 받으려는 조건부 생색내기 수준의 용서가 아니다. 아버지의 긍휼하심을 좇아 아버지를 닮고자 애써왔으니 저 자신의 부족함을 불쌍히 여겨달라는 긍휼에의 간청일 뿐이다. 여기서 우리는 예수 신학에 담긴 은총의 감수성을 읽을 줄 알아야 한다. 예수 공부는 이 간구에 담긴 조건부의 차원을 넘어간다. 오히려 그 문법의 행간에 잠재된 변증법적 역동성에 눈뜰 때 우리는 용서가 무엇인지 몸으로 배우고 얼굴로 익힐 수 있다.

현대적 어감으로 채무나 채권이란 말은 다분히 경제적인 관심사에 국한된 인간관계를 떠올려준다. 그러나 그 의미망을 넓혀보면 인간관계에는 보이지 않는 채무/채권의 요소들이 훨씬 더 많다는 걸 알 수 있다. 우리가 누구인지 깨닫게 해준 앎의 채무는 말을 배우고 문자를 익혀 쌓아온 공부의 여정을 빼놓고 제대로 설명되지 않는다. 정신적 빚이 많다는 것은 단순히 제도권 공부의 사제지간에 국한되지 않는다. 우리 몸의 성장에 부모의 양육만을 유일한 채무관계로 설정할 수 없는 것과 마찬가지 이치다. 우리에게는 친소관계를 떠나 그 생명의 속살을 키워오기까지 직접적인 은혜에서 간접적인 영향에 이르기까지 수많은 사람의 흔적이 드리워져 있다. 꼭 사람만이 아니다. 내가 어려서 함께 놀았던 집안의 강아지, 우리에 가둬 키운 흑돼지, 뒷동산에서 만난 산토끼와 고라니, 각종 철새들과 도마뱀, 논에서 나와 내 입맛을 북돋아준 우렁이와 돌미나리까지…. 이 모든 자연과 인간을 향해 나는 빚진 자로 지금 현존한다. 그 정점에 바로 창조주이자 구원자이신 하나님이 계셔서 오로지 자식의 연약함을 긍휼히 여기는 아버지의 심정으로 우리의 빚을 한꺼번에 화끈하게 처분해주셨다는 것이다.

예수의 신학적 비전에 담긴 용서와 긍휼의 도리를 깨칠 때 우리는 비로소 인간 사회가 두루 기우뚱한 불균형 속에 표류하고 있는 현실에 눈뜨게 된다. 거기서 터져 나오는 아우성 소리를 들을 수 있는 귀도 생긴다. 무엇보다 저 자신이 그 모든 사람들에게 빚진 자임을 알게 되고 세간의 기준으로 비루하고 하찮은 생명에게도 공손하고 친절해질 수 있다. 하물며 그 존재의 기원이자 최후의 소망이 되는 하나님께 빚 탕감으로서의 용서를 비는 자세는 얼마나 더 극진해지겠는가?

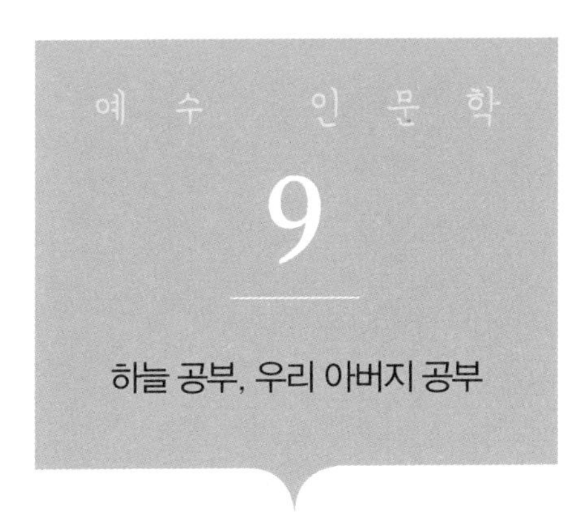

"하늘에 계신 우리 아버지여"(마 6:9).

기도도 공부의 대상이다. 기도하면서 공부하기도 하지만, 자신의 기도 언어를 성찰하면서도 공부가 된다. 기도한 풍성한 내용을 놓고 공부거리로 삼을 수 있지만, 자신이 기도하지 못한 것을 성찰하면서 공부할 수도 있다. 아니, 무엇보다 기도의 관성과 관행을 뒤집어 전복적인 상상력의 영역 속에 곰삭혀보면, 어느 순간, 하나님을 제대로 호명하는 것조차 쉽지 않다는 사실을 깨닫게 된다. 아니, 그 하나님을 자신이 그렇게 호명해온 사실의 이면에 담긴 놀라운 사실을 깨달으면서 공부의 지평이 확산됨을 발견한다.

예수가 호명한 하나님이 "아버지"였음은 다들 아는 사실이다. 그 아버지가 아람어 "아바"(*abba*)로 표기돼 있고 그 의미가 오늘날의 "아빠"라는 속설이 널리 퍼져 있지만 그것은 사실과 다르다. 긴 논증과 설명을 생략하고 결론만 말하면 그냥 "아버지"로 평범하게 이해하는 것이 맞다. 물론 그 미세한 의미상의 차이가 하나님의 정체성에 대단한 변화를 주는 것은 아니다. 아빠든, 아버지든, 그것이 가족적인 친밀함을 동반하는 용어이고, 예수께서 하나님을 시종일관 이런 맥락에서 이해한 것만은 틀림없기 때문이다.

유교 문화의 가부장 체제에 익숙해진 사람들에게 아버지는 엄한 가장의 이미지와 함께 떠오른다. 나만 해도 크게 다르지 않다. 기성세대의 기억 속에 아버지는 어린 자식에게 엄하게 질책하고 징계하는 분으로 떠오르기 십상이다. 더구나 그 질책과 징계에 훈육의 절도와 절제가 없을 시 아버지는 심한 폭력으로 자식을 다루는 공포의 대상으로 연상되기도 한다. 이즈음 범국민적 울화와 분노가 포화 상태에 달한 지경 속에서 부모가 자식을 때려죽인 사건에 대한 보도가 간간이 터져 나오는 걸 보면 가장의 이미지가 한층 더 암울하게 다가오는 것도 사실이다. 특히 가부장 체제의 역사적 피해자인 여성들의 입장에서는 하나님을 "아버지"로 부르는 게 한없이 불편할 수 있다. 1세기 로마 시대가 그렇고, 예수 당시의 유대인 사회가 또한 그러했으니 이런 가부장 체제의 배경 아래 예수의 하나님 언어 역시 당대적 제약을 넘어서기 어려웠다고 인정할 수 있다.

그러나 그 제약으로 인해 하나님을 아버지로 부른 이런 호칭의 의미가 다 사장되는 것은 아니다. 아버지를 그런 이념적 포장에서 벗겨내고 보면 그는 어머니와 함께 자식들에게 생명의 수여자로 존재한다. 또 땀 흘려 일하여 그 어린 생명을 먹이고 키우는 양육자이기도 하다. 그뿐인가? 그는 성숙한 인격으로 자라날 수 있도록 가정에서 제반 훈육을 담당하는 교육자도 된다. 뉴스에서 사건 사고의 주인공이 되는 극소수의 아버지가 모든 아버지의 이미지를 오염시킬 수는 없다. 이 땅에 사는 다수의 정상적인 아버지들은 부족한 점이 많을지라도 그런 본연의 역할을 무난하게 잘 수행한다. 예수의 정상적인 아버지상은 다음의 어록에 분명히 잘 드러나 있다.

> 너희 중에 누가 아들이 떡을 달라 하는데 돌을 주며 생선을 달라 하는데 뱀을 줄 사람이 있겠느냐? 너희가 악한 자라도 좋은 것으로 자식에게 줄 줄 알거든 하물며 하늘에 계시는 너희 아버지께서 구하는 자에게 좋은 것으로 주시지 않겠느냐?(마 7:9-11)

여기서 예수께서는 악한 아버지조차 자식을 아끼고 간절히 구하는 것을 제공하는 부성의 불씨가 있음을 암시한다. 그 열악한 아버지와 비교할 수 없이 선하신 하나님이 우리의 아버지일진대 그분께 구하는 것을 외면할 리 없다는 논리다. 이로써 예수는 폭압적이고 엄혹한 당대의 아버지상을 그 전형적인 이미지에서 해방시켜 우리의 필요에 민감하게 반응하시고 좋은 것을 자식에게 흔쾌히 주기를 기뻐하시는 정 많고 선한 아버지상으로 탈바꿈시켜놓는다.

그런데 그 아버지는 특정 개인이나 집단에 의해 독점될 수 없는, "우리"의 아버지라는 점에 주목해야 한다. 여기서 그 "아버지"를 수식하는 평범한 속격대명사 "우리"는 하나님의 보편성을 암시한다. 저마다 하나님을 자신의 아버지라고 믿지만 우리 하나님은 그 개인들의 아버지를 총합한 것보다 넓고 크신 "우리의 아버지"다. "우리 아버지"가 무수한 "나"의 아버지를 합산한 것보다 크다는 것은 그 하나님을 아직 아버지로 발견하거나 인정하지 못한 자들에게까지도 그분이 아버지의 역할을 감당하시기 때문이다. 자식은 어려서, 또는 타락해서 아버지를 아버지로 알아보지 못하고 인정하지 못할지라도 아버지는 다르다. 아버지는 못난 자식 떡 하나 더 주는 심정으로 그렇게 개차반 수준의 자식까지 더 불쌍하게 여기시는 분임을 알아야 한다. 이것이 아무리 성숙한 군자 같은 인간이라 할지라도 이해하지 못하고 다다르지 못하는 "우리 아버지"로서 하나님의 우주적 보편성이다. 신앙의 이름으로 자행되는 모든 개인주의와 편협한 파벌주의를 단숨에 뛰어넘는 하나님에 대한 호칭, 그것이 바로 "우리 아버지"다.

마태복음의 버전을 따라 읽으면 그 "우리 아버지"를 수식하는 문구가 전치사구로 등장한다. "하늘에 계신"이란 문구가 그것이다. 여기서 하늘은 복수의 "하늘들"이다. 고대인의 상상력 속에 하늘은 여러 겹으로 되어 있었고, 그 층층켜켜마다 위계가 달랐으며, 그 정점에 하나님이 거하신다는 믿음이 있었다. 그렇다면 그 모든 하늘을 총괄하시는 하나님의 위상을 이런 문구에 간명하게 담아 표현한 것으로 볼 수 있다. 하늘은 예나 지금이나 초월성의 상징적 표지다. 동서의 종교와 신화를 막론하고 최고의 신은 항상 하늘과 밀접하게 연관된 존재로 상상되었다. 그렇게 하늘은 인간이 닿을 수 없는 한계 너머의 공간이자 아득한 초월의 세상을 표상했다. 비행기로 하늘의 낮은 공간이 인간에 의해 정복되었다고 자부할 수 있다. 나아가 이즈음 우주선

이 발명되어 달에 인간이 발을 디디고 화성까지 근접촬영을 하면서 하늘의 신비적 속성이 많이 탈신화화되었다는 주장도 일리가 있다. 그러나 우주를 탐구하면 할수록, 무한이라는 공간의 상상치와 영원이라는 시간의 상상치를 포개어 재구성하는 그 궁극의 지점이 여전히 까마득한 것도 사실이다. 하늘은 그 모든 까마득한 초월적 신비를 한 아름에 담아내는 친숙한 메타포다.

하늘 공부는 하늘을 망연히 쳐다보는 것만으로도 힘을 받는다. 밤하늘에 빼곡하게 박혀 명멸하는 별들과 은하수를 쳐다보며 꿈을 꾸던 유년과 청춘의 시절은 과연 행복했다. 그러나 땅에 코를 박고 사는 동안 현대인들은 하늘을 인간의 삶에서 소외시켜왔다. 초짜의 천체물리학 지식을 앞세워 하늘이 그저 냉혹한 암흑의 무생물 세상임을 막연히 짐작할망정 그 존재론적 속살에 담긴 신비를 꿰뚫지 못하는 것이 저간의 현실이다. 고작해야 상투적인 시어에 묻은 꼬질꼬질한 장식품 정도로 하늘을 이용해먹을 뿐이니 하늘 공부가 개화할 리 만무하다.

그러나 아무리 상상력이 고갈되고 땅의 현실이 남루해도 하늘은 여전히 무연하게 다가오는, 이 땅의 경계를 넘어서는 초월적 신성의 요람이 아닐 수 없다. 그래서 "우리의 아버지"라는 친숙한 내재의 하나님 이미지가 "하늘에 계신" 분으로 승격되어 무한한 초월성의 돛을 다는 것이다. 겹겹이 펴져나가는 하늘의 초월성으로 돛을 다신 그분이 "우리 아버지"로 닻을 내려 다가오시는 기적! 그 기적에 눈뜰 때 하나님을 부르는 것만으로도 우리는 신령한 충만을 경험할 수 있으리라.

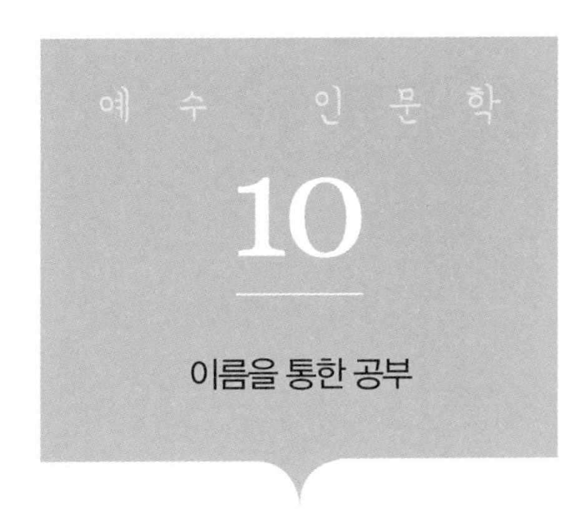

예수 인문학

10

이름을 통한 공부

"당신의 이름이 거룩히 여김을 받게 하옵소서"(마 6:9).

이름에는 사연이 있다. 저마다 이 땅에 태어날 때 가장 먼저 받는 상징적 선물이 이름이다. 작명가라는 직업이 있을 정도로 우리 전통에서도 이름은 중요하게 여겨졌다. 내 이름은 평범하나마 "정의를 심는다"는 한자어[正植]의 함의를 가지고 지난 50년 넘게 유통되어왔다. 내가 유난히 바른말 하길 좋아하는 이유를 내 부모는 이 이름의 연원에서 찾을 정도로, 생긴 대로 노는 이치는 비단 얼굴이나 성정뿐 아니라 이름 석 자에도 탐지되는 듯하다.

이름은 명예의 대명사다. 전도서의 말씀대로 "좋은 이름이 좋은 기름보다 낫고"(7:1), 잠언의 교훈대로 "많은 재물보다 명예를

택"(22:1)하는 것이 낫다. 인간의 상징적 정체성은 바로 그 이름이 규정한다. 살아 있는 자와 죽은 자의 차이는 그 이름이 사람들 사이에서 살아 호명되느냐 아니면 망각 속에 묻혀버렸느냐에 따라 결정된다. 이런 냉엄한 인생의 리얼리즘에 일찍이 눈떴던 지혜자는 이렇게 뇌까린 적이 있다. "산 자들은 죽을 줄을 알되 죽은 자들은 아무것도 모르며 그들이 다시는 상을 받지 못하는 것은 그들의 이름이 잊어버린 바 됨이니라"(전 9:5). 인간은 이처럼 이름의 의미를 아는 자로서 그 최초의 조상이 하나님이 지은 모든 가축과 새와 들짐승들을 그 앞에 불러세워 이름을 지어주는 작명의 미션을 부여받았다(창 2:20). 이처럼 금수의 이름이 무의미하지 않고 인간의 이름이 명예를 표상할진대 하나님의 이름은 얼마나 중요한 것이랴? 히브리인들 사이에서 하나님의 이름이 존중되었다는 증거는 "여호와의 이름은 견고한 망대라. 의인은 그리로 달려가서 안전함을 얻느니라"(잠 18:10)는 어록에서도 검증된다.

이런 배경에서 "이름 신학"(name theology)이 탄생했다. 이는 일찍이 십계명에 야웨의 이름을 망령되이 부르지 말라는 계명을 통해 그 원초적인 원리가 성립되었고(출 20:7; 신 5:11), 그 이름은 하나님의 하나님 됨을 선포하는 핵심 조항이 되었다. 그래서 하나님 앞에 제의적인 격식을 따져 섬기는 일과 축복하는 일이 모두 그 이름을 매개로 이루어졌다. 그 이름이 기억되는 곳에서 예배가 드려졌으며, 누구든지 그 이름을 모독하는 자는 죽임을 당할 정도로 엄중한 상징적 권위가 그 이름에 결부되었다. 이런 배경과 맥락에서 우리는 신약 시대에 "예수의 이름"을 통해 세례를 받고 기적적인 권능이 행해지는 이야기들을 적절히 이해할 수 있다.

그런데 이 땅의 형편을 보라. 인간의 이름이 쉽사리 저주와 비난의 대상이 되곤 한다. 한 가지 잘못과 실수가 그 이름을 온통 더러운 불명예로 오염시키는 일이 비일비재하다. 무엇보다 생명의 값이 저렴해졌으니 그 이름만이 온전히 보존될 수 없다. 생명 경시 풍조는 이름 경시 풍조로 이어져 사람들이 어떤 이름을 앞세워 과도한 칭송과 예찬의 언어를 주워섬기다가도 어떤 변덕의 계기가 생기면 그 이름이 시궁창에 꼬꾸라져 만신창이가 되기도 한다. 이런 세태 속에 하나님의 이름이라고 마냥 건사될 리 있겠는가? 가령, 미국의 생활 언어 관습 중에 "하나님"과 "예수"가 인간의 낭패감과 민망함을 땜질하는 수사적 관용어로 유통된 지 퍽 오래되었다. 심지어 저주와 욕설의 와중에서 이런 이름들이 남용되어왔는데 이를 사회학적인 "현상"으로 분석하는 이들은 있어도 신학적인 "문제"로 조명하는 일은 드물다.

그래서 예수의 주기도문에서 하나님을 "하늘에 계시는 우리 아버지"로 호명한 뒤에 가장 먼저 그 이름을 살피고 있는 것이다. 하나님이 우리와의 관계에서 누구신지 그 핵심이 파악되었으니 그 포괄적 상징체인 이름을 배려하지 않을 수 없는 법이다. 하나님이 거룩하신 분이시므로 그 이름 역시 거룩히 여김을 받아야 하나님께 대한 기본 대접의 꼴이 성립하기 때문이다. 거룩히 여김을 받는다는 것은 하나님의 존재와 위상에 걸맞게 찬양과 경배, 감사의 자리로 그분을 모셔들인다는 것을 의미하며 그분이 예외적인 구별의 대상으로 존숭되어야 함을 역설한다. 또한 이는 경홀히 여기지 않는다는 뜻이며 자신의 사적인 욕구나 야망을 위해 그 이름을 함부로 오용하고 남용하지 말아야 한다는 뜻이기도 하다. 그 이름이 이 땅에서 어떻게 대접받고 취급되느냐에 따라 하나님의 명예가 영광스럽게 드높여지기도 하고 참담하게 땅에 떨어지기도 하기 때문이다.

하나님의 거룩하신 이름을 거룩하게 여기는 당연한 수순에서 놀랍게도 그 이름이 우상화될 위험이 있다. 구약성서에서 그 이름이 고착된 명사적 개념이 아니라 동사와 형용사로 수식을 받는 역동적인 활동의 맥락에서 표현되는 점을 주목해야 한다. "나는 스스로 있는 자"(YHWH), "엘 샤다이", "여호와 이레", "여호와 닛시", "여호와 삼마" 등의 예가 다 그렇다. 인간은 그 실존이 불안하여 자꾸 하나님의 이름을 한곳에, 하나의 삶의 자리에 고정시키려는 경향이 있다. 그렇게 하는 것이 순간적인 불안을 달래주는 요새 역할을 할 수는 있겠지만 그 대가로 하나님의 역동성은 사장되어버린다. 하나님의 이름이 거룩히 여김을 받기 위해서는 그 거룩함이 끊임없이 현장을 바꾸어가면서 활성화되어야 한다. 그 역동적인 활성화가 멈출 때 하나님의 이름이 화석화되는 병폐가 발생한다.

그러나 하나님의 이 위대하시고 지엄하신 이름에 주눅 들지 말자. 이 기도를 드리는 것은 자녀인 우리 자신이지만 여기에는 미묘하게도 "신적 수동태"(divine passive)라는 문법적인 요소가 쓰였다. 우리는 아버지의 자녀들로서 하나님의 이름이 이 땅에서 그 위상에 걸맞게 거룩하게 여겨지지 못하는 숱한 현실을 보고 안타까워한다. 그러나 우리끼리만 예배당에서 그 이름을 거룩하게 여기는 찬양과 감사의 예배를 드린다고 해서 그 이름이 이 땅에 거룩하게 선포되는 것은 아니다. 그래서 거룩하게 여김을 받도록 개입해야 할 주체가 바로 하나님 "당신"이 된다. 우리는 그 이름의 신학적 선포에 자녀로서 당당하게 동참해야 할 파트너이지만, 궁극적으로 하나님 당신께서 그 이름이 거룩하게 여김을 받도록 간섭하고 행동해야 할 의무가 있는 것이니만큼 그 사실을 아버지인 당신께 이 간구로써 꾸준히 상기시켜 드리는 것이 필요하다. 하나님이 그 당연한 사실을 몰라서가 아니다. 아버지이신 그분과 자녀인 우리 사이의 언약적 동반 관계를 검증하고 확인하는 과정의 일부가 이런 상기로서의 기도와 간청인 셈이다.

"하나님의 가족"(*familia Dei*)이라는 관계가 형식적인 꼬리표가 아니라면 우리는 서로 눈치 보지 않고 진솔하게 대화하며 서로 챙기는 살뜰한 가족 구성원이 되어야 한다. 피차 이행해야 할 의무와 사명을 진작시켜 독려하며 상기시키는 것은 활달한 가족의 역동성을 위해 반드시 필요하다. 하늘의 우리 아버지가 그 이름을 통해 우리와 맺는 관계 역시 그러하다. 그 이름은 한없이 거룩하고 위엄한 이름이지만 자녀들에게 그 이름은 하나님의 하나님 되심을 상기시키는 매개다. 그 이름값을 제대로 하시는 차원에서 하나님이 그분의 거룩한 이름을 거룩하게 여김 받도록 이 땅에서 활약하시는 것이 마땅하다는 자녀의 간청이 기특하지 않은가? 평범한 아버지라면 이런 기도를 듣고 뾀쭘해질 수 있다. 좀 못난 아비라면 "주제넘게 잔소리 한다"고 면박을 줄 수 있다. 그러나 훌륭한 아버지라면 어린 자녀가 이렇게 하나님을 배려하는 기도에 은은한 미소를 발하며 기뻐하시리라.

타락한 세상에서 인간의 이름은 우상이 되거나 헐값이다. 그 이름의 양극화 속에 하나님의 이름조차 허망하게 이 땅을 떠도니 심히 불우하다. 하나님은 인간이 자랑하는 천만금이 아쉽지 않다. 다만 그 이름이 사람들 마음의 변덕에 휘둘려 소외되기 일쑤다. 그렇게 그 이름이 거룩히 여김을 받지 못해 서글프다. 즉각 하나님이 개입해야 한다. 바로 이것이 그런 간구다.

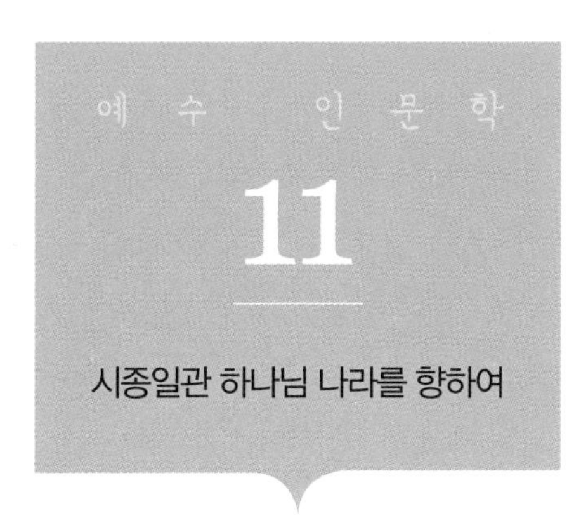

"당신의 나라가 임하게 하옵소서"(마 6:10).

예수의 하나님 나라(마태복음의 경우는 "천국")는 이제 하도 많이 거론되고 선포되어 지루할 정도다. 그만큼 보편적인 주제로 널리 퍼져 있다는 증거다. 그러나 그 담론의 내용이 명료하게 이해된 상태에서 얼마나 한국 교회 신자들에게 영향을 미치고 있는지는 미지수다. 여전히 절대 다수의 교우들이 죽은 뒤에 영혼이 들어가는 내세의 천당 개념으로 이 말뜻을 알고 있는 듯 보이기 때문이다. 그러나 성서학자의 지적 양심을 걸고 분명히 명토 박아두어야 할 하나님 나라의 대전제는 이렇다. 예수는 이 말로써 어느 곳에서도 죽은 영혼이 들어가 살게 될 내세의 천당을 플라톤 식으로 언급하지는 않았다는 것이다. 물론 내세

천당의 암시가 전혀 없다는 말은 아니다. 가령, 누가복음에 나오는 두 강도 이야기의 "오늘 네가 나와 함께 낙원에 있으리라"는 말에서 "낙원"(*paradeisos*)은 "하나님 나라/천국"과 좀 다른 차원에서 다분히 죽은 뒤에 다다르게 될 내세의 어떤 생명 세계를 암시하고 있다.

그렇다면 하나님 나라의 의미와 관련된 그 부정적 대전제에 상응하는 긍정적 대전제는 무엇인가? 간단히 정리하면 이는 하나님의 절대주권이 행사되는 "왕적인 통치"(the kingly rule)를 일컫는다. 그 통치의 대상이 공간적 영토나 체제의 규범적 기틀을 아우르는 "왕국"(kingdom)의 개념과 무관한 것은 아니지만 강조점은 분명히 하나님의 왕적인 통치 자체에 놓여 있다. 예수 공부는 시종일관 하나님 나라, 이것 하나로 통한다. 예수가 초점을 맞춘 당신 자신의 공부도 그렇고, 후대에 전개된 예수에 대한 공부 역시 마찬가지로 하나님 나라다. 오늘날까지 우리 신앙의 궁극적인 관심과 선교적 과업으로 늘 되새기며 이루고자 애써야 할 것도 하나님 나라, 그것이 이 땅에 이루어지는 일이다. 그렇다. 우리는 하나님의 왕적인 통치가 이 땅에 이루어지는 데 관심이 크다. 그 구체적인 실현 방법과 정치적 지형, 그 성취의 정도와 파장에도 민감하다. 그렇다면 주기도문은 예배 때마다 끊임없이 드려지는데, 왜 이 땅에서 우리는 하나님이 왕이 되셔서 이 세상을 직할 통치하는 결과를 충분히 맛보지 못하고 있는가?

기도는 대화이기에 앞서 질문이다. 질문을 머금고 하나님을 다시 부르고 찾을 때 우리의 기도는 상투적인 틀을 넘어 감히 하나님 앞에 간접적으로나마 따지며 묻듯이 기도할 수 있다. 하나님이 우리의 왕이 되시어 당신의 주권적 통치를 이 땅에 온전히 이루어내는 일도 마찬가지다. 예수의 하나님 나라 사상에는 구약 시대 이후 면면히 흘러온 왕국 사상이 배경에 깔려 있다. 이스라엘과 주변의 역사에서 왕국의 경험은 그리 행복하지 못했다. 다윗같이 훌륭한 임금이 더러 있었지만 그 훌륭함조차 왕이 되기 전까지만 유효했다. 대체로 전제적 통치 아래 우매하고 폭압적인 군주가 많았고, 이로 인한 민생의 현실은 참담했다. 하나님 나라의 기본 가치인 공평과 정의, 인애와 자비는 예언자들이 그처럼 치열하게 외쳤음에도 그림 속의 떡처럼 요원해 보였다. 그나마 패역한 시절이었음에도 불구하고 광야의 유랑 시절이 왕국의 시기보다 나았다는 탄식이 후대에 흘러나올 정도였다. 이런 기나긴 역사의 여정 가운데 이제 인간이 왕 노릇하는 때가 종말을 고하고 하나님이 직접 이 땅의 역사에 개입하여 왕으로 통치하는 그날을 향한 꿈이 서서히 무르익기 시작했다. 그 종말론적 꿈과 소망이 길게 연장되어 마침내 그것은 예수에 이르러 "하나님 나라"라는 견고한 단 하나의 메시지로 결실되었던 것이다.

그리하여 예수의 모든 가르침은 하나님 나라로 통한다. 그는 짤막한 어록과 비유는 물론 심지어 귀신을 쫓아내고 치유의 기적을 행하는 자리에서도 하나님 나라를 선포했다. 그 나라는 더러 들어가는 나라로, 때로 상속받는 유산으로 표현되었고, 이미 우리 가운데 존재하는 대상으로 묘사되기도 했다. 그런가 하면 그 나라는 "보는" 나라이기도 했다. 그 나라의 실체를 잘 볼 수 있어야 그리로 들어갈 수 있을 터였기 때문이다. 이 모든 하나님 나라의 실현 맥락에서 그 주체는 공통적으로 "우리"다. 하나님의 왕적인 통치를 역사 속에 구현해나가야 할 주역은 우리다. 그 통치의 실현 결과를 맛보며 이 땅에서 누려야 할 일차적인 대상도 우리다. 그 나라의 복음을 선포하며 이 땅에서 전해나가야 할 주체 역시 우리다.

그러나 주기도문에서 하나님 나라는 무엇보다 이 땅에 임해야 할 대상으로 간구된다. 그 나라가 스스로 임할 리 없다. 그 나라가 하나님의 왕적인 통치 행위를 수반하니 하나님이 스스로 왕이 되셔야 한다. 스스로 왕이 되셔서 이 땅에 당신의 통치를 펼치실 의향이 있어야 한다. 그것이 선결 요건이 되지 않으면 아무리 이 땅에서 하나님 나라를 이루려는 열정맨들이 차고 넘쳐나도 말짱 소용없는 짓이 된다. 결국 하나님 나라는 하나님의 자유와 직결되는 문제인 셈이다. "임한다"고 해서 그것이 위에서 아래로, 하늘에서 땅으로 공간 이동을 하는 것으로 상상해서는 안 된다. 그것은 공간적인 개념이기에 앞서, 미래로부터 "오는" 시간적인 개념, 곧 종말론적 개념이기 때문이다. 아니, 그 나라는 "개념"의 딱딱한 어감보다 먼저 약동하는 바람처럼 부지불식간에 임하고 바람보다 먼저 이 땅의 역사 속에 구현되는 속성을 지니고 있다.

그런데 웬일인가? 이 땅에 하나님이 왕이 되셔서 이 땅의 역사를 주관하고 공평과 정의, 인애와 긍휼이 흡족하게 실현되는 조짐이 좀처럼 보이지 않는다. 이 땅은 여전히 폭력이 난무하고 불의와 부조리가 판을 치는 세상이다. 혹여 아버지이신 하나님이 자신의 의무 이행을 소홀히 한 탓은 아닐까? 인간 세상에 죄악이 가득 차서 하나님의 분노가 격발되고 있는 탓은 아닌가? 아니면 이 땅에서 악의 권세를 부리는 사탄의 궤계와 술수가 하나님 나라를 훼방하고 있는 것은 아닌가? 사탄 역시 하나님의 심부름꾼이나 하수인에 불과할 텐데, 그러면 하나님이 이 세력의 활약을 용인한 때문이란 말인가? 이 모든 신정론적 질문을 가로지르면서 하나님의 왕 되심을 갈구하며, 그의 왕적인 통치가 이 땅에 온전히 임하기를 간구하는 수밖에 없다. 그렇게 하나님의 하나님 되심을 상기시켜드릴 자녀의 본문과 사명이 엄연하기 때문이다. 그래서 "당신의 나라가 임하시옵소서"가 아니고, "당신의 나라가 임하게 하시옵소서"인 것이다. 좀 더 풀어 설명하면, 하나님이 우리의 아버지 되신다면 이 황폐한 죄악의 땅에 속히 왕으로 임하시어 당신의 왕적 주권을 행사하시고, 우리를 지상의 어떤 사이비 왕의 권세 아래 방치해두지 말고 속히 오셔서 그 억압의 족쇄에서 해방시켜달라는 간청인 셈이다.

오늘날 하나님 나라는 흔히 "운동"의 관점에서 많이 언급된다. 예수의 하나님 나라 복음 역시 운동의 현장에서 선포되고 실현된 것으로 평가한다. 부분적으로 맞는 말이다. 그러나 그 기원을 잊어서는 안 된다. 하나님 나라가 때가 되어 임해야 그것이 비로소 이 땅의 운동으로 불이 붙는 것이다. 이 세상의 모든 사안이 그렇지만 하늘 아버지의 역사적 개입과 활약 역시 타이밍의 궤적을 그리며 포물선처럼 퍼져나간다. 그 궁극의 지점에 하나님의 신비한 자유가 자리한다. 그것이 신비한 것은 대체 그 약동의 조짐이 쉽사리 포착되지 않기 때문이다. 그래서 우리끼리 구호 외치면서 헛물켜기 쉬운 게 하나님 나라 운동이란 것이다. 조속히 임하지 않는다고 조바심 내며 설레발쳐서는 안 된다. 물론 우리에게 부과된 예비적 사명을 망각해서도 안 된다. 열심히 준비하여 하나님의 왕 되심을 기리고 예배하는 일, 그 왕노릇의 복음을 선포하여 척박한 이 땅을 갈아엎는 일, 이 땅에 왕이 오실 대로를 내며 평탄케 하는 변혁의 일이 모두 그 사명 속에 포함된다. 그 일과 일 사이에서 우리는 아버지의 아버지 된 도리를 상기시켜드리며 배우는 가난한 자녀일 수밖에 없다. "당신의 나라가 임하게 하시옵소서"라고 외치면서 말이다.

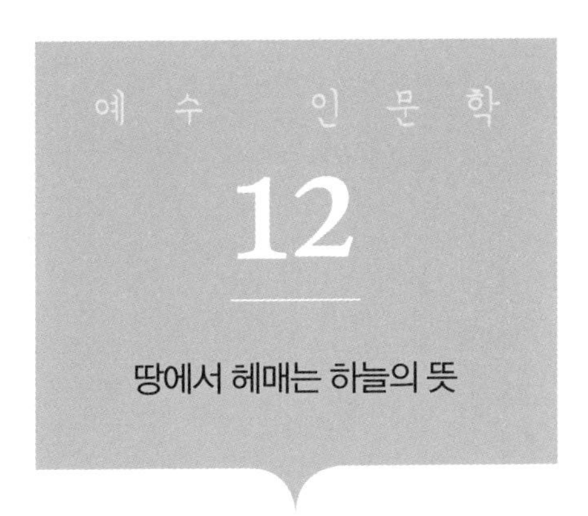

"당신의 뜻이 하늘에서처럼 땅에서도 이루어지게 하소서"(마 6:10).

하나님의 뜻은 하나님 나라가 구현되는 구체적인 채널이다. "뜻"으로 번역된 원어 "*thēlēma*"는 "욕구"인 동시에 "의지"를 가리킨다. 하나님이 원하시는 것이 그분의 의지를 반영하고, 하나님의 의지가 곧 그분의 원하시는 것과 상통한다는 말이다. 이것이 인간의 경우와 다른 점이다. 인간은 자신의 욕구를 잘 제어하지 못하면 탐욕으로 곧잘 번지기 때문에 굳센 의지로 이를 통제하지 않으면 언제 사고가 날지 모른다. 그래서 욕구/욕망이 의지/뜻과 상충되는 개념으로 이해되지만 하나님의 경우는 그런 균열이 없이 두 요소가 무난히 공존한다. 하나님이 왕으로서 이 땅을 통치하는 것은 영토나 규범, 제도 등과 같은 무생물의 영역을 넘어선다. 그것은 왕의 인격이 나타나고 신적인 권능이 발동하여 구체적으로 통치의 내용이 실현되는 현장이다. 그 세세한 실현의 방향을 지시하는 가늠자가 바로 하나님의 뜻인 셈이다.

여기서 구체적인 "뜻"의 내용은 확실하지 않다. 그 상세한 맥락에 대한 언급이 없이 포괄적인 "당신의 뜻"으로 제시되어 있기 때문이다. 그렇지만 굳이 추론한다면 그 윤곽이 안 잡히는 것도 아니다. 이 뜻의 방향을 앞으로 밀어보면 그것은 하늘에 계신 우리 아버지의 이름이 거룩하게 여김을 받는 것과 그분의 왕적인 통치가 임하는 것을 포괄한다. 반대로 그 뜻의 실현 방향을 인간 세상으로 잡아보면 주기도문의 이하 간구 조항에 나오는 내용이 즉각 떠오른다. 즉 일용할 양식, 빚의 탕감(죄의 용서), 시험과 악으로부터의 구원 등이 그 핵심 대상으로 포함된다고 볼 수 있다. 이와 같이 "당신의 뜻"은 하늘 아버지이신 당신의 존재와 위상을 배려하고, 또 당신의 자녀들을 이 땅에 존속시키는 데 필수적인 요소다. 뜻이 있는 곳에 길이 있다는 말처럼, 아버지의 뜻이 발현되는 곳에서만이 비로소 생명의 존재 의미가 명백해지고 그 방향이 제대로 설정될 수 있기 때문이다. 문제는 그 하나님의 뜻이 인간의 뜻과 종종 불화하고 어긋난다는 데 있다.

이 간구문의 전제는 "당신의 뜻"이 하늘에서는 무난하게 잘 이루어진다는 것이다. 여기서 "하늘"은 주기도문 맨 앞의 "하늘에 계신"의 "하늘"과 달리 복수가 아닌 단수로 쓰였다. 이에 따라 앞의 복수 "하늘들"은 하나님의 초월적인 권능을 나타내는 "겹"의 개념(heavens)이고, 여기에 쓰인 단수 "하늘"은 하나님의 피조물 또는 천사들이 개체적으로 머물고 활동하는 "홑"의 개념(sky)이라는 해석이 가능하다. 겹겹이 층층을 이루는 하늘들은 고대의 상상력에 기대면 그 단계와 위상에 따라 다양한 피조물이 배치되어 활동하는 신화적 공간이다. 예를 들면, 오늘날 대기권이라고 부르는 가장 낮은 하늘에는 새들이 날아다니고 구름이 흘러간다. 물론 이들의 동선에는 경계가 없다. 경계 없이 넘나들면서 그들은 하나님의 절대 자유를 구현한다. 거기서 좀 더 높이 올라가면 고대인들이 한 쌍으로 인식한 해와 달이 머물며 활동하는 하늘의 층이 있고 더 아득한 곳에 무수한 별들이 펼쳐져 있다. 이 성층권보다 더 높은 하늘의 어느 지점에 천사들이 그 위격에 따라 거한다는 믿음이 있었다.

그 모든 하늘의 존재들은 하나님의 창조 섭리에 순응하여 제 궤도를 돌거나 제 사명을 감당하고 있다. 그래서 "당신의 뜻"이 이루어지는 무난한 모범으로 "하늘"이 설정된 것이다. 반면 인간이 거주하는 이 땅은 예외다. 하나님의 뜻대로 순종하지 않는 패역한 무리들이 정글의 법칙에 물들어 야수처럼 날뛰고 있기 때문이다. 이 모든 불순종과 죄악의 한가운데 타락한 인간이 자리하고 있다. 하나님의 형상대로 지음을 받았지만 그분께로부터 멀어져 자신이 하나님인 양 교만하게 살아가는 인간은 이 땅의 생명 질서 전반을 어지럽힌 주범이다. 그래서 하나님의 뜻은 이 땅에서 거듭 굴절되고 제대로 실현되지 못하는 형편이다. 여전히 배타적인 경계 속에 차별이 진행 중이고 하나님의 공평과 정의는 요원한 현실이다. 인간에 대한 인간의 억압과 폭력적 살상도 그치지 않고 있다. 타락한 창조 질서는 인간을 매개로 여타의 생태계에서 고스란히 드러나 그야말로 아수라의 지옥이 따로 없을 정도로 이 땅의 생명 세계는 자주 혼란과 갈등을 경험한다.

그러니 어쩔 것인가? 별 도리가 없다. 인간의 근원적인 연약함과 무지를 타파하는 방식으로 다시 하늘을 우러러 하나님의 도우심을 간구하는 것 외에 별다른 묘안이 없다. 그것이 "당신의 뜻"이 이 땅에서도 이루어지게 해달라는 간구로 나타나는 것이다. 그 모범적 대상이 바로 하늘이다. 적어도 하늘의 순리에 따라 경계 없이 자유를 드러내는 바람과 새들처럼, 각자 질서정연하게 제 궤도를 도는 별처럼 서로 존중하며 포용하는 삶, 배타하지 않고 평화롭게 공존하는 삶이 그 하늘을 닮을 때 가능해질 터이다. 그러나 그것이 억지로는 되지 않는다. 공평과 정의도 인간이 자꾸 인위적인 강압으로 이 땅에 이루고자 할 때 부작용이 그 열매를 상회하는 경우가 잦다. 인간은 본성적으로 하나님의 자유를 닮아 살고자 하는 속성이 있기 때문이다. 그것이 하나님의 "뜻"으로 귀속되기 때문이다. 하나님의 뜻은 인간이 부릴 수 있는 대상이 아니다. 인간은 신앙적 열정에 눈이 멀 때면 하나님의 뜻조차 자기 마음대로 조종할 수 있는 것처럼 윽박지르고 밀어붙이려 할 때가 많다. 그러나 그것은 하나님에 대한 초보적 공부가 덜 되어 있음을 드러내는 증거일 뿐이다. 하나님의 "뜻"은 "하나님"의 뜻이기 때문에 그분의 자유에 따라 움직인다는 점을 깨달아야 한다.

이 간단명료한 사실이 자주 헷갈리는 까닭에 이 땅에서 하늘의 뜻은 여전히 헤매는 실정이다. 그래서 그 뜻의 주인 되시는 하나님께 다시 간구하는 수밖에 없다. "당신의 뜻"이 하늘에서처럼 이 땅에서도 이루어지게 해달라고 말이다. 이 역시 "당신의 이름", "당신의 나라"와 마찬가지로 궁극적으로 하나님의 소관 사항이다. 하나님이 인간의 패역과 불순종에도 불구하고 창조주와 구원자의 위상을 진작하여 그 뜻을 이 땅에 이루어나갈 의무와 책임이 있음을, 연약한 우리는 끊임없이 상기시켜드릴 수밖에 없다. 물론 그것이 우리의 언약적 파트너로서 동참 의무를 배제하는 것은 아니다. 다만 상호 간의 개방적 대화 없이 공감이 없고, 진득한 공감이 없이는 아버지인 하나님과 그 자녀 사이에서도 아무런 소통이 이루어지지 않는다는 것이다. 그런 감감한 관계에서 무슨 뜻의 교감이 가능하겠는가? 자신의 심장조차 울리지 못하는 상태에서 어떻게 하늘 아버지의 뜻에 감응할 영력이 생겨날 수 있겠는가?

오늘날 이 세상은 "주의 뜻", "하나님의 뜻" 전성기를 맞고 있다. 마치 야고보서가 풍자했듯이, "주의 뜻이면 우리가 살기도 하고 이것이나 저것을 하리라"(3:15)고 기염을 토하며 너무 쉽게 주의 뜻과 자신의 뜻을 일치시키는 자기동일성의 늪에 빠져 허우적거리고 있다. 이런 세태 풍경 속에서 우리는 차라리 철저한 자기소외가 필요할는지 모른다. 고독 속에 오래 칩거하며 묵상하다 보면 하나님의 뜻이란 게 그렇게 "나" 한 사람의 사적인 욕구에 매여 요동을 치는 변덕스런 에너지가 아니라는 것을 깨닫게 된다. 그것은 특정 집단의 종교 심리적 기계장치에 볼모 잡히거나 저당물로 묶어둘 수 있는 대상도 절대 아니다. 아버지의 뜻은 자녀를 향해 세미한 탄식에 귀를 기울이는 곡진기정과 함께 무한과 영원의 지평으로 열려 있는 섭리적인 측면을 아우른다. 그 뜻은 우리의 신앙고백과 함께 그것을 넘어서는 곳에, 우리의 제도권 교회와 함께 그 한계를 초월하는 지점에서 희미하게 이 땅에 구현될 수 있는 성질의 것이다. 그러나 "당신의 뜻"을 아득하게 신화화하지는 말자. 날마다 우리가 취하는 일용할 양식, 그 소박한 선물에 오히려 그분의 심오한 뜻이 깃들어 있기 때문이다.

"오늘 우리에게 우리의 일용할 양식을 주옵소서"(마 6:11).

이 땅의 우리와 관계를 맺으신 하나님이 어떤 분이시고 그 하나님을 어떻게 배려해야 할지 기초 공부가 얼추 끝났으면 이제 인간에 대한 공부로 눈길을 돌려야 한다. 인간을 향해 하고많은 공부의 주제 중에서 주기도문은 가장 먼저 매일 먹는 양식을 주제로 다룬다. 여기서 "양식"이란 말의 문자적 의미는 "빵"(*artos*)이고 지금도 팔레스타인 사람들이 주식으로 먹는 둥글넓적한 밀가루 빵을 연상하는 것으로 족하다. 우리 문화에 비추어보면 이 양식은 밥과 반찬을 아우르는 통상적 식사거리다. 그런데 인간의 필요에 대한 온갖 심오한 주제들을 놓아두고 왜 하필 "일용할 양식"이 첫 번째 간구의 대상으로 언급된 것일까? 이는 너무 가볍고 하찮은 주제가 아닐까? 서구 기독교 이천 년 역사를 통틀어 영육 이원론이 압도해왔다. 그 가운데 물질의 가치를 정신의 가치보다 천한 것으로 여겨온 전통을 감안할 때 이런 의문이 생기는 것도 무리는 아니다. 그러나 성서를 찬찬히 들여다보면 일용할 양식의 연원과 배경은 아득하고 장구하다.

창세기에서 보면 하나님이 천지만물을 지으시고 최초 인류에게 이 땅의 질서를 관장할 청지기로서의 특권을 부여하신 뒤 가장 먼저 하신 말씀은 먹을거리에 대한 것이었다. "내가 온 지면의 씨 맺는 모든 채소와 씨 가진 열매 맺는 모든 나무를 너희에게 주노니 너희의 먹을거리가 되리라"(창 1:29). 이런 창조주의 배려는 비단 인간뿐 아니라 "땅의 모든 짐승과 하늘의 모든 새와 생명이 있어 땅에 기는 모든 것에게"도 나타나 푸른 풀로 먹을거리를 약속하셨다. 이후로 구약성서는 일상의 세속적 삶의 자리는 물론 제의적 맥락에서도 먹을거리의 주제를 풍성하게 보여준다. 신약성서 역시 예수의 주변에 "빵"에 대한 물질적 갈구와 상징적 해석을 종종 배치한다. 음식에 대한 그 일관된 관심은 마침내 예수의 생애 마지막 순간조차 "빵"과 "포도주"의 물질성을 자신의 몸과 피의 상징적 의미망에 접속하여 영원한 구원의 표상으로 자리매김해두었을 정도다. 우리의 생명을 구성하는 몸의 생리적 구조와 흙으로 돌아가야 할 물질성을 생각할 때 그 생명을 지속시키는 물질적 필요를 외면할 수 없기 때문이다.

그렇다. 생명은 몸이 약동하고 활성화될 때에만 생명이다. 아무리 인간의 삶에 소중한 가치와 목표가 있다 할지라도 그 삶이 구체적으로 활성화되려면 에너지가 필요하고 그 에너지는 날마다 취하는 음식을 통해 공급된다. 이런 기초적인 생명 양육의 상식이 있다면 왜 일용할 양식에 대한 간구가 죄의 용서나 시험과 악의 문제에 선행하여 인간을 위한 간구의 대상으로 가장 먼저 거론되었는지 납득할 만하다. 물론 아직도 신앙생활의 사변 가운데 영육 이원론의 전통이 막강하고 고고한 정신이 하찮은 물질을 경멸하는 풍조도 다른 한편으로 견고하다. 그래서 이 "일용할 양식"도 육적인 양식 이외에 "영적인 양식"이라는 해석을 통해 애써 그 물질성의 비중을 약화시키려는 관점도 없지 않다. 하지만 예수의 관점에 기댄 인간 공부는 이런 강파른 이원론과 이분법을 극복하는 데 이르러야 서광이 비친다.

이 간구 조항이 생생하게 우리의 공부길에 체감되기 위해서는 오늘날 만연한 대량생산에 대량소비의 풍조 너머로 예수 당시의 식량 사정을 자세히 헤아릴 필요가 있다. 매년 7조원 정도의 음식 쓰레기가 양산된다는 우리나라의 사정도 이 기도를 드리기에 한없이 부끄러운 현실이다. 당시 팔레스타인의 인구 분포상 절대치를 구성했던 서민들에게는 열심히 땀 흘려 일한 결과로 가족들의 일용할 양식을 챙길 정도면 감사할 만한 상황이었다. 우리나라 역사에서 그리 멀리 가지 않더라도 이른바 "보릿고개"의 고통을 경험한 앞 세대의 회고와 간증을 접할라 치면 미경험자의 낭만적인 상상 속에 그 고통을 마냥 미화할 것도 아니다. 그만큼 먹고사는 문제가 일용할 양식의 공급에 직결되어 초미의 관심사로 늘 평범한 사람들의 심중에 자리하고 있었던 것이다. 그뿐인가? 잇따른 경제위기 담론이 유포되는 21세기 대한민국의 현실이 "헬조선"으로 비유되는 작금의 현실 속에서도 먹고사는 것에 대한 염려를 단숨에 내려놓기가 쉽지 않다. 먹을거리 문제는 단순히 먹을거리 문제에만 국한되지 않기 때문이다. 생활필수품이 1세기와 21세에 어떻게 똑같겠는가? 혹자는 하루에 한 끼 먹으면서 영성 훈련을 한다고 하지만 이런 금욕주의적 발상으로 식사 공부의 초점이 흐려져서는 안 된다.

물론 식사 공부는 일용할 양식의 넉넉한 공급 여부에 그 초점이 맞추어지지 않는다. 그 양식, 그 빵이 우리의 빵, 우리의 양식으로 제시되어 있기 때문이다. 그것은 하나님이 "우리의 아버지"인 것과 일맥상통한다. 오늘날 빵의 문제, 양식의 문제가 세계적인 문제로 불거진 까닭은 하나님의 창조세계가 빈곤해서가 아님을 우리는 잘 안다. 수많은 사람이 기근에 시달리고 영양실조로 비참하게 죽어가는 이유는 그 양식이 "우리의 양식"이 아닌 "나만의 양식"으로 독점되고 과점되기 때문이다. 부익부 빈익빈의 체제를 강화하는 자본주의의 제반 병폐가 이즈음 무한경쟁을 부추기는 신자유주의의 세태 속에 얼마나 험악한 상황을 연출하고 있는지는 우리가 날마다 신문에서 읽고 방송 뉴스에서 보는 바다.

그것이 "우리의 양식"으로 공유될 수 있는 신학적 명분은 의외로 간단하다. "우리의 양식"이 오늘 우리가 함께 나눠 먹어야 할 "일용할" 양식이기 때문이다. 이런 인식이 있다면 우리 삶이 그렇듯이, 우리 삶이 지속되도록 에너지를 공급하는 양식 역시 종말론적인 지평 위에 하나님의 뜻을 이루어가는 핵심 가치로 아로새겨질 것이다. 요컨대, 오늘 우리의 일용할 양식은 공동체적 가치라는 사실이다. 우리의 양식이 우리의 양식인 이유는 꼭 분배의 과정에만 국한되지 않는다. 생산의 공정에도 공통적으로 그 "우리"의 가치는 구현된다. 오늘 우리의 식탁에 한 끼 양식이 오르기까지 우리는 농부의 수고와 그것을 가공한 제분업자의 노동을 망각할 수 없다. 또 그것을 빵으로, 한 끼의 먹을 만한 식사로 만들어내기까지 개입한 적지 않은 얼굴들이 그 양식에 포개진다. 그 가운데는 이 양식을 얻기 위해 땀 흘려 일하고 요리하느라 애쓴 육친의 노고도 포함되어 있다. 그러나 이 모든 생산의 공정이 갸륵하고 가멸차다 할지라도 그 밑뿌리에 이 모든 여건을 조성해주신 창조주의 손길을 기억해야 한다. 그래서 이 간구의 대상이 하나님께로 소급되는 것이고 그분을 양식의 제공자로 인정하고 있는 것이다.

아버지의 기본 책무는 자식을 먹이는 일이다. 부모가 자식을 먹여 살리지 못하면서 아무리 멋진 약속을 하고 좋은 말로 훈계해도 소용이 없다. 다행히 우리의 창조주 하나님은 은혜가 풍성하신 분이라 우리가 사는 이 세상에 먹고살 만한 충분한 자원을 조성해놓으셨다. 창세기 1장의 약속은 여전히 유효하다. 그런데 문제는 이 양식을 하나님이 오늘 우리에게 "일용할 우리의 양식"으로 베풀어주신다는 사실을 직시하고 있는가 하는 점이다. 또 그것이 공평하게 우리 가운데 공유되고 있는가 하는 점이다. 우리는 공유되어야 할 이 양식이 공유의 경제체제 속에 순항하지 못하는 점을 솔직하게 인정할 수밖에 없다. 우리의 식욕은 자연스러운 욕망이 아니라 자본주의 체제 속에 곱상하게 순치된 나머지 무성한 탐욕을 부풀리는 수치스러운 대상이 되었다. 그래서 사람마다 먹는 식사의 양과 종류가 다르다. 아예 굶주리는 생명도 널려 있다. 따라서 주기도문의 이 간구 조항은 현대인들에게 가장 부담스러운 자기모순의 현장이 되었다. 이제라도 종말론적 삶의 감수성에 더하여 분배 정의를 확산시켜나갈 때 그나마 "우리의 일용할 양식"에 대한 희망이 생긴다. 얼마나 잘 먹는가를 따지는 세태 속에 어떻게 골고루 나눠 먹는가를 말해야 하는 현실이 서글프다.

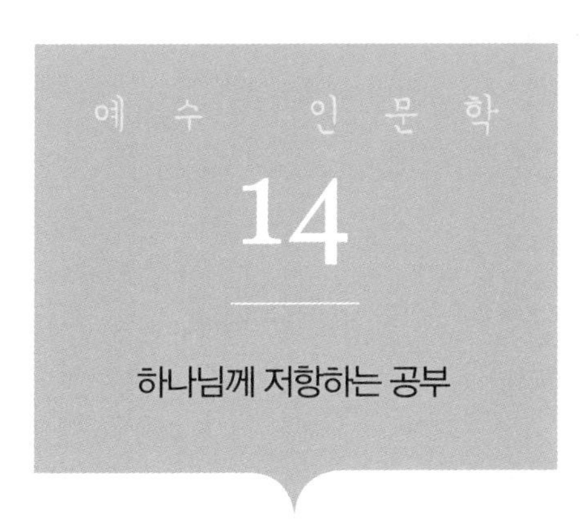

"우리를 시험으로 끌어들이지 마옵소서, 대신 악에서 구해주옵소서"(마 6:13).

오늘날 기독교 신앙의 왜소함은 여러 신학적 배경을 들 수 있지만 무엇보다 신앙인으로 하여금 하나님 앞에 눈치 보게 만드는 데서 비롯되는 것 같다. 명색이 아버지이고 또 자녀라면 하나님과 그 백성의 관계가 그저 힘센 분 비위 맞추는 수준이나 비위를 거슬리지 않기 위해 눈치 보는 수준에 묶여 있어서는 안 된다. 주기도문 중 인간을 향한 두 번째 간구에 해당되는 이 부분은 가장 과격하다. 물론 여기서도 눈치 보는 해석학은 여전히 횡행한다. 대부분의 독자들은 이 시험 관련 간구 조항에서 우리를 시험에 떨어질 여건이나 상황에 내몰리지 않도록 순탄한 길로 인도해달라는 암시적 메시지를 찾아낸다. 그래야 복음주의적으로 "은혜"가 되기 때문이다. 그러나 1세기 예수의 예언자적 신학 전통 속에 이런 복음주의의 신학적 이념은 싹도 나지 않았음을 기억해야 한다. 이 구절이 얼마나 급진적인 신정론의 전통을 머금고 있는지 파악하기 위해서는 "시험"으로 번역된 단어와 그 배경부터 살펴봐야 한다. 그 결과 우리는 하나님께 순종하는 길에서 공부할 수 있듯이 하나님께 따지고 저항하는 솔직한 용기를 매개로 인간과 세상, 나아가 하나님에 대한 공부까지 깊어질 수 있을 것이다.

"시험"이란 말은 원어의 "*peirasmos*"에 대한 한 가지 해석에 불과하다. 이 어휘는 흔히 "유혹"(temptation)이란 의미와 나란히 긍정적·부정적 의미의 "시험"(testing)이란 의미를 공유하고 있지만 "시련", "역경"(trial)이란 뜻도 그 위에 포개진다. 편의상 그 핵심 개념을 "시험"이란 말 속에 응축시켜보아도 그 의미론적 맥락이 간단하지 않다. 시험과 관련한 신약성서의 교훈만 해도 일목요연하게 정리되지 않기 때문이다. 몇 가지로 살펴보면 먼저 하나님은 우리를 시험하지 않는 분이고, 다만 우리가 우리의 정욕에 이끌려 시험을 자초할 뿐이라는 야고보서의 관점이 있다(약 1:13-14). 그런가 하면 시험으로 인한 시련에는 고진감래의 유익한 결과가 있을 수 있으니 잘 인내하여 기쁨으로 감당하는 것이 지혜롭다는 관점도 동시에 제기된다(약 1:2-3). 그 시험에 대한 인내의 보상으로 "생명의 면류관"이 약속되기도 한다(약 1:12-13). 이런 시험의 양면성에는 하나님이 인간을 시험하기보다 인간이 하나님을 시험한 구약성서의 사례에 대한 통찰(히 3:8-9)과 함께, 하나님이 그 고난의 상황을 연단의 기회로 여겨 선의로써 자녀를 징계하는 수순으로 활용할 수 있다는 인식(히 12:1-13)이 깔려 있는 듯하다. 나아가 예수가 겪은 고난의 시험이 중보자로서 시험에 처한 인간을 돕는 순기능이 있음을 포착한 히브리서의 또 다른 관점도 있다(히 2:18).

사도 바울에게 시험의 의미는 이와 또 다른 절묘하고도 복합적인 구석이 있다. 그는 한편으로 인간이 하나님을 시험하여 멸망한 역사의 기억을 히브리서와 공유한다(고전 10:9). 물론 여기서 시험의 주체는 패역한 인간 자신이다. 그러나 동시에 그는 시험의 주체로 사탄의 역할을 승인하고(고전 7:5) 그 시험을 하나님이 허락하는 경우가 있음을 인정한다(고전 10:13). 다만 여기서 바울이 조건부로 내거는 것은 그 시험의 허락이 사람이 감당할 시험에 국한되어 있을 뿐 그 이상은 허락되지 않는다는 절충적인 기준이다(고전 10:13).

이런 사변적 논리에 비추어 예수가 주기도문에서 제시한 시험의 이해는 간명하다. 하나님이 바로 그 시험의 주체인 "당신"으로 전제되어 있는 것이다. 이는 고대의 신들이 인간을 다루되, 다양한 유희적·실용적 맥락에서 부려먹거나 가지고 노는 "유혹자"(the tempter)로 인식되었던 저간의 신학적 전통을 한 가닥 반영한다. 이것을 유혹으로 읽든, 시험으로 해석하든, 여하튼 그 배후에 하나님께 어떤 동기가 있는지는 불투명하다. 그것을 선의로 해석하고 수용한다면 아마도 그런 유혹 또는 시험/시련을 통해 자녀들이 더 단단해지고 복잡한 세상살이의 이치에 성숙한 감각을 가지고 깊은 내공을 쌓도록 유도하는 교육적 효과를 기대할 수 있을 것이다. 히브리서와 야고보서의 통찰 가운데 드러난 사례가 이런 범주에 근접한다.

그러나 실제로 시험과 유혹의 대상으로 온갖 시련을 통과해야 하는 인간의 연약한 실존을 감안할 때 과연 그 결과가 바람직한 방향으로 산출되는지는 의문이다. 욥의 경우 사탄이 부추기고 하나님이 합작한 시험의 결과 그가 "정금같이" 다시 태어나고 이전의 상황보다 더 유복한 삶으로 회복되었다고 평가한들 그 모든 시험의 내용이 정당화될 수 있을지 회의적이다. 바로 신정론의 난점이 여기에 걸린다. 그 와중에 치러진 희생들, 가령 죽어나간 자식들이며 무참하게 짓밟히고 깨져버린 이전의 평온한 삶은 평생의 상처로 욥의 심중에 각인되었을 것이다. 상처 받고 고난 당할수록 성숙하게 거듭나는 사람이 있을 수 있듯이, 그런 고난의 상황에 부대껴 시험을 받아칠수록 더 망가지고 그 트라우마의 족쇄 속에 평생을 불우하게 살아야 할 사람도 많기 때문이다.

예수는 이에 맞서 정공법으로 이 난국의 핵심을 타격한다. 시험의 궁극적인 소추 책임자인 아버지 당신께서 (행여 합당한 시험이라고 여길 수도 있지만, 그것이 실제로 끼치는 부정적인 파장이 심각한 점을 헤아리시어) 그런 시험으로 우리를 끌어들이지 말아달라는 것이다. 이는 인생을 별 효과 없이 괴롭히는 온갖 파괴적 시험에 대한 단호한 거부의 자세다. 이 도저한 신정론적 대결의 국면이 주기도문의 이 조항에 숨어 있다는 걸 눈치 챈 사람은 별로 없다. 그만큼 우리의 신앙이 하나님 비위 맞추는 선에 고착되어 있었다는 증거다. 그러나 아버지를 닮은 똘똘한 자녀라면 때로 가혹한 질문과 함께 아버지인 하나님과 부대낌을 무릅쓸 줄도 알아야 한다. 욥이 그의 참담한 역경 속에서 숱한 질문과 탄식으로 그렇게 했다. 구약성서의 적잖은 예언자들 역시 이런 프로메테우스적인 결기로 하나님 앞에서 당차게 목소리를 높이며 도전적인 대결 의식을 견지했다. 사도 바울도 마찬가지다. 그는 하나님께 제 동족의 종말론적 미래를 놓고 간구하는 고뇌 가운데 자기가 그리스도부터 끊어지는 끔찍한 대가를 치르더라도 동족의 구원을 갈구하는 치열함을 토로했다(롬 9:3).

그 정체가 애매모호한 시험의 미로를 작파하고 아버지로서 하나님이 우리를 위해 담당해주셔야 할 것은, 이 땅에 가득한 악의 현실로부터 우리를 구원해주시는 사명이다. 그것이 어떤 종류이든, 악의 현실은 인간 세상에 항존한다. 죄가 악을 낳고 악은 다시 죄를 부추기는 세상살이에서 자녀들이 그 죄악의 숙주가 되어 징벌을 받을 수 있다. 아버지이신 하나님께는 물론 그 죄악에 물들지 않도록 자녀들에게 사전에 훈계하고 선한 길로 인도해야 할 책임도 있다. 그렇지만 죄악의 현장과 직접적인 상관이 없는데 뜬금없이 그 파편을 맞아 고통스러워하는 우발성의 장난은 이제 중단되어야 한다는 말이다. 하나님이 직접 개입하시든, 사탄을 통해 허락하시든, 아니면 인간의 탐욕이 매개가 되어 불거지든, 온갖 종류의 시험은 파괴적인 뇌관을 그 속에 감추고 있다. 그것이 우발성의 장난을 부추기고 증폭시키는 계기로 작용할 수 있기 때문이다. 더구나 하나님이 우리의 아버지로서 만유의 구주이심을 믿는다면 그분이 이 모든 시험과 악의 배후와 이면 사정까지 속속들이 참견하시고 인간의 고충을 헤아려 구원의 길을 내셔야 할 사명이 있음을 동시에 그 신앙고백 속에 포함시켜야 할 것이다.

세월호 참사가 하나님의 시험이라면 대체 하나님은 그 시험을 통해 무슨 대단한 유익과 효용적인 결과를 기대하셨단 말인가? 이런 시험을 하나님의 뜻으로 간주하거나 여기서 무슨 심오한 시험의 신학적 사변을 추출하려면 차라리 예수의 목소리에 의탁해 직언하는 편이 낫다. "그런 무모한 시험에 자꾸 우리를 끌어들이지 마옵소서"라고 간구하면서 말이다.

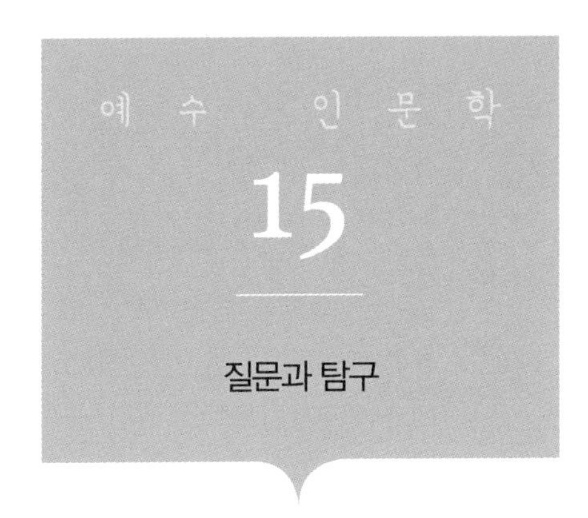

"구하라 주어질 것이요 찾으라 발견될 것이요 문을 두드리라 열려질 것이다"(마 7:7).

부끄러운 이야기지만 나를 비롯한 기성세대의 고등교육은 암기 위주의 방식이었다. 단 하나의 모범 정답을 정해 암기하면서 벼락치기 식으로 공부를 하면 대강 성적이 나왔다. 이즈음에는 창의 교육을 앞세운다고 너무 암기를 무시하는 교육 방식으로 기울다 보니 암기의 필요성이 다시 대두되는 추세지만 암기도 암기 나름이다. 암기는 배움에 필요한 기본 원리를 축적하는 데 필요하다. 공식을 암기하는 게 대표적인 사례다. 성서의 요절을 암송하는 것도 말씀을 상기하여 그것을 묵상하기에 유익하다. 중요한 성서의 말씀을 필요할 때마다 책에서 찾아 확인하기 위해 색인 사전을 들춰보는 것은 비효율적이다. 암기와 암송이 유의미한 까닭은 그것이 축적된 원리와 요지를 응용하여 창조적인 지식을 개척하고 새로운 깨달음을 추구하는 기반이 되기 때문이다. 공부는 이렇듯 새로운 앎을 창조하여 그것이 우리 삶의 일리에 관여하는 맥점을 간파하는 지적인 작용이다.

물론 거기서 끝나지 않는다. 수많은 일리들의 향연 가운데 그 경험의 요체가 어떻게 하나님 나라의 진리로 연계되는지 그 무수한 길들을 탐사하면서 순간순간 몸과 마음, 영으로 깨닫는 것이다. 그러나 그 진리로 나아가는 길은 일리만 있는 게 아니다. 김영민 선생이 묘파한 대로 그 일리는 또한 "무리"로 파행할 수 있는 변곡점이다. 특히 자신이 진리를 독점했다고 생각하는 사람일수록, 또 그 진리가 몇 가지 교리강령의 틀에서 강변의 수단으로 겉돌수록, 진리라는 이름의 무리한 주장들이 난무하기 일쑤다. 인간과 세상, 하나님을 향한 진리의 공부가 쉽지 않은 이유가 여기에 있다.

기독교의 진리를 변증하는 데 열정적이었던 초기 교부들에게 예수를 중심으로 하는 진리는 완성체로 여겨졌다. 특정한 교리적 틀에 비추어 구원은 예수와 함께 완성된 것으로 믿었으니 제기될 만한 결론이었다. 따라서 그런 그들에게 "구하라", "찾으라"는 예수의 어록은 다소 생뚱맞게 비추어졌던 것 같다. 완성된 진리를 누리고 구원의 궁극 속에 머무는 사람들이 무엇을 더 찾고 구해야 하는가 하는 의문이 생겼기 때문이다. 이는 진리를 향한 탐구가 단 하나의 정답 찾기에 초점이 맞추어졌기 때문에 공부의 흐름이 교착되었음을 암시한다. 기실 예수에게 제자도의 삶은 구도자의 길에 다름 아니었고, 구도자의 길은 탐구자의 여정과 다를 바 없었다. 나아가 진정한 탐구는 하나님이 주신 지성의 역량을 활성화하여 질문을 던지는 데서 비롯된다. 그래야 그런 도전적인 기반 위에서 재구성된 질문과 의혹이 빌미가 되어 기존의 앎을 반성하고 갱신해나갈 수 있는 법이다. 이 땅에서 감각하고 경험하는 것들의 미묘한 세계에 굼뜬 사람이 하나님 나라가 퍼져나가는 일이나 그 비밀이 작동하는 이치에 민감할 수 없다. 그래서 현재진행형으로서 구도자적 삶의 추구는 소중하고 사물과 인생을 늘 새롭게 투시하고 살피는 탐구자로서의 삶 역시 긴요하지 않을 수 없다.

예수의 "구하라"는 말씀은 이런 구도자적 삶의 태도와 직결된다. 예수의 제자로 살아가는 삶은 기존의 규범화된 진리에 만족하는 삶이 아니라는 것이다. 새로운 질문으로 기존의 규범을 분석하고 해체하기 위해 질문을 던지라는 것이다. 그 질문은 탐구하는 당사자에게 던지는 것이지만 동시에 그 질문의 제반 여건을 세상만물 속에 심어놓은 창조주 하나님께로 향한 질문이기도 하다. 무엇을 구하는가? 물론 궁극적인 대상은 진리이지만 매일의 공부 현장에서 그 구체적인 목표는 그 진리가 숨겨져 있는 비밀스런 삶의 의미 같은 것이다. 이 세상의 모든 진리가 바로 하나님의 진리로 통한다면 그 구함의 궁극적인 지향도 인간 세상과 자연 만물에 깃든 하나님의 뜻과 섭리 같은 것이라고 말할 수 있다. 그것은 얼핏 매우 방대하고 광활한 것처럼 비친다. 그래서 대강 이해하고 넘어가는 것이 실속 있어 보인다. 그러나 도중에 멈추지 않고 꾸준히 추구하는 구도자의 여정에서 놀랍게도 구하는 자는 그 구하던 바를 얻게 되는 경험을 한다. 수학 공식을 하나 익혀 문제를 푸는데 그것이 술술 잘 풀려나갈 때의 희열이란 건 경험해본 사람은 다 잘 안다. 공부가 그 구함의 결과 해법으로 보응된다는 걸 안다는 것은 신나는 경험이다.

마찬가지다. "찾으라"는 말씀은 고작 숨은그림찾기나 보물찾기 수준의 찾음을 가리키는 것이 아니다. 이 역시 진리를 향한 "탐구"를 강조하는 어록이다. 새롭게 재구성한 질문을 던져 해답을 구하는 것이 공부의 초입에서 긴요하다면 그 기반 위에 전체 영역에 걸쳐 본격적인 탐사와 탐구를 이어가는 노력은 공부의 깊이를 심화시켜, 마침내 점입가경의 발견으로 인도한다. 이 세상에 수많은 즐거움이 있지만 꽉 막힌 컴컴한 상태에서 무언가 한 줄기 빛을 찾아나가다 그 빛을 발견한 자의 기쁨은 이루 말할 수 없는 감동을 선사한다. 더구나 그 빛이 인간과 세상의 본질을 통찰하는 진리 체험으로 다가올 때 건조한 원리 원칙에 의탁하거나 상투적인 공식을 매만지는 경험에 비할 바 아니다. 예수의 이 어록에는 더 놀라운 비밀이 숨어 있다. 그것은 이렇게 컴컴한 길 위에서 막막한 목표를 향해 그저 질문을 던지고 치열하게 부대끼고 구하며 탐구했을 뿐인데 그 해법이 주어지고 그 대상이 전혀 새롭게 발견되더라는 것이다.

이 두 토막의 어록이 강조하는 것은 물론 "질문-해답", "탐구-발견" 사이에 잠재된 시행착오가 아니다. 그런 시행착오가 왜 없겠는가? 그러나 예수는 여기서 담백한 희망을 띄우며 그 궁극적인 결과에서 주어지는 기쁨을 강조한다. 이런 담백한 낙천성은 아버지 되시는 하나님에 대한 신뢰에서 비롯된 것임이 분명하다. 이 구도자의 어록 삼부작 중 마지막에 해당되는 "문을 두드리라, 그러면 열리리라"

는 말씀에서 예수의 낙관적 구도자 정신은 절정에 달한다. 이 세상이 온통 불확실하고 인생 자체가 복잡한 미로투성이인데 회의와 의혹의 미덕이 왜 없을까? 돌다리도 두드리며 건너야 하는 신중한 지혜 역시 공부길에 왜 요긴하지 않을까?

그럼에도 불구하고 예수는 문을 두드리는 자에게 그 문이 열린다고 대뜸 낙관적 희망을 선포한다. 그 문이 우리 삶의 문이라고 한다면 이 어록의 행간에 숨어 있는 교훈은 자명하다. 우리가 목표를 세워 꾸준히, 성실하게 두드려온 삶의 문들은 완벽하지는 않았지만 대부분 열리는 경험을 해오지 않았는가? 그것이 꼭 인생의 문이 아닌 경우도 마찬가지다. 우리가 기본적인 인지능력을 동원하여 누굴 찾아갈 때 상황을 대강 파악한 뒤에 두드리던 문들은 십중팔구 열리곤 했다. 그 문 뒤에 누가 있는지 비록 눈에 보이지 않았지만 그 문이 열릴 때 우리는 너무 그 사실을 당연시해온 것이 아닐까? 그런 연유로 예수의 이 어록이 경이로운 말씀이 아닌 너무 빤한 상투적 교훈으로 다가오는 것은 아닐까?

나는 일찍이 예수의 이 간명한 어록에 "담백한 낙관주의"라는 이름을 붙여준 바 있다. 이 세상의 현실은 우리에게 끊임없이 냉소와 자조, 비관과 탄식의 바이러스를 주입하면서 우리의 정서와 정신을 감염시키고 있다. 특히 신자유주의의 무한경쟁 체제에 치인 각박한 세태의 희생자일수록 그 덧나는 상처를 감당할 길 없어 늘 이런 냉소적 비관주의의 정서를 증폭시켜나가는 추세다. 그래서인지 질문도 상투적인 궤적을 그릴 뿐 자신이 갇힌 경계 밖으로 탈주하지를 못한다. 탐구는 치열하지 못하여 늘 자신의 울타리 안에서 겉돌면서 기존의 모범 답안을 복창하기에 급급하다. 도전과 모험의 정신은 이미 확보한 기득권의 틀에 고착되려는 보신주의와 안전주의에 저당 잡혀 실종된 지 오래다. 그래서 21세기 영적인 유목민으로서 끊임없이 새롭게 구하고 찾고 문을 두드리려는 구도자적 제자도의 삶은 더 절박하고 간절하다.

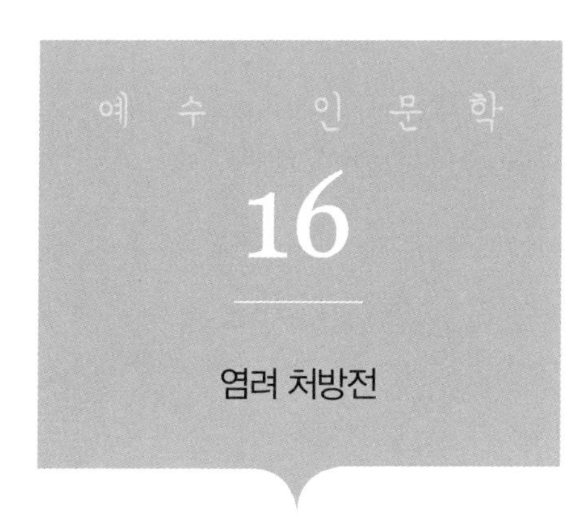

"목숨을 위하여 무엇을 먹을까 무엇을 마실까, 몸을 위하여 무엇을 입을까 염려하지 말라"(마 6:25).

다른 일도 그렇지만 공부에는 고도의 집중력이 요구된다. 산만한 정신은 에너지의 분산을 초래하여 공부하려는 헛폼만 잡다가 실속을 놓치는 경우가 많다. 우리의 집중력을 해치는 산만한 정신은 우리 마음을 옭아매는 염려와 근심에서 오는 경우가 많다. 이에 상응하는 그리스어(*merimnaō*)의 함의대로, 염려는 마음이 갈라지는 것이다. 신경써야 할 일이 많고, 그 일들이 일관되게 심리적 억압을 자극하기 때문에 마음이 갈라진다. 더구나 감정까지 그 신경선에 연루되기 시작하면 몸까지 좌불안석이라 도무지 공부에 전념할 자세가 잡히지 않는다. 억지로 자리에 몸을 붙들어둔다 할지라도 시간만 낭비할 뿐 한 참 지난 뒤의 결론은 멍한 공백의 상태일 뿐이다.

예수가 이 염려의 문제를 다룬 것은 참 고마운 일이다. 그가 이 지상에 발붙이고 살아가는 자들이 일상 가운데 겪는 고초의 민감한 부분을 섬세히 느꼈다는 증거를 보여주기 때문이다. 인간의 염려를 총괄하면 대체로 먹고사는 문제로 귀결된다. 그것을 좀 더 확장시키면 생활필수품을 잘 구비하여 일상을 굴러가게 조직하는 일로 인한, 또 어떤 식으로든 그것과 연루된 염려인 경우가 많다. 이런 염려 사항은 평범한 서민의 차지고, 이 땅에는 물질적으로 부유하고 여유 낙낙한 사람도 꽤 있으니 그 염려를 "먹고사니즘"의 항목에 국한한 필요는 없다. 재벌가 사람들도 자살하는 판이니 그들이 소유한 부의 총량과 행복이 비례하지 않는 것은 의심의 여지없는 사실이다. 요한일서가 잘 요약했듯이 인간의 욕망을 매개로 번성하는 "육신의 정욕", "안목의 정욕", "이생의 자랑" 등이 바로 우리의 염려를 키우는 숙주라고 볼 수 있다. 그런데 이런 것들이 먹고사느라 빠듯한 이들에게는 큰 근심거리가 될 틈을 자주 드러내지 않는다. 어느 정도 물질적인 기반이 잡히고 등 따시고 배가 부르게 되면 본능적 욕구 이상의 정욕과 자랑이 근심의 촉수를 강화시키기 마련이다. 그러니 따지고 보면 이른바 생활의 "하부구조"가 염려의 밑자리에서 스멀거리고 있다는 통찰에 일리가 있어 보인다.

얼핏 염려는 신체의 욕구를 지닌 인간에게 자연스러운 증상으로 보인다. 예수는 염려로부터 완전히 차단된 절대 자유의 초월적 인간을 그려 보여주지 않는다. 오히려 그는 염려의 일상 가운데 살 수밖에 없는 인간의 가난한 실존을 이렇게 수긍한다. "내일 일을 위하여 염려하지 말라. 내일 일은 내일이 염려할 것이요, 한 날의 괴로움은 그날로 족하니라"(마 6:34). 예수께서 염려한 것은 염려 자체가 아니라 대책 없는 염려의 연장이었다. 사는 일의 고단함과 그로 인한 염려의 현실을 그는 충분히 공감할 줄 알았다. 그러나 뾰족한 염려 해소의 대안이 없으면서 그것을 질질 끌어 내일의 염려, 아직 당도하지 않은 미래사의 염려에 매여 사는 일의 불행을 그는 통찰한 것이다. 생각해 보라. 오늘의 일용할 양식을 구하기 위해 땀 흘리는 중에 내일의 양식으로 인해 염려가 엄습한다면 그 맥 빠지는 순간의 낭패감이 어떻겠는가? 아마 오늘의 일용할 양식을 구하는 일까지 지장을 받지 않을까 싶다.

예수의 염려 처방전은 간단한 현실주의적 안목에 기반을 두고 있다. 우리가 염려하는 것이 목적인지 수단인지 잘 살펴 그 우선권을 분별하라는 것이다. 무엇을 먹을까, 무엇을 마실까에 대한 염려는 메뉴의 선택에 대한 염려가 아닐 것이다. 수많은 종류의 뷔페 음식이 널려 있는데 그중에 무엇을 골라 먹을까를 염두에 두지 않았다는 말이다. 마찬가지로 무엇을 입을까의 고민 역시 옷장에 수두룩한 옷들 중에 어떤 것에 맞춰 입어야 맵시가 날까 따위를 말한 것이 아니다. 한 끼의 음식, 한 벌 겉옷의 있고 없음에 따라 생존 자체가 위협을 받던 당시 가난한 민중의 삶이 그 배경에 포착되어야 맞다. 그런데 그들에게조차 음식이나 옷가지가 몸과 목숨을 지탱해주는 수단에 불과할 뿐 목적은 아니다. 따라서 목적에 해당되는 목숨과 몸이 중요하다면 그 수단으로 인한 염려가 역으로 몸과 목숨에 위해가 된다는 걸 깨달아야 한다. 그것은 상식적인 분별력만 있으면 다 알 만한 점인데도 사람이 어디 아는 대로 마음을 다잡고 행동하던가?

그 연약함까지 품어주면서 예수는 그 상식을 신학적 안목으로 끌고 간다. 염려 처방에 필수적인 사항이다. 바로 이 땅에 우리 생명을 내신 창조주의 섭리에 대한 신뢰다. 이 땅에 생명을 받아 태어나 살고 있는 게 은총의 선물이라면, 그 생명을 유지할 만한 여건을 조성해주신 창조주의 섭리 역시 그 은총의 차원에서 수긍해야 한다. 그 두 가지 사례로 예수는 자연의 섭생과 생태계의 조화에 나타난 생명 경영의 현상으로 사람들의 시선을 돌린다. 바로 공중을 나는 새와 들에 피어나는 백합화(아네모네)가 일개 미물에 불과한데 어떻게 먹고 자라는지 살펴보라는 것이다. 여기에 예수의 낭만적 감각이 살짝 포개지지만, 그의 강조점은 공중의 새들도 약육강식의 엄혹한 질서에서 먹이를 구하기 위해 치열하게 기동하는 데 있지 않다. 그들이 그렇게 자연의 순리에 적응하여 살아가면서 내일의 것을 염려하지 않는다는 것이다. 하나님은 우리의 아버지가 되시는데 그분이 우리의 생명을 유지하는 데 무엇이 필요한지 다 헤아리시고 또 그것을 넉넉히 공급해주시지 않겠느냐는 것이다. 더구나 그 아버지가 우리를 소중하게 여기셔서 머리털까지 다 세고 계신다는 믿음이 예수에게 있었다(마 10:30). 그것이 바로 섭리에 대한 신뢰다. 여기에 예수의 미적인 감수성이 튀어나오기도 한다. 대단한 수고도 없이 순리에 적응해서 피어난 들꽃 한 송이의 아름다움이 솔로몬의 모든 영광으로 치장된 인위적 문명의 성취보다 더 낫다는 안목이 그것이다. 그는 이 점에서 충분히 자연주의자였다.

예수의 이 말씀은 우리의 먹고사는 문제에 대한 경솔한 평가절하가 절대 아니다. 오히려 제대로 먹고살기 위해 필요한 현실주의적인 지혜다. 아무리 염려한다고 해도 그 염려가 우리의 키를 당장 한 자 더할 수 없는 이치를 헤아리는 상식적 분별력이 그 당연한 통찰의 기반이었다. 나아가 그는 인간이 만물의 영장으로, 또 하나님의 형상을 지닌 창조세계의 청지기로서, 여타의 피조물과 달리 그 염려의 에너지를 전환하여 먼저 하나님 나라와 그분의 의를 구해야 하는 것이 마땅하다는 관심의 우선순위가 분명했다. 먹고사는 일로 인한 저차원의 염려와 하나님 나라와 의를 구하는 고차원의 관심은 종이 한 장 차이로 뒤엉켜 있다. 우리의 시선을 한 끼 양식 걱정에 찌든 코밑에 박아두느냐, 아니면 그 시선을 공중의 새와 들판에 피어나는 꽃 한 송이로 돌려보느냐에 따라 하나님의 섭리와 이에 대한 신뢰도 우리 일상 가운데 피고 진다.

또 한 가지 이 어록의 흐름 속에는 예수의 유머가 꿈틀거린다. "내일 일은 내일이 염려할 것"이란 표현이 그렇다. 내일은 오지 않는 미래의 시간을 지칭하는 무생물적 표상이다. 따라서 그 미래는 불확정성의 대상이다. 종말론적 희망으로 달구어진 뜨거운 열기도 이 지점에서는 서늘하게 냉각된다. 내일이 마치 인격체처럼 그 내일과 엮이게 될 우리 생활의 아득한 영역을 알아서 하게 내버려두라는 것이다. 아니, 그 내일조차 하나님의 섭리 가운데 있다면 그 염려를 하나님께 맡겨두라는 평범한 메시지도 추출 가능하다. 우리가 당면하는 생존의 눈물겨움을 "한 날의 괴로움"으로 투시한 예수의 안목이 예사롭지 않다. 이 대목에서 우리는 예수의 서늘한 비관주의와 담백한 낙관주의가 교차하고, 자연미학과 낭만이 도저한 현실주의의 상식과 뒤섞이는 내면의 풍경을 접한다. 그 와중에 먹고사는 일상이 하나님 나라와 의의 지경으로 도약하기도 한다. 그 엄숙한 교훈의 틈새로 자잘한 이런 유머 감각이 약동한다. 예수의 공부는 이렇게 종합 세트로 제공된다.

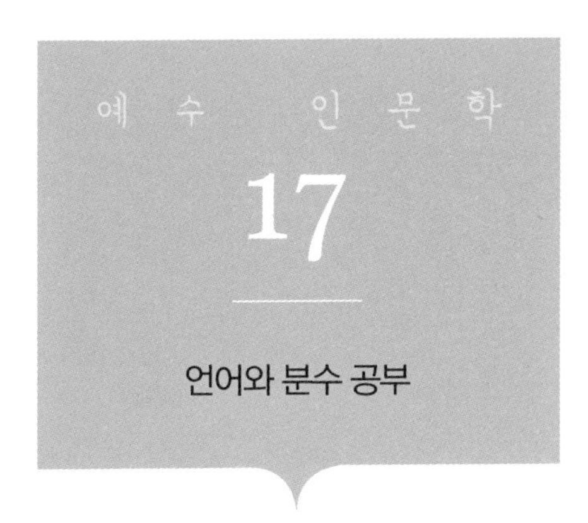

"오직 너희 말은 예 예, 아니오 아니오 하라. 이에서 지나는 것은 악으로부터 나느니라"(마 5:37).

갓난아기가 이미지로 사물을 인지한다면 말을 배운 뒤부터 인간은 언어로 사유한다. 언어가 인간의 사고 작용에 깊숙이 개입하고 나아가 지성을 형성하며 행동에 어떤 영향을 미치는가에 대한 고찰은 별도의 전문 영역이 필요할 정도다. 오죽 그 말이 중요했으면 예수 그리스도가 "말씀"(*logos*) 자체로 조형되었을까? 야고보서는 언어의 부작용에 주목하면서 이를 통제하기 어려운 "불"에 비유하고 그 막강한 선도력을 배를 조종하는 키에 비유한 바 있다. 그러나 야고보서가 다다른 희비극의 역설적 결론은 혀가 "불의의 세계"로서 지옥 불에서 에너지를 받아 우리 "생의 바퀴"를 굴린다는 것이었다(약 3:6). 그렇다고 그 "생의 바퀴"를 굴리는 운동을 멈출 수도 없는 노릇이고, 굴리면 굴릴수록 "불의의 세계"는 더 명징해지는 것이니 비극적 희극 또는 희극적 비극이라 아니할 수 없겠다. 야고보서의 이 섬뜩한 통찰은 우리가 말로 가르치고 그 언술과 담론 행위로 먹고사는 선생이 되는 길의 위험함을 경고한다. 그 뿌리를 멀리 지혜문헌으로 소급해보면 언어 생활에 대한 수많은 교훈의 압축 버전을 여기서 발견한다. 또 가까운 데 물꼬를 대보면 예수의 언어 공부에 대한 가르침이 그 밑바탕에 깔려 있음을 유추할 수 있다.

예수는 인간의 언어에 대해 야고보서의 경우만큼 비관적 확신이 강렬하지는 않다. 그럼에도 그는 신중한 기준을 가지고 말로 인해 빚어지는 부조리를 통찰하고 있었다. 그중에서 예수가 특히 주목한 것은 맹세의 문제였다. 맹세의 언어는 자신의 말을 극단으로 몰아가는 방식이다. 이것이 언어철학을 넘어 언어신학의 지경으로 육박하는 이유는 간단하다. 말씀으로 천지만물을 지으신 하나님의 권능을 민감하게 여겼던 당시의 이스라엘 족속들이 하나님 흉내를 낸답시고 자신의 말에 권위와 권능을 덧입히고자 강렬하게 말하는 습속에 오래 젖어왔었기 때문이다. 예수는 토라에 나오는 일련의 맹세/서원 관련 교훈(레 19:12; 민 30:2; 신 23:21)에 근거하여 그것이 잘 지켜지지 않아 결국 거짓 맹세나 헛된 서원이 된 사실을 역사의 경험, 인간에 대한 관찰을 통해 정확하게 간파하고 있었다. 인간의 연약함으로 인해 당시에 당차게 서원하고 맹세한 말들이 흐지부지되는 것은, 더구나 그것이 하나님의 이름을 근거로 뱉어졌다는 점에서, 신성모독의 혐

의를 띠고 있었다.

예수는 이런 부조리를 직시하면서 맹세 자체를 금하는 기준을 선포한다. 하나님의 이름은 물론이고 하나님을 연상할 만한 기타의 대상들, 가령 하늘과 땅, 예루살렘, 머리 등을 가리켜 맹세하지 말라고 가르친 것이다. 이런 것들은 개체 인간의 형편에 비추어 훨씬 더 웅대하고 권위 있거나 인간의 가장 소중한 지체에 해당된다. 그러나 이런 것들이 자신의 언어로 맹세하여 말하는 그 서약의 진정성을 담보해주지는 못한다. 다만 그 거대한 것, 소중한 것의 허울에 의탁하여 자신의 진정성을 그 순간 극렬하게 과장된 어법으로 강조할 뿐이다. 그러나 비록 하나님의 이름을 비껴간다고 할지라도, 저런 물상들이 하나님과 무관할 수 없다는 것이 예수의 통찰이었다. 하늘과 땅은 하나님의 보좌와 발등상을 표상하는 시적인 은유요, 예루살렘은 큰 임금 다윗의 성으로 하나님과의 소중한 언약 전통이 깃든 장소요, 우리의 머리 역시 자의적으로 색깔을 바꿀 수 없는 창조주의 고유한 선물이기 때문이라는 것이다. 따라서 이렇게 즉흥적 습관처럼 둘러대는 허울의 대상을 제외하면, 맹세는 심리적으로 다급한 곤경을 모면하고자 둘러대는 임기응변의 술수에 불과하다. 예수는 그 내면의 심리적 꼼수를 적확하게 파악한 것이다.

맹세의 부작용으로 인한 폐단은 극심하다. 그 첫째는 언어가 담백해지지 못하고 과장된 수사가 범람하는 현상이다. 다시 말해 말의 거품이 극심해지고 이로 인한 정신계의 오염이 심각하다는 것이다. 둘째는 언어의 진정성이 실종되는 현상이다. 이처럼 뜨거운 맹세 지향적 말, 자기 확신적 절대 언어가 주변에 들끓다 보니 도그마의 강변은 횡행하는데 어떤 말이 진실의 값어치를 지니고 있는지 분간하기 가 여간 힘든 게 아니다. 셋째는 그 결과로 주어지는 황폐한 불신의 사회다. 말이 자주 바뀌고 제 말이 그 주체에서 망각되어 마침내 맹세의 주인이 순식간에 실종된 채 허공에 떠돌 때 인간관계는 신뢰에 기반을 둔 공동체로 지탱되기 힘들다. 불신이 들끓는 불량사회로 전락하기 때문이다. 심지어 말씀의 사제로 이런 오염된 말들을 하나님의 말씀으로 정화하여 혼탁한 사회를 갱생해야 할 책임을 맡은 이들의 강단조차 건강하지 못한 형편이다. 그들의 말이 치열한 맹세 지향적 언어, 자기 확신적 최면의 언어로 물들어온 점을 부인할 수 없다. 이런 세태 속에 언어와 관련된 각종 냉소와 비관주의 풍조도 이해할 만하다.

예수는 인간의 이런 병통을 은폐하지 않았다. 대증요법으로 적당하게 넘어가지도 않았다. 그는 그 뿌리를 건드리며 원인 치료를 제공한다. 그 요지인즉, 각자 분수를 파악하라는 것이다. 그 분수는 자신의 깜냥껏 말로 표현할 수 있는 분수, 말의 한계 내에서 자신을 담백하게 드러낼 수 있는 분수, 나아가 이로써 자신의 말에 신뢰와 진정성을 더하는 절제로서의 분수다. 맹세에 대한 비판적 진단에 근거해 그가 이런 성찰을 거쳐 내놓은 결론이 바로 이 한마디였다. "오직 너희 말은 예 예, 아니오 아니오가 되게 하라. 이에서 지나는 것은 악으로부터 생기느니라." 우리말 번역에서 이것이 "옳다 옳다, 아니라 아니라"로 재구성되어 많은 오해가 불거졌다. 예수께서 마치 시비판별에 관한 한 화끈하게 자기 입장을 정하여 밝혀야 한다고 가르친 것처럼 그 의미나 맥락과 무관하게 와전되는 사태가 생겼다. 그래서 이 말씀에 은혜를 받을수록 더욱더 화끈하게 소신껏 발언하고 사안이란 사안마다 더 당차게 시비판별의 선언을 거의 맹세조로 해야 할 것만 같은 강박적 사태가 생기기도 한다.

그러나 이 말은 선행하는 맹세 비판의 맥락에서 그 핵심 논조를 취하면 의외로 명료한 뜻이 된다. 누가 우리에게 무엇인가를 물을 때 "예" 또는 "아니오"로 간단명료하게 답하라는 것이다. 물론 상대방이 그 말을 못 들을 경우나 자신의 의사를 강조하기 위해 "예, 예" 또는 "아니오, 아니오"라고 한 번 더 반복할 수는 있다. 그러나 그 이상으로 넘어가면 과장은 필연적이고, 또 과장하면서 자신의 취지와 상대방의 입장을 왜곡할 위험도 생긴다. 결국 그 최종 귀결은 자신의 말을 확고하게 믿어달라는 맹세의 언어, 폐쇄적 도그마의 자기 확증적 언어, 하나님이라도 된 양 오만방자한 신성모독의 언어로 나아가는 단계다. 그 위험과 방종, 언어의 타락을 사전에 방지하는 것이 지혜롭다는 것이다. 이는 자기 말에 담긴 자기 분수를 파악하며 절제할 때 담백한 언어 훈련이 가능하고, 언어로써 공부하는 경지에 입문할 수 있음을 덩달아 암시하는 어록이기도 하다.

오늘날 한국 사회에 범람하는 부조리의 뿌리에는 언어로 인한 병리적 그늘이 깊숙이 드리워져 있다. 무엇보다 비굴한 언어가 문제다. 무조건 숙이고 내리깔면서 굽실거리는 수사에 익숙한 사람들이 많다. 살아남기 위해 그런다는 걸 너도 나도 잘 안다. 다른 한편으로는 오만방자한 자기 확신의 언어도 넘쳐난다. 고압적인 언사로 등잔 밑이 어둔 줄 모르고 제 눈에 들보를 보지 못한 채 한 가지 맹목의 기준을 앞세워 회개하라고 극렬하게 떠드는 세례 요한의 분신이 곳곳에

활개치고 있다. 그 모든 말은 자기성찰의 공정을 생략한 맹세의 사생아들이다. 맹세의 언어가 변신하면 자신이 듣고 싶은 말만 듣고 하고 싶은 말만 하고자 하는 언어 이기주의의 자폐적 늪을 조성한다. 그것은 천상천하 유아독존의 쾌감을 선사하기에 더욱 파괴적인 맹세의 얼굴을 닮아간다. 그러나 인간 존재가 그렇듯이 인간의 언어 역시 그리 견고한 신뢰의 대상이 못된다. 언어 공부는 분수 공부와 함께 가야 한다. 우리의 분수가 아무리 부풀어도 자기 확증적 맹세 이전의 언어에 머물며 제가 토해낸 말들을 되돌아보아야 그 공부가 토실해진다.

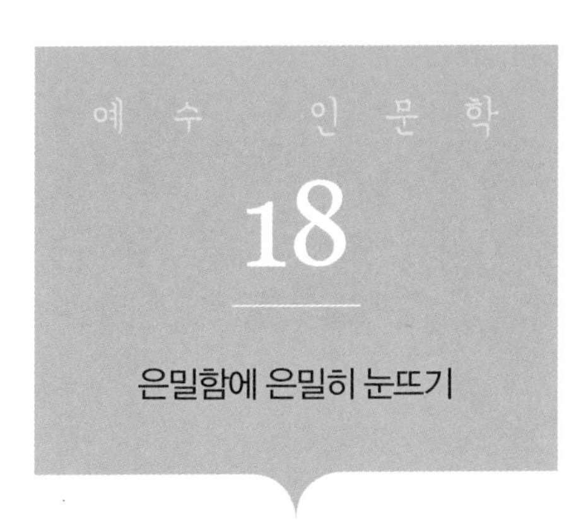

"은밀한 중에 보시는 네 아버지께서 갚으시리라"(마 6:4, 18).

공부는 일종의 보물찾기다. 배우고 익히는 일은 감추어진 것을 찾아내서 그 의미를 반추하는 것과 다름없다. 그래서 공부는 끝이 없고 바닥을 드러내지 않는다. 예수에게는 하나님이 그 보물 중의 보물이었고 닮아야 할 궁극의 목표였다. 하나님을 아무리 공부해도 미진한 까닭은 그분이 바로 바닥을 모르는 은밀한 심연 가운데 거하시기 때문이다. 하나님이 하시는 일의 시종을 인간이 다 헤아리지 못하게 하셨다는 것이 지혜자가 터득한 궁극적 깨우침이었다. 이와 같이 하나님은 비밀스런 존재로서 은밀한 가운데 거하시며 은밀하게 잠행하면서 모든 일을 이루는 존재자다.

하나님이 우리에게 당신께 잇닿은 "영원을 사모하는 마음"을 주셨지만 동시에 그분이 하시는 일의 시종을 사람으로 측량할 수 없게 하셨다(전 3:11)는 역설 속에 하나님 공부의 묘미가 있다. 우리 가운데 영원을 사모하는 마음이 없다면 영원하신 하나님을 감히 공부할 의욕을 품을 수 없다. 그러나 그 시종을 다 드러내 측량이 가능해지면 공부는 싱거워진다. 비밀이 없는 자가 신비감을 풍길 수 없듯이, 정확하게 계측 가능한 대상이 공부의 호기심을 영원의 수준으로 동하게 할 수 없는 법이다. 하물며 그 대상이 하나님이라면 얼마나 다부진 의욕을 부려야 그를 닮아나가는 공부길에 입문할 있는 것이랴!

하나님의 속성 중에 닮아야 할 또 한 가지 공부의 으뜸 목표가 은밀함이라면 거기에 신학적 사유가 없을 리 없다. 러시아의 문호 도스토예프스키의 명작 『카라마조프의 형제들』에서 이지적인 캐릭터 이반이 던진 가장 도전적인 질문은 "신이 없다면 모든 것이 허용된다"는 것이었다. 그 지독한 회의주의 속에서 신의 존재 유무가 끈질기게 탐색된다. 그에 비해 동생 알료샤의 선택은 신을 의지하는 믿음 위에서 인간에게 고결한 사랑을 실천하는 것이었다. 여기서 한 걸음 더 나아가 던질 수 있는 중요한 질문은 이것이다. 신의 은밀하심을 닮아 은밀한 중에 하나님이 기뻐하시는 경건한 미덕을 은밀하게 실천할 수 있는가? 이것은 아무런 결핍 없이 자족적인 하나님을 인정 욕구에 허기진 결핍의 존재가 닮고자 하는 것이기에 무모하게 비칠 수 있다. 그러나 그만큼 은밀한 삶의 실천이야말로 우리의 믿음을 검증하는 최종적 잣대가 될 수 있다는 이야기도 된다.

인간이 먹고살 만해지면서 추구하는 동물 이상의 고차원적 욕구가 자아실현이다. 그 자아실현의 작동 원리가 인정욕구라고 할 때 자신의 선행이나 경건한 삶의 실천을 감추고 은밀하게 잠행한다는 게 여간 어려운 일이 아니다. 그러나 가만히 생각해보면 인간이 기를 쓰고 자신의 잘난 모습을 시위하고자 한들 드러나지 않은 모습이 훨씬 더 많을 것 같다. 여럿이 함께 보내는 시간도 꽤 되겠지만 혼자 머물며 지내는 시간은 얼마나 많은가? 그 은밀한 사적인 시간의 속내에 대해 상상해보라. 끝끝내 들키지 않은 내면의 비밀 같은 것 말이다. 구차하고 부끄러워 드러내지 않은 것도 많고, 남몰래 잘한 것을 계면쩍어 속으로 쟁여둔 것도 없지 않을 것이다. 잘한 것도 아니고 못한 것도 아닌 그저 자연스럽게 머릿속에 떠올랐다가 채 언어화되지 못하고 행동화되지 못한 미완의 관념들은 또 얼마나 더 많을 것인가? 그렇게 따져보면 우리의 개체적 실존을 특징짓는 적당한 개념이 "은밀함"일 수도 있는 것이다. 우리에게 잠재된 "하나님의 형상" 중에 하나님처럼 은밀하게 잠행하면서 은밀하게 모든 것을 두루 관장하는 속성이 우리의 본질에 가까울는지 모른다. 그렇다면 겉으로 표현된 것, 남들에게 드러난 우리의 모습은 빙산의 일각이란 비유에 걸맞게 지극히 미미한 몫으로 자리매김될 수도 있다.

소크라테스는 "은밀하게 살라"는 좌우명으로 자신의 대중적 현시욕을 갈무리했지만 오늘날 그리스도인들이 그만큼도 이 은밀함의 신앙적 미덕을 구현하지 못하는 듯해 더러 찜찜해진다. 예수 당시 종교적 열성분자들 역시 이 은밀함의 기준에 턱없이 못 미쳤던 것 같다. 예수는 동시대 유대교의 경건 항목 중 공통분모로 꼽히던 기도와 금식, 구제와 관련하여 바리새인과 서기관들의 행태에 신랄하게 비판적이었다. 그 비판의 요체인즉 그들이 남들에게 보이기 위해 자기 시위적인 자세로 경건을 수단화하고 있다는 것이었다. 남들에게 잘 보이려고, 자기들의 경건을 최대한 인정받고 싶어 안달하는 그들의 위선적 행태는 오늘날 적용해도 등골이 서늘해지는 동질 구조를 띠고 반복되는 양상이다.

가령, 골방에 들어가 홀로 은밀하게 기도하는 즐거움 자체를 추구하기보다 그 기도하는 시간과 포즈, 목소리까지 선전용으로 포장되어 시중의 우스갯거리로 전락하기 십상이다. 지극히 당연한 인간의 도리나 자그만 선행도 주변에 공지하여 만천하에 공표해야 속이 시원해지는 게 21세기 종교인의 풍속도다. 40일 금식이란 지난한 목표에 도전하는 치열한 용기는 하나님과의 교통이 어떠했는지 그 은밀한 속내와 무관하게 늘 주변을 자극하는 무용담처럼 유포되는 경향이 있다. 예수의 은밀한 경건 속에 갈무리된 하나님의 은밀하심에 대한 은근한 공부의 심연은 그 와중에 구겨져버렸다. 우리는 하나님 앞에 단독자로 홀로 서고자 하는 영적인 고독이 두려워 수많은 모임과 만남의 시끌벅적함 속에 우리의 영성을 소비하고 그 경건의 잔챙이 미담들을 공유하는 재미에 휘둘리며 산다. 예수를 구호 복창하듯이 자기동일성의 심리 속에 믿기만 하고 그의 말씀을 연거푸 되새기면서 공부하지 않는 병폐가 그렇게 전통의 단절을 야기한 셈이다.

유교의 전통에서 수양법의 요체로 중시한 "신독"(愼獨)이라는 공부의 자리가 있었다. "혼자 있을 때를 삼가라"는 것은 남들이 보고 듣지 않는 혼자일 때에도 도리에 어그러짐이 없이 그 마음과 생각을 견결하게 지키는 자세를 가리킨다. 이것은 수평비교하면 골방에 들어

가 은밀한 중에 우리의 은밀한 기도를 들으시는 하나님께 기도하는 것이나, 구제를 하되 오른손이 하는 일을 왼손이 모르게 은밀하게 하여 은밀한 중에 이를 갚으시는 하나님을 전적으로 신뢰하는 태도와 유사하다. 좀 더 마음수양의 공부에 깊숙이 적용하자면 굳이 경건의 팻말을 달지 않더라도 우리의 평범한 일상사가 은밀하신 하나님을 닮아 호들갑스러운 선전전의 형태로 개진되기보다 고요한 평정 가운데 자족적으로 흘러가도록 배려하는 여유가 필요한 것이다. 이런 태도야말로 하나님이 살아 계시고 그를 믿고 의지하는 이들에게 상 주시는 선한 분이심을 닮아가는 진실한 증거가 아닐까?

그런데 우리 주변은 여전히 눈에 보이고 표현된 것, 드러난 것에 쉽게 달아오르며 흥분한다. 그것의 열기가 빠지면 이내 시큰둥해지는 냄비 근성에서 자유롭지 못하다. 빙산의 일각에 빙산 전체를 의존하면서 전체에 대한 통찰을 자주 놓쳐버린다. 코끼리 발톱 하나 만지고서 코끼리의 우주를 터득했다고 게거품을 품어내는 화상들이 천지에 널려 있다. 요란한 몸짓으로서의 헛공부가 우리의 신앙을 소음으로 만들어버리는 첩경이 아닐 수 없다. 몸짓에 헤프다 보니 마음짓 역시 공허해진다. 혼자 있는 것을 견디지 못해 끊임없이 그 공허한 결핍을 달래기 위해 사이버유목민들이 누더기처럼 황폐한 영혼을 끌고 돌아다니는 모습이 더러 눈물겨울 정도다. 자나 깨나 외로운 현대인의 초상 앞에 고개 숙여 동병상련의 애도를 표하면서 동시에 홀로 있는 은밀한 삶의 여백이 얼마나 풍성할지 외로움의 지평 너머를 상상해본다. 무대 앞에서 극장식 연출 가운데 전시하는 경건의 풍경은 결국 소외된 자아의 분신이다. 그렇게 기를 쓰고 채우지 않으면 갈급한 결핍의 수렁이 강파른 자의식을 부추기는 잠재력이다. 그런데 놀라워라, 그것은 은밀하신 하나님의 정반대편에서 피어나는 사막의 신기루일 뿐이다.

"어찌하여 형제의 눈 속에 있는 티는 보고 네 눈 속에 있는 들보는 깨닫지 못하느냐"(마 7:3).

"거룩한 것을 개에게 주지 말며 너희 진주를 돼지 앞에 던지지 말라"(마 7:6).

하나님 공부는 사람 공부와 직결되어 있고, 사람 공부는 자연 공부에 수많은 포석이 깔려 있다. 사람 공부 중에서 특히 어려운 것은 관계를 잘 맺고 그 관계를 잘 유지하는 것이다. 그런데 인간관계라는 것이 한쪽만 잘 한다고 저절로 잘 유지되는 것이 아니라 늘 어렵고 버겁다. 쌍방이 독립적인 개체이기 때문에 서로의 말과 생각이 다를 수밖에 없고 그것을 소통하는 과정 역시 매끄럽지 못하니 오해가 잦아지고 갈등도 쉬 불거진다. 그런 관계의 "문제" 자체가 심각한 것은 아니다. 심각한 문제는 그 문제를 제어하는 신중한 사전 처신의 지혜가 평상시 잘 나타나지 않는 것이다. 가장 심각한 문제는 지혜의 부재로 인해 인간관계가 통렬하게 파산하는 것이다.

인간관계의 미궁을 사전에 세심히 파악하기 위해서는 먼저 인간이 이기적이고 자폐적인 동물성의 한계에 자주 갇혀 사는 존재임을 이해하는 게 필요하다. 가령, 아무리 타인에게 절박한 것이라 할지라도 그것이 제 심장을 울려 절박한 강도로 다가오지 않는다. 남의 일에 관한 것들은 지나치게 냉혹하게 판단하는 경향이 있고, 그것을 또 객관성으로 옹호하는 교활한 존재가 바로 인간이다. 제 손톱 밑에 박힌 작은 가시 하나에 온 신경이 곤두서면서도 남의 심장에 박는 대못은 천연덕스럽게 여기는 심성 또한 인간의 내면에서 벌어지는 일이다. 반면 제 몸에서 풍기는 악취는 제 코에 향기롭게 맡아지기에 배설물 앞에서조차 상호를 찡그리지 않는다. 그래서 우리는 남을 정죄어린 의도로 혹독하게 판단하는 일은 물론 건설적인 의도로 비판하는 일에서도 연민과 사랑의 필요를 역설하곤 한다. 그러나 그 목표는 매우 더디게 달성되거나 불가능한 가능성의 수준에서 겉도는 경우를 자주 접한다.

예수는 인간관계의 이런 부조리를 깊이 투시했다. 그래서 남의 눈에 작은 티에는 매우 민감한 반응을 보이면서 정작 제 눈에 들어 있는 들보는 보지 못한다고, 비유법으로 그 현상을 질타했다. 여기서 티와 들보의 과장된 은유에 너무 깊이 침착하지 않는 것이 좋다. 티의 주인으로 비유된 상대 역시 제 자신의 상황으로 다시 보면 그 티가 들보일 수 있기 때문이다. 문제는 저마다 자폐의 늪에 갇혀 모두가 들보가 아닌 티의 흠이 있을 뿐이라고 경홀하게 생각한다는 것이다. 그래서 나와 상대는 의와 불의, 선과 악의 경계선에서 서로 소외된 채 서로의 잘못을 찾아내 정죄하고 심판하는 꼴불견을 연출한다. 이런 경직된 관점은 늘 반전의 타격을 입게 된다. 제3의 판단이 개입하는 것이다. 그것은 마치 하나님의 심판 육성처럼 단호하게 티와 들보의 반전을 유도한다. "보라! 네 눈 속에 들보가 있는데 어찌하여 형제에게 말하기를 나로 네 눈 속에 있는 티를 빼게 하라 하겠느냐?"(마 7:4)

티를 발견한 데서 멈추지 않고 그것을 자기가 빼려고 달려드는 저돌성은 제 들보를 보지 못하는 과잉 확신에서 생겨난다. 그래서 예수는 제 눈 속의 들보를 "깨닫지 못하느냐"고 탄식한 것이다. 나아가 여기에 그는 "외식"이란 이름을 붙여 비판한다. 그의 이런 행동이 극장식 연기 연출 수준에 머물러 실제의 자아를 보지 못한다는 것이다. 또 그 저돌적인 당사자는 자기 행위를 형제를 교정하는 선한 행위로 자처하지만 실제로는 위선에 불과하다는 충격적인 진단이다. 우리는 이 대목에서 예수의 비관적 인간 이해의 한 단면을 발견한다. 인간은 이렇게 제 들보에 무신경한 반면 남의 티에 민감하게 반응하는 존재다. 이를 깨닫기 위해서는 달리 방법이 없다. 역지사지가 대안이다. 들보와 티의 자리를 바꿔서 생각해보는 것이다. 설사 남의 들보가 자신의 들보보다 훨씬 더 커보일지라도 그 세세한 맥락과 특수한 정황을 고려하여 연민과 공감을 바탕에 깔고 그 들보들의 차이를 분별하는 지각의 현미경이 필요하다. 먼저 제 눈 속의 들보를 빼라는 것은 인간관계에서 성찰이 판단보다 앞서야 한다는 예수의 신중한 지혜를 보여준다.

티와 들보의 비유법이 인간관계를 유지하면서 자신을 성찰하는 데 초점을 두고 있다면, 이어지는 거룩한 것과 진주, 개와 돼지의 짧은 비유는 또 다른 맥락에서 신중한 처신을 강조한 어록이다. 그것은 형제라 불릴 만한 친근한 사람과의 관계가 아니라 관계 맺기 이전의 무지하고 난폭한 사람들을 전제로 한다. 여기서 "거룩한 것"과 "진주"를 선민 이스라엘이 독점한 토라라거나 초기 기독교인들이 중시한 성만찬의 내용물이라는 식의 알레고리 독법은 피하는 게 좋겠다. 그렇게 한두 가지 모범 정답을 정하는 게 예수 공부법의 반경을 축소하는 자충수가 되기 때문이다. 개와 돼지 역시 딱히 "이방인"으로 한정해서 볼 필요가 없다. 최대한 보편적인 지평에서 그 함의를 수긍할 만한 범주로 우려내는 게 합리적이다. 더구나 이 어록의 기본 바탕이 인간관계의 신중한 처신을 그 공부법의 요체로 강조하고 있음을 염두에 둔다면 더욱 그렇다.

여기서 개와 돼지는 거룩한 것이 왜 거룩한 것인지, 진주가 왜 귀한 물건인지 모르는 무지하고 무감각한 인간의 표상이다. 그래서 그들은 그것을 무가치한 것인 양 발로 밟고 나아가 그 물건을 주고자 하는 자를 찢어 상하게 할 정도로 난폭하다. 아둔한 자는 사람의 진가를 잘 알아보지 못한다. 귀한 물건에 담긴 물리적 가치에도 둔한 자가 그 상징적인 "의미"에 섬세한 분별심이 동할지 의문이다. 그렇게 교착된 상대는 상호 간의 선의 어린 관계를 불가능하게 한다. 상대방의 의중에 담긴 선의를 세심히 따져보기도 전에 저돌적으로 대들어 자신이 원하는 것보다 훨씬 더 귀한 것을 짓밟아버리기 때문이다. 돼지나 개에게는 미안한 말이지만 사람들 중에는 그들 수준의 지각에서 말하고 행동하는 자들이 의외로 많다. 이즈음 잘 훈련받은 돼지나 개는 그런 사람들보다 조금 나을 가능성이 언급될 정도니 이런 부류로 인한 관계 불감증 또는 관계 파탄의 해악이 얼마나 심한지 두말 하면 잔소리다.

사람살이의 곤경은 대개 인간관계에서 온다. 정신적인 질고의 상당 부분 역시 그 관계에서 불거진 상처가 밑바탕에 깔려 있다. 그래서 사람들 사이의 관계는 맺기도 어렵고 안 맺고 홀로 살 수도 없는 역설의 난장이다. 대인기피증이 최선의 방도가 아니라고 믿는다면, 우리는 형제로 불릴 만한 친근한 이들에게 역지사지의 슬기를 발휘하여 제 눈 속의 들보를 살피는 데 주력하고 형제의 눈 속에 있는 티를 지적하는 일에 조심해야 한다. 강퍅한 의기가 맹목적인 호기로 열을 받아 자충수를 두게 되는 경우가 많기 때문이다. 그 가운데 누구라도 예외 없이 티와 들보가 역전되는 순간을 의식하지 않을 수 없다. 그처럼 신중한 처신의 지혜는 정죄와 심판의 언행을 줄이고 공명과 연민의 관점을 넓히는 데 유익하고, 사랑과 긍휼의 에너지를 증폭시키는 내면의 연단에 요긴하다.

다른 한편으로 낯선 타인에게 신중한 분별력 없이 호의를 베풀고 선대하는 것이 항상 좋은 결과로 나타나지 않음을 유의해야 한다. 그 관계 이전의 상태에서도 신중한 처신은 필요하다. 우리의 현실 속에는 물에 빠진 사람 건져주었더니 보따리 내놓으라며 윽박지르는 경우도 있고, 은혜를 원수로 갚는 화상들의 이야기도 심심찮게 보도되기 때문이다. 그것이 우리가 맺었거나 맺게 될 모든 인간관계에 잠재된 현실이다. 그것은 비관적인 현실이지만 그럭저럭 감내하면서 지혜로운 공부의 자리로 받아들여야 할 현실이기도 하다. 우리가 개나 돼지같이 아둔하고 몽매한 사람들에게 치여 휘둘리다가 상하고 찢긴 심신으로 전전하기 위해 이 땅에 태어난 것이 아니지 않은가?

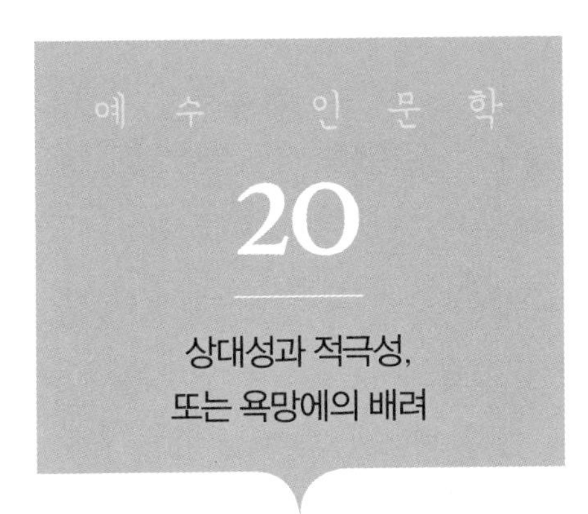

"사람들이 너희에게 해주기를 원하는 것이 무엇이든지, 너희들 또한 이와 같이 그들에게 해주어라"(마 7:12).

앞서 다룬 "개"와 "돼지"의 비유법에만 집착하면 마음이 황량해지고 세상을 사는 낙이 없어진다. 제자도의 삶도 가시밭길의 처연한 느낌만 짙어질 것 같다. 그러나 모든 공부가 하나의 이치를 내세우면 그것에 포박당하지 않고 또 다른 더 큰 이치로써 그것을 감싸면서 넘어가는 데서 돌파구를 찾게 마련이다. 개와 돼지의 세상으로 이 세상을 낙인찍어버리면 그 비관주의에는 도무지 하나님 나라를 향해 열린 희망이 없다. 그러나 예수의 비관주의는 "따뜻한 비관주의"에 가깝다. 그 저변에 담백한 낙관주의가 함께 작동하기 때문이다. 인간관계의 미로를 돌파하는 더 큰 이치로 제시한 그의 말씀은 바로 황금률로 알려진 어록이다. 얼마나 중요했으면 거기에 이런 이름을 붙였을까 싶을 정도로 이 어록의 비중은 대단한데, 소문만큼 그 의미가 사람들의 심중에 비중 있게 새겨지는 것 같지는 않다. 그저 음식 대접을 비롯해 남들에게 열심히 대접하여 이웃 사랑을 실천하라는 정도의 메아리를 만드는 듯하다.

그러나 황금률의 상호주의 원리는 동서에 깊은 연원을 지닌 공부법의 상수에 해당된다. 개와 돼지의 비유 어록이 관계를 트기 어려운 예외적인 경우를 상정하고 있다면, 황금률은 모든 가능한 인간관계에서 어떻게 바람직한 소통의 길을 개척할 수 있는지 그 묘법을 담고 있다. 예수는 이 교훈이 구약성서의 토라와 예언서에 담긴 교훈의 엑기스를 함축하고 있다고 생각했다.

타인과의 관계는 쌍방 간의 관계가 맞다. 한쪽의 장단만으로 손뼉이 쳐지지 않는 이치 그대로다. 그러나 여기서 놓치기 쉬운 점이 있다. 쌍방 간의 관계가 성립되기 위해서는 한쪽의 접근이 필요하다는 사실이다. 쌍방이 에누리 없이 정확한 시점에 눈을 맞추고 마음을 열며 동시적으로 손을 내밀면서 관계가 성립되는 경우는 이상적일망정 현실 속에 존재하지 않는다. 조금이라도 앞서 마음을 쏟고 손을 내밀며 관계를 선도하는 한쪽이 있게 마련이다. 그런데 그 상대방은 신이 아니고 성현군자도 아니다. 아무리 평판이 좋고 훌륭한 덕성을 지닌 인물이라 할지라도 욕망을 지닌 하나의 인간일 뿐이다. 그래서 예수의 황금률은 상대방의 욕망이 작동하여 하고 싶은 것, 구하는 것에 민감하게 반응한다.

여기에 쓰인 동사 "*thelēte*"는 "의지"와 "욕구"를 동시에 포괄하는 개념인데 황금률의 맥락에서는 "욕구" 쪽으로 더 강하게 울린다. "그들이 너희에게 해주기를" 바라는 대상이라는 게 당사자가 강렬한 의지로 뜻을 세워 이루어내려는 것과 썩 잘 어울리는 것 같지 않기 때문이다. 공자의 황금률로 알려진 "기소불욕 물시어인"(己所不欲 勿施於人)에서도 "욕"의 의미가 이와 유사하다. 인간은 누구나 욕망하는 존재다. 삶의 내용을 아무리 근사한 다른 어휘로 포장하고 멋진 은유로 장식한다고 해도 그 밑바탕에 "생의 바퀴"를 굴리는 동력은 대개 욕망에서 온다. 그것은 일차적으로 생존의 욕망이고 더 행복하게 잘 살고 싶어 하는 양질의 생활을 향한 욕망이다. 좀 더 고차원적인 명분을 붙인다면 거룩하게, 의롭고 선하게 살고자 하는 욕망도 의지가 결부된 욕망의 일부다. 이런 맥락에서 공자의 황금률은 "자신이 원하지 않는 것을 남에게 행하지 말라"는 소극적인 맥락에서 새겨지기에, 그 의미망 속에서 타인에 대한 배려는 극진하게 감지될망정 관계를 적극적으로 개척하고 심화하려는 도전정신은 반감된다. 반면 예수의 황금률은 남들이 자신에게 해주기를 바라는 것, 즉 자신이 가장 잘 아는 그 욕망의 성감대에서 출발하되 이로써 타인을 적극적으로 발견하고 용납하여 이해의 거울로 삼는다는 점이 다르다.

예수의 황금률에서 흥미로운 공부의 관심사는 도대체 "사람들이 자기에게 해주기를 원하는 것"이 무엇인가 하는 점이다. 이를 욕망의 차원에 국한해보면 음식 대접을 비롯한 각종 대접을 이 범주에서 배제할 까닭이 없다. 그러나 그 범위를 확장해보면 여기에는 인간이 추구하는 선한 가치들이 두루 포함되어 있다. 긍휼과 연민, 진리 추구,

호의와 환대, 사랑과 자비, 포용과 칭찬, 위로와 격려, 이해와 공감 등이 바로 사람들이 목말라하는 보편적 갈구의 주제들이다. 살다 보면 이런 추상명사들이 자기 삶의 깊은 곳에 절박하고도 실질적인 필요조건으로 다가오는 경험을 꼭 하게 된다. 이런 것들을 깨우치기란 물론 쉽지 않다. 교과서에 나오는 저런 어휘들이 자기가 남들에게 원하는 항목 중 아주 구체적인 몫을 차지하고 있다는 것을 깨달을 때 황금률 공부에 입문할 준비가 되는 셈이다. 그렇지만 의외로 이 입구에서 튕겨져 나가는 경우가 많다. 정신없이 그냥 열심히 살아왔지만 정작 자기 삶이 목말라하고 간절히 원하는 것이 무엇인지 모르는 사람들이 적지 않다.

원하는 것은 그것이 이루어져 체험하는 것과 다르다. 원하는 것을 체험의 자장으로 끌어들이려면 행해야 한다. 겁박이나 명령이 통하는 수직적 인간관계라면 모를까, 수평적인 인간관계에서 행함의 시동은 쉽게 걸리지 않는다. 한쪽에서 몸을 움직이고 특정한 초점을 이루어 말하며 자신의 것을 내놓을 때 이것이 가능해지기 때문이다. 그래서 예수는 남들이 자신에게 해주기를 원하는 것이 무엇인지 간파했으면 그것을 "너희들"이 먼저 행하라고 명한다. 인색하게 하지 말고 "모든 것"을 활수하게 베풀며 해주라는 것이다. 그것이 상대방을 배려하여 관계를 트는 적극적인 모험의 길이다. "이와 같이"(*boutōs*)라는 말은 자신이 원하는 것과 타인들이 원하는 것의 공통분모에 대한 인식을 전제한다. 그렇게 자신의 소원과 타인의 소원이 정확하게 맞아떨어져 피차 넉넉히 충족되면 오죽 좋겠는가? 그러나 조금이라도 한쪽에서 선수를 치지 않으면 이런 교환관계는 눈치 보기나 자존

심 싸움의 지루한 상황으로 점철되기 십상이다.

상대성의 원리에 기초한 상호주의의 실천에는 허방이 있을 수 있다. 자신이 남들에게 선대하며 베푸는 은혜의 동력은 이미 제공받은 상대방의 은혜에 대한 반대급부일 수도 있고, 미리 그 은혜를 기대하는 미래 지향적 미끼일 수도 있다. 어떤 경우든 관계의 개척과 발전에는 적극적인 도전과 모험정신이 필요한 게 사실이다. 더 많은 경우 선대하며 좋은 것을 베풀었는데 그 은혜에 대한 보답으로 돌아오는 게 없이 텅 빈 시혜로 끝나기 쉽기 때문이다. 그때 그 상호주의는 기우뚱한 불균형과 긴장 속에 오락가락하기 쉽다. 남들이 자신에게 해주기를 원하는 부분이 충족되지 않는데 남들에게 그들이 원하는 것을 채워주는 노력이 그래서 종종 밑지는 장사로 여겨져 탄력을 잃기도 한다. 그러나 그것이 일방적인 "시혜"라는 자의식을 벗어나 하나님이 자기에게 베풀어주신 선물을 조건 없이 나누되 그 대상을 바꾸어가면서 하나님의 것으로 돌고 돈다고 간주하면 황금률의 실천을 위해 최적의 조건이 마련될 것이다. 그것은 쉽지 않은 목표이지만 황금률의 몫에 걸맞게 도전적이다.

이렇듯, 황금률의 상호주의에는 모험적인 요소가 있다. 상대성의 원리를 이와 같이 모험성의 원리로 견인하여 실천하는 자리에는 손해 볼 가능성을 무릅쓰는 용기와 하나님이 이웃을 선대하는 자신을 선대하시리라는 믿음이 살아 숨 쉰다. 그 믿음과 용기는 더러 개와 돼지의 부류를 만나 위험할 수 있고 오염될 가능성도 없지 않다. 그러나 뭇 인간들의 관계는 이런 동력을 기반으로 개척되고 발전해왔다. 조직과 조직, 국가와 국가 사이의 외교적 관계 역시 이런 황금률을 근간으로 정밀하게 조율하는 과정에서 가장 순탄한 행보를 보이면서 최선의 열매를 맺어왔다. 상대방의 존재 가치를 무시하면 아무런 생산적인 일도 생기지 않는다. 상대방을 향해 적극적으로 모험하려는 도전적인 자세가 결국 관계의 미로를 돌파한다.

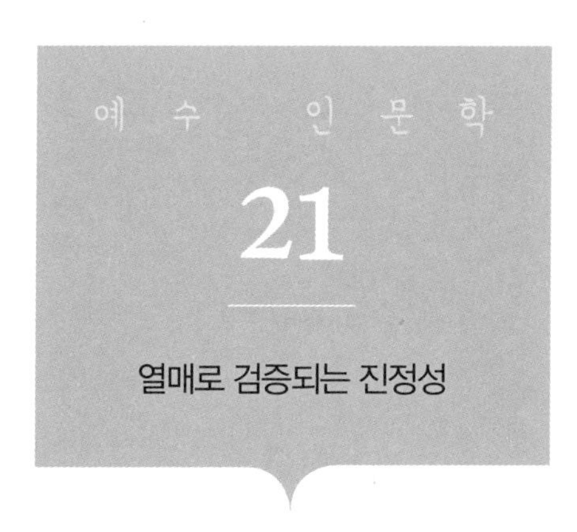

"그들의 열매로 그들을 알지니 가시나무에서 포도를, 또는 엉겅퀴에서 무화과를 따겠느냐?"(마 7:16)

바야흐로 열매 전성시대다. 이 무슨 말인가? 이 은유어를 조금 실감나게 바꾸면 실적이고 성취다. 열심히 삶의 밭을 갈아 씨를 뿌리고 결실한 결과가 바로 열매다. 이른바 "루저"에 대한 자괴감을 부추기는 우리 사회의 과민반응을 떠올리면 이런 열매 지향적 발언 역시 오해의 소지가 없지 않다. 죽어라고 일해도 열매를 맺지 못하는 삶의 자리가 있다고, 3포, 5포, N포 세대의 논리를 동원하면 그 역시 일리가 있기 때문이다. 그러나 삶이라는 열매에 절대치는 없다. 열매는 자연의 순리에 따라 맺히는 법이다.

무직자가 하루의 얼마간을 열심히 걷거나 달려 제 몸을 건강하게 유지하는 일에 투자했다면 그것도 예비적 열매다. 생존의 열매가 거기 하루치 열렸기 때문이다. 밥 먹고 가만히 앉아 있기 계면쩍어 설거지나 집안 청소를 했다면 그것 역시 일정한 하루의 노동으로 거둔 성취이니 열매의 맥락에서 이해할 수 있다. 지나가는 행인에게 길 안내를 해준 친절도 열매이고, 우는 아이 달래주고 눈물을 닦아준 자비심의 작은 실천 역시 열매다. 이와 같이 열매를 굳이 전문적인 직업이나 물량주의적 성취 개념으로만 보지 않는다면 우리의 몸이 멀쩡한 사지를 움직여 이룰 수 있는 열매는 생각보다 풍성하다.

산상수훈에서 이 열매 어록은 거짓 예언자들을 비판하는 맥락에 배치되어 있다. 거짓 예언자들은 양의 옷을 입고 나아와 순진한 영혼을 속여 노략질하는 이리와 같다는 것이다(마 7:15). 거짓 예언자들이 입은 "양의 옷"은 자신의 정체를 가리는 감언이설과 유혹적인 제스처다. 자신이 가시나무와 엉겅퀴같이 열매를 맺지 못하는 주제에 좋은 열매를 맺는 포도나무나 무화과나무인 양 스스로 위장한다는 것이다. 그 위장의 동기는 빤하다. 자신의 거짓된 모습을 참된 것처럼 꾸며 먹이를 잡아먹기 위해서다. 이리의 노략질은 인간이 행하는 온갖 파괴적인 패악질을 포괄적으로 암시한다. 이 세상에는 남들에게 유익한 열매를 맺기 위해 생산적인 작업에 애쓰는 사람이 있다. 반면 생산 현장에 끼어들어 행패를 부리고 훼방을 놓으며 그 공정을 제대로 진행하지 못하도록 파괴적인 술수를 부리는 사람도 있다. 이 두 유형의 사람들 사이에 벌어지는 불협화음이 바로 세상살이의 피로함을 유발하는 대강의 구도다.

구약성서의 예언자들이 하나님의 말씀을 정직하게 대언하는 경우 대개 경고와 회개, 심판의 언어로 표현되었다. 그러나 거짓 예언자들의 공통점은 재난의 시대에 평화의 메시지를 꾸며 사탕발림으로 사람들의 구미에 맞춰 듣기 좋은 말을 늘어놓았다는 것이다. 그것이 바로 "양의 옷"에 해당된다. 이런 메시지는 오늘날의 상황에 역발상으로 적용될 수 있다. 희망이 고갈된 것처럼 탄식과 비관의 어조로 냉소적인 심판 일변도로 예언하는 사람이 진정한 시대의 예언자인 양 전형화된 상태에서는 그것이 오히려 "양의 옷"으로 위장될 공산도 크다. 거기에 고압적인 목소리로 우렁찬 웅변이 더해지면 이에 압도된 대중은 그를 높이 추켜세워 일그러진 영웅을 만들고자 하는 유혹에 빠진다. 반면 피로에 지치고 상처 받은 영혼을 감싸며 그들을 치유하는 위로와 격려의 메시지는 고작 2등급의 수준으로 격하되기 쉽다. 양의 옷을 입은 이리가 거짓 예언자의 한 고대적 유형이라면, 이리의 옷을 입은 양 역시 21세기 현대판 유형의 거짓 예언자일 수 있다는 것이다.

오늘날 우리는 겉과 속이 뫼비우스의 띠처럼 밀접하게 잇닿아 순환하는 세상에 살고 있다. 양과 이리의 경계가 흐려지다 보니 툭하면 불거지는 쟁점이 정체성 문제다. 마치 태생적인 양, 본래적인 이리가 있는 것처럼 말한다. 누구는 태어날 때부터 포도나무와 무화과나무이고 누구는 뱃속에서부터 가시나무와 엉겅퀴의 씨를 받은 것처럼 예단하는 경향이 있다. 그도 그럴 것이 이즈음 세태가 금수저, 은수저, 흙수저 등과 같이 수저신분계급제로 특징지어지기 때문이다. 그러나 과연 그런가? 이런 가부장주의적 결정론은 예수의 교훈과 거리가 멀다. 문제는 다시 열매다. 좋은 열매를 풍성하게 산출하는 좋은 나무로 우리의 인격을 갈고닦아 그 질적인 성취로써 우리 삶의 진정성을 담보하는 것이다. 그 가운데도 물론 공부의 효력이 작용한다.

나무에는 종자 결정론의 자연법이 통하지만 인간은 나무보다 더 복잡한 존재다. 나무와 열매는 그저 자연의 순리에 따라 인과관계를 설명하는 유형론적 틀일 뿐이다. "좋은 나무가 나쁜 열매를 맺을 수 없고 못된 나무가 아름다운 열매를 맺을 수 없다"는 말씀은 그 자체로 옳다. 다만 좋음과 나쁨의 기준이 무엇인가는 좀 더 따져봐야 한다. 이 세상의 가치와 덕목은 흑과 백으로 확연히 갈리는 경우보다 애매모호한 회색지대가 훨씬 많다. 그것이 인간 세계의 현실을 겸허하게 통찰한 결과다. 그러나 인간도 자연의 일부인 이상 열매와 나무가 이처럼 긴밀하게 상합하는 이치를 무시할 수 없다. 따라서 좋은 나무로 발돋움하려는 노력, 다시 말해 선한 재목으로 자신을 세우기 위한 공력은 아무리 강조해도 지나치지 않다.

좋은 열매를 풍성히 맺기 위해서는 인생의 성취를 보람의 조건으로 여기는 자세가 선행되어야 한다. 아무리 뛰어난 성과와 실적도 자족적이지 못하고 남들에게 유익을 끼치지 못하면 오히려 독이 된다. 뛰어난 성과를 내는 선도적인 일꾼들이 일중독자로서 자기 몸을 파괴하고 남들에게 가혹할 정도로 억압적인 성향을 띠는 배경을 추론해보라. 열매는 대단하기에 앞서 먼저 아름다워야 한다. 열매가 아름답다는 것은 인생의 은유로 따지자면 살아온 나날이 지극하고 성실했음을 전제한다. 그 나름의 성취와 이로 인한 보람 역시 자기뿐 아니라 다른 이들에게 기쁨과 유익을 끼칠 만큼 공동체적인 가치로 승화되었음을 시사한다.

이처럼 아름다운 열매가 좋은 나무에서 열리는 것은 자연스런 일이다. 잘 성숙한 인격과 정련된 경건의 삶, 나무 본연의 열매처럼 순리를 존중하는 꾸준한 신진대사와 생산의 여정이 바로 좋은 나무를 만드는 지름길이다. 자연의 창조 질서 속에 엉겅퀴와 가시나무 자체에는 문제가 없다. 다만 그들이 풍성한 포도와 무화과를 맺은 것처럼 위장할 때가 문제다. 포도나무와 무화과나무가 엉겅퀴나 가시나무같이 쓸모 있는 열매를 맺지 못한 것처럼 역으로 위장하며 엄살을 부린다면 그건 어쩌면 더 심각한 문제다. 열매로 그들을 자연스럽게 드러내지 못한 채 그 열매를 독점하려는 술수가 보이기 때문이다.

열매는 긴 시간의 흐름 속에 스며든 성숙의 공정을 요구한다. 질펀한 노동 끝에 숙진 세월의 미덕이 열매로 나타난다. 열매로써 나무를 안다는 말은 그러므로 인생의 선한 동기가 지난한 공정을 거쳐 알맞은 결과로 나타나는 전반에 대한 통찰이 중요하다는 뜻이다. 아무리 좋은 출발을 했을지라도 그 과정이 뒤틀려 알찬 결실로 나타나지 못하는 인생은 좋은 나무가 못된다. 그 자리에 아름다운 열매가 풍성히 맺히지 못하기 때문이다. 열매가 나무를 탓할 수 없듯이, 나무 역시 자신이 낳은 자식과 같은 열매를 탓해서는 안 된다.

열매는 창조에 복무하고 생산에 기여하는 무리를 기리는 메타포다. 열매를 맺기는커녕 하나님이 주신 제 생명 자체를 좀먹는 이들도 많다. 생

명의 에너지로 알찬 신진대사에 힘쓰지 않고 남의 나무를 집적거리며 감 놔라 대추 놔라 활개 치는 불임의 완장들이 너무 많다. 나무 자체를 함부로 여기고 소홀히 다루어서는 좋은 열매가 풍성하게 맺히지 못한다. 제 나무의 뿌리에 자긍심을 가지고 땅속에 깊이 박혀 영양가를 공급하지 못한다면 열매를 노리는 그 나무의 미래는 어두울 수밖에 없다. 남의 열매에 눈독을 들여 호시탐탐 노리는 비뚤어진 투기심으로도 결실은 어렵다. 삶의 진정성은 바로 구체적인 열매의 진정성이어야 한다.

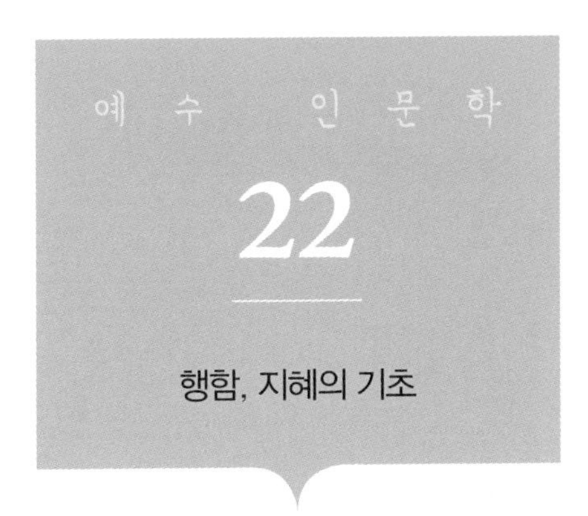

"누구든지 나의 이 말을 듣고 행하는 자는 그 집을 반석 위에 지은 지혜로운 사람과 같으리니…"(마 7:24).

누구나 다 알고 지겹도록 들은 설교의 결론은 항상 "실천"이다. "영혼 없는 몸이 죽은 것같이 행함이 없는 믿음은 죽은 것"이라는 널리 알려진 야고보서(2:26)의 요절도 그 결론을 땜질하는 단골 메뉴로 곧잘 호출된다. 행함에 대한 강조는 사실 따지고 보면 구약성서의 윗길로 소급된다. 토라의 말씀은 야웨 하나님께서 베푸신 율례를 성심껏 준행하라는 훈계로 마무리되곤 한다. 삶의 모든 열매는 이처럼 예외 없이 긴 인고의 시간을 견디며 에너지를 집중해 쏟아붓는 행함의 결과다. 그러니 행함을 아무리 강조해도 지나치지 않고, 빤한 설교의 결론인 실천적 결단 역시 지겨워도 끊임없이 되풀이될 수밖에 없는 것이다.

그러나 좌고우면(左顧右眄)하지 않고 "행함" 자체가 도그마가 되면 부작용과 위험도 만만치 않다. 이 세상에 들끓는 전쟁과 테러, 온갖 살벌한 삶의 풍경 역시 구체적인 인간들의 구체적인 행함의 결과로 나타난 비극이기 때문이다. 행함이 에너지를 모아 휘둘러야 하는 삶의 필연이라면, 그 힘의 대상이 무엇이며 어떤 기준으로 그 힘을 써야 하고 힘의 분배 구조가 어떠해야만 그 행함이 선한 결실을 맺는지 더욱 세밀하게 숙고해야 마땅하다. 예수의 경우 그 기준은 "내 아버지의 뜻대로 행하는" 데 있었다. 여기서도 아버지가 "나"와의 관계에서 어떤 분이신지, 또 그분의 뜻이라는 게 대체 어디에 있는지 분별심이 요구된다. 우리는 자기의 힘을 쏟아 공들이고 전심전력하는 일을 신적인 필연으로 믿고 싶어 한다. 그 성향이 습관이 되다 보면 자신의 일상에서 다반사처럼 일어나는 우발적인 해프닝까지 필연이 되고 아버지의 뜻으로 선뜻 용납되기 일쑤다. 우리의 행함에 개입하는 우연과 필연의 경계지표는 그렇게 얇다.

아버지의 뜻대로 행하는 자라야 천국에 들어간다 했으니 행함이 매우 중요한 것만은 틀림없다. 구원의 맥락에서 행함이 관건이 된다는 이야기니까 그 막중한 위상이야 두말하면 잔소리다. 그런데 이 행함의 강조가 자리한 대조적 맥락은 "나더러 주여, 주여 하는 자"에 대한 비판이다. 쉽게 말해 겉똑똑이 제자이고 스승 예수와의 각별한 친밀성을 내세워 한몫 챙기려는 꼼수가 이 화상의 심중에 포착된다. 아니면 제 삶을 경영하는 아무런 실질적인 노력이 없이 "주여, 주여" 부르며 기도하는 후대의 그리스도인들 역시 이 범주 가운데 갈무리될

성싶다. 혹자는 다시 야고보서를 끌어들이고 바울 신학의 이신칭의 교리를 접목시켜 그 유명한 믿음/행위 논쟁을 발화하고픈 욕구가 생길지도 모르겠다. 아서라. 그런 유형론적 범주는 이해를 돕기 위한 도식적 준거일 뿐, 진실은 그 이면이나 그 너머에 있다. 기도도 하나의 행위로 실천이고, 믿음 역시 알맹이가 채워진 믿음이라면 마음의 에너지가 작동하는 행함 가운데 발현되기 때문이다.

문제는 행함의 매너리즘이다. 예수 당시 그의 겉모습을 본받아 귀신을 쫓아내며 적잖이 기적적 권능을 행하던 자들이 있었던 모양이다. 당시 지중해 연안의 종교 세계 한구석에는 마법사 또는 주술사(magician)라 불리는 이들이 성업 중이었다. 그들은 인간 삶의 예측할 수 없는 실상을 이해할 수 없는 주문을 만들어 처방하며 그 활동 반경이 팔레스타인 일대에도 미쳤다. 예수 역시 이런 부류의 일종으로 대중 속에 각인되었다면 그 주변의 추종자들이 이런 특별한 영력을 행함의 요체로 떠벌렸을 가능성이 높다. 행함이란 인간의 실천이 아니라 하나님의 권능이 나타나는 신적인 행동이라고 선전하면서 말이다. 그러나 예수가 최후의 심판 자리에서 이들에게 내린 선고는 놀랍게도 "불법을 행하는 자들"이었다. 그들은 자신과 전혀 무관한 자들이니 "내게서 떠나라"고 명령한다. "불법"(*anomia*)은 여기서 "율법"(*nomos*)의 반대어다. 유대인이 지켜야 할 율법은 신앙과 덕성을 함양하는 공부의 기본 텍스트인데 어떤 무리들이 그 본질에 반하는 작태로써 그들의 행함을 그럴듯하게 치장했다는 것이다.

이 행함에 대한 어록은 산상수훈의 결론 부분에서 간단한 비유한 토막과 함께 그 의미를 심화해나간다. 이 비유는 건축의 비유다(마

7:24-27). 예수의 말씀, 즉 산상수훈에서 설파된 말씀을 잘 새겨듣고 행하는 자와 듣기만 하고 행하지 않는 자는 각각 집을 반석 위에 지은 지혜로운 자와 모래 위에 지은 어리석은 자로 빗대어진다. 그 집은 물론 인생의 집이다. 똑같이 집을 지었지만 그 결과는 홍수가 엄습할 때 드러난다. 반석 위에 지은 집은 홍수에도 끄떡없이 견디며 무너지지 않지만 모래 위에 지은 집은 심하게 무너져버리기 때문이다. 이 비유의 맥락에서 행함은 결국 인간의 실천적 행함이다. 따라서 예수의 말씀에 담긴 교훈을 새겨 평범한 일상뿐 아니라 제자로서 추구하는 선교적 삶의 현장에 제대로 접목시켜 구체적으로 살아내는 것이 중요하다.

어떻게 그 지혜로운 실천의 힘으로 한평생을 든든하게 지탱하며 나갈 수 있는지 우리는 막막하다. 또 그런 무리들이 모여 일군 공동체가 어찌해야 건사되며 제 몫을 감당해나갈 수 있는지 자세한 방법은 교과서에 쓰여 있지 않다. 교과서에 나오는 말씀을 유추하여, 우리 인생의 현장에 구체적으로 적용하여 실천하는 길목에서 부대끼는 공부의 장애물이 만만치 않다. 그 대표적인 것이 상황의 가변성과 이에 대응해나가는 구체적인 방법의 부재다. 특정한 말씀이 행함을 통해 알찬 결실로 나타나기 위해 필요한 원론적인 방법이 있다. 마찬가지로 그 방법을 제대로 작동시키기 위해 필요한 각론적인 방법, 곧 방법의 방법도 강구해야 한다. 행함이란 이 모든 과정을 포괄하여 초점을 맞추고 에너지를 집중할 때 구체적인 힘의 결과로 나타나는 삶의 다양한 작용들이다.

우리는 행함을 강조하되 행함을 건조한 이분법의 도그마 속에 형

해화(形骸化)하지 말아야 한다. 혹자는 이론과 실천을 대립시킨다. 이론이 언어와 문자로 구축되는 점을 내세워 추상적이라 칭하고, 실천은 몸과 생활이 병진하는 세계이므로 구체적이라고 가볍게 편을 가른다. 이런 행함의 구조는 이론적 실천과 실천적 이론이란 게 두루 있어 그 모든 것이 우리 삶의 에너지를 먹고사는 입자들이라는 사실을 외면한다. 혹자는 머리가 몸의 일부인지 모르고 머리와 몸을 대립시키길 좋아한다. 또 다른 부류는 보고 듣는 감각적 행위를 열등하게 보고 사지를 움직여 뭔가 유형적인 실체를 만들어내야 행동이라고 본다. 이 모든 것이 유기체의 미로를 타고 순환하는 통합적 신경회로의 존재에 무지한 결과다.

우리가 실천적 행함을 강조하는 교훈에 시큰둥한 반응을 보인다면 공부의 기초에 빨간불이 켜진 것이니 각성해야 한다. 다만 행함의 현상적 지형과 미래적 지평을 향해 다시 어떤 기준으로 작동하는 어떤 행함인지 꼼꼼하게 물어야 한다. 그래야 행함의 뿌리로 내려가 그 기반이 반석인지 모래인지를 헤아려 우리 생의 집을 건실하게 건축할 수 있다. 뒤늦게 우리 집이 허술한 기반 위에 축조된 것이라는 사실을 깨닫더라도 살아 있는 한 아직 늦지 않았다. 허술한 집을 허물고 반석 위에 집을 재건축할 기회가 남아 있기 때문이다.

시행착오는 행함의 얼룩이다. 그러나 그것은 필요한 얼룩이다. 그 남루한 얼룩을 아름다운 무늬로 바꾸기 위해서라도 공부에서 실천 강박증은 해체되고 재구성되어야 한다. 그 기초가 허술한 것도 문제겠지만 잘 다듬어지지 않은 뒤틀린 바위라도 문제다. 바위가 딱딱하다고 다 반석이 되는 것은 아니다. 오히려 그 경직성 위에 기초한 인생의 구조물은 주변의 많은 생명을 해칠 큰 재난의 소지를 안고 있다. 그렇다면 차라리 자신의 무지를 의식해 더 조심하면서 모래도 반석도 아닌 흙 위에 집을 짓는 편이 더 나을지 모르겠다.

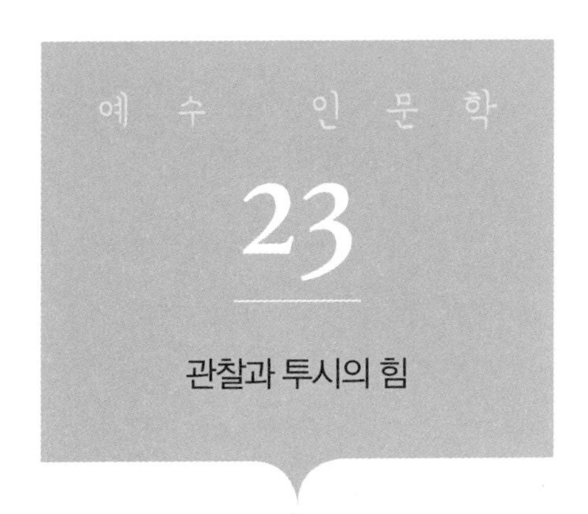

예수 인문학 23

관찰과 투시의 힘

"주검 있는 곳에는 독수리가 모이느니라"(눅 17:37).

"아침에 하늘이 붉고 흐리면 오늘은 날이 궂겠다 하나니, 너희가 날씨는 분별할 줄 알면서 시대의 표적은 분별할 수 없느냐?"(마 16:3)

사물의 이치를 터득하는 공부는 관찰에서 출발한다. 격물치지(格物致知)의 요체 역시 사물을 투시하는 지극한 궁리에 있다. 오늘날 고도로 정밀화된 이 세상만물의 이치도 처음에 매우 단순한 관찰에서 출발했다. 관찰은 질문을 낳고 질문은 답을 구하기 위해 던져진다. 그렇게 궁리의 지경이 넓혀지고 깊어지다 보면 관찰은 통찰이 되고 통찰은 다시 그 주체의 성찰을 유도한다. 자연만물에 깃든 하나님의 비밀을 자연화한 시선으로 관찰하며 궁리한 끝에 터득한 지혜는 인간과 세상을 읽는 지도와 같다. 나는 자연이야말로 하나님의 가장 위대한 잠언이라고 믿는다. 인간이 문명의 이름으로 촘촘하게 들여놓은 각종 인위적 체계와 장식은 인간의 적나라한 실상을 그대로 보는 데 적잖이 방해가 된다. 반면 자연만물은 그야말로 자연스럽게 있는 모습 그대로를 드러내 보여준다. 마치 실낙원 이전의 최초 인간처럼 벌거벗은 몸 자체로 부끄러움을 넘어서 존재하며 풍성한 결실에 대해서도 뻐길 줄을 모른다. 때가 되면 발가벗을 줄 알고 풍성한 열매는 무연한 이웃을 향해 조건 없이 공여하는 선물이 된다. 누가 시키지 않아도 그냥 그렇게 할 줄 알아 "자연"이라 칭하고, 인간에게 숨겨진 그 자연의 속성을 가리켜 "본성"이라 부른다. 그래서 자연도, 본성도 영어로 표현하면 똑같이 "nature"다.

예수는 지혜문학의 교과서에서 그 신학의 이치를 얼핏 투시한 듯 보인다. 드물지 않게 자연만물을 향해 소박하면서도 예리한 시선을 돌려 그 통찰의 여운을 남긴 흔적이 진하게 드리워져 있다. 가령, 그가 "주검 있는 곳에는 독수리가 모인다"라고 말했을 때 이 대수롭지 않은 진술에는 관찰로써 축적된 경험이 반영되어 있다. 아마 예수는 어느 날 광야의 어느 곳에 독수리가 모여드는 광경을 목격했을지 모른다. 다가가 보니 상식적으로 추론할 수 있는 대로 그 밑에 동물의 사체가 야수에 의해 뜯겨지고 있었다. 이 평범한 듯 보이는 풍경 속에서 예수는 무슨 생각을 했을까? 동물 세계의 비정한 먹이사슬? 이에 비견되는 인간 사회에 엄연히 존속하는 동물적인 생태계? 어쩌면 죽은 생물의 해체 과정에서 풍겨나는 덧없는 생명의 유전을 연상했을는지 모른다. 이런 격물치지의 관찰이 좀 더 추상화되어 그는 먹이를 따라 움직이는 주리고 목마른 생명의 생존 지향적 본능을 숙고하는 계기를 얻게 되지는 않았을까? 자신의 권능을 보고 수많은 군중이 빵을 기대하며 따라다닌 경험이 유사한 패턴으로 연상되었을 가능성도 없지 않다.

생명의 무리 짓기 성향이나 회집 본능을 빗대어 표현한 독수리 떼와 사체의 관계는 "인자의 날"이라는 종말론적 해석의 맥락에 배치되어 추가적 관찰을 요구한다. 인자의 재림은 예측할 수 없이 번갯불처럼 불현듯 이루어진다는 것이다. 여기서 얼핏 예수를 사체에 연계시키고 독수리 무리를 예수의 오심에 끌려 모여든 군중으로 해석하고픈 유혹이 생기지만 이는 너무 성급한 단견이다. 예수가 직전의 종말론적 설교에서 강조한 것은, 하나님 나라를 특정한 시간과 특정한 장소에 묶어 우매한 대중을 선동하는 거짓 그리스도와 거짓 예언자들에 대한 경고이기 때문이다. 그들이 기이한 이적이나 현란한 화술을 앞세워 사람들을 광야로 몰아가거나 특정한 지역에 회집시킬 때, 이들은 마치 썩어가는 시체를 보고 모여드는 독수리 떼와 같다고 연상할 수 있다. 옛 시절 우리네 교회의 풍경이 이와 별반 다르지 않았다. 미국의 구호품을 타기 위해 몰려드는 가난한 전후 세대의 동족들이 그랬다. 교회가 부활절이나 성탄절을 맞아 나눠주는 선물을 받아 챙기기 위해 신앙생활과 무관하게 동네사람들이 견물생심의 그 동물적 욕구에 쉽사리 휘둘리던 시절도 마찬가지다. 그러나 예수는 희망없이 썩어가는 무기력한 사체와 다르다. 따라서 그를 따르는 제자들 역시 독수리의 수준에서 제 먹이에 눈이 멀어 거짓 예언자들, 가짜 그리스도들에게 미혹당하지 말아야 할 일이다.

예수는 또 다른 관찰의 사례로 당시 사람들이 즐겨하던 일기예보를 언급한다. 아침에 하늘이 붉고 흐리면 그날의 날씨가 궂겠다는 것은 당시 사람들의 관찰과 경험이 농축된 지혜다. 누가복음의 평행구(12:54-55)에 의하면 동시대 지역민들은 구름이 서쪽에서 일어나기 시작하면 소나기가 올 징조로 보았고, 남풍이 불면 그날의 날씨가 심히 무더울 것이라고 예견했다. 선조 때부터 내려오는 오랜 관찰의 경험이 자연만물의 조화 가운데 내재된 이치를 재발견하고 확인하는 지혜의 창고가 되었던 셈이다. 그러나 예수의 관찰은 자연만물에 머물지 않았고 이런 통상적인 기상예보의 수준에 만족하지 않았다. 그는 마치 유대 사회의 소크라테스인 양 진리 탐구의 대상을 자연만물에서 인간과 시대로 전환시켜 그 관찰의 범위를 넓혔고 인문주의의 방향으로 그 물꼬를 텄다. 사람들에게 천지기상의 분별을 통한 인습적 지혜는 전통의 답습과 반복이란 견지에서 익숙했지만, 시대의 징조를 통해 하나님의 계시를 읽는 눈은 너무 어두웠다. 그래서 "천지의 기상은 분간하면서도 어찌 이 시대는 분간하지 못하느냐?"(눅 12:56)는 꾸지람을 들었던 것이다.

천지의 조화와 기상의 변이에도 붉은 하늘, 남풍, 구름 등과 같은 징조가 있듯이, 시대의 변화에도 나름의 징조가 있다는 것이다. 그런데 그것을 제대로 읽어내기 위해서는 단순히 표피적 현상의 관찰만으로는 턱없이 부족하다. 인간 세상과 시대의 조화는 자연만물보다 훨씬 더 복잡한 구조로 뒤얽혀 있기 때문이다. 그래서 관찰은 심층적 분석으로 이어져야 하고 틈새의 이치를 투시하는 예리하고 섬세한 통찰도 필요하다. 그런데 사람들은 예수가 선도해온 동시대의 변화와 그 흐름 가운데 나타난 징조를 보지 못한 채 예수를 주검처럼 여겨 떼로 모여드는 독수리들처럼 처신했다. 그래서 그들은 즉각 "악하고 음란한 세대"로 질타당하며 그런 그들에게 보여줄 유일한 표적은 요나의 표적뿐이라고 선포된다. 이는 훗날 이어질 자신의 죽음과 부활을 암시한 비유이지만, 예수의 제자들을 포함하여 동시대 사람들이 예수가 시대를 앞서 읽고 인간 세상을 향해 토로한 곡진기정을 제대로 분별하지 못한 것만은 틀림없다.

예수의 시대에 몽매한 군중이 독수리 떼처럼 그저 사체만 쫓아 날아다녔다면, 오늘날 그런 형편이 뭐 그리 대단하게 달라졌을까 싶다. 우리에게 과연 주변의 사물에 눈을 돌려 그윽하게 관조하고 투시하는 관찰의 여백이 넉넉히 있는가? 밖으로 관찰하고 안으로 성찰하지 않으면 공부에 발동이 걸리지 않는다. 내 주변의 사물, 동식물, 자연이라 불리는 온갖 물상들의 조화와 변화에 창조주의 비밀 코드가 숨어 있다면 이는 예사롭게 넘기거나 얼렁뚱땅 건너짚을 일이 아니다. 그 관찰의 자리, 그 통찰의 틈새가 바로 하나님의 숨결이 뿜어져 나오는 현묘한 지점일 수 있기 때문이다. 시대의 징조에 예민하려면 사람들의 표정과 몸짓을 살필 줄 알아야 하고, 그 사람들이 대대손손 전승하면서 계발해나가는 문화의 지형에 민감해야 한다. 그저 시끌벅적한 정치판과 돈 놓고 돈 먹는 경제의 괴물만 쳐다봐서는 대세를 추종해갈 수는 있을망정 시대의 표징을 간파하기에는 역부족이다.

이 글을 쓰는 이 순간, 이 방의 한구석, 블라인드 틈새를 새들어오는 한 가닥의 볕뉘가 정겹다. 그 반사광이 내 노트북 자판에 닿기까지 실로 머나먼 여정이었노라고, 창조주의 미션이 이 무연히 비치는 한 가닥 빛줄기 속에 굼실거리고 있다. 만물 중에 빛은 고요하게 아름답다. 한 줄기 빛이 부재하여 통곡하는 시대의 아픔이 그 위에 부조된다.

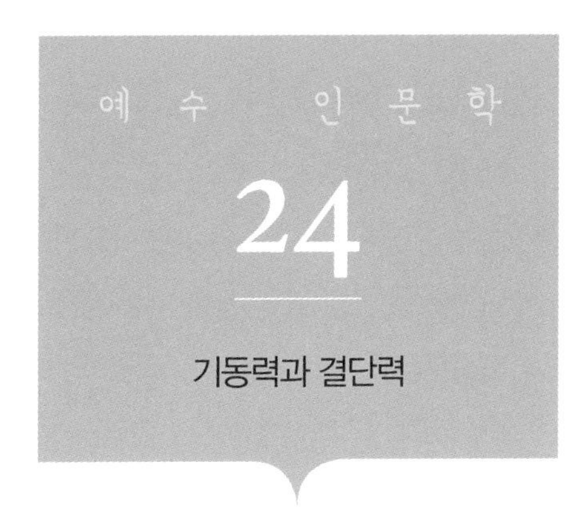

"어떤 성이나 마을에 들어가든지 그중에 합당한 자를 찾아내어 너희가 떠나기까지 거기서 머물라.… 누구든지 너희를 영접하지도 아니하고 너희 말을 듣지도 아니하거든 그 집이나 성에서 나가 너희 발의 먼지를 떨어버리라"(마 10:11-14).

대학 시절 휘영청 달빛이 흐드러지게 쏟아지던 봄날 밤, 땅바닥에 주저앉아 괴로움을 토하던 내게 한 친구가 나지막한 말 한마디를 건넸다. "야! 이놈아, 이 세상의 모든 사람들이 다 네 친구라면 얼마나 좋겠니? 그러나 모두가 다 네 친구가 되지 못하고, 될 수 없다고 할지라도 그들을 굳이 네 적으로, 원수로 만들지는 말거라." 나는 팔팔한 80년대의 청춘에 별로 어울릴 것 같지 않은 이 친구의 삼류 처세술을

귀담아듣지 않았고 내심 약간 경멸하기까지 했다. 시대적 고민과의 정면 대결을 외면한 채 곁길로 빠져나가 제 일신의 안위를 도모하려는 연막처럼 비쳤기 때문이었을까? 그러나 이 말은 이후 세월이 갈수록 내 기억 속에 더 생생하게 각인되었고 내가 후배들에게 가끔 인용하면서 훈계하는 덕담으로 튀어나오곤 했다.

이 세상 사람들은 딱히 친구와 원수로 나눠지지 않는다. 또 그런 꼬리표가 오래 붙어 있지도 않고 세월 따라 퇴색하고 변신한다. 어제의 친구가 오늘의 원수가 되기도 하고, 어제의 대적이 오늘의 친구로 돌변하기도 한다. 그런가 하면 친구의 친구가 내 원수로 판명되거나 원수의 원수가 자신의 각별한 지인으로 확인되는 경우도 없지 않다. 우발적인 동인이 그런 관계의 미로를 형성하기도 하지만, 성인이 된 이래로 복잡다단한 이해관계와 관심의 공통분모가 그런 관계의 돌연변이를 조성하기도 한다. 이렇게 꼬이고 꼬인 인간 세상에서 우리는 따개비처럼 한정된 개인과 유착하여 굳센 우의를 과시하면서 살 수만은 없다. 더구나 삶의 우선적 지표가 끈끈한 일차원적 온정에 머물지 않고 공적인 명분을 추구한다면 더더욱 "우리가 남이가" 식의 단세포적 연고주의의 호의는 미덕이 못된다.

예수의 제자들이 하나님 나라의 선교 현장에서 추구해야 할 삶의 스타일은 기본적으로 유랑이었다. 그들은 예수의 제자로 나서기 위해 생업과 가족을 떠나 길 위에서 이동하는 유랑자의 삶을 선택했다. 예수의 약속대로 그들이 고기 잡는 어부에서 사람 낚는 어부로 얼마나 잘 변신했는지 복음서의 내용만으로는 속속들이 파악하기 쉽지 않다. 예수의 정체와 그의 목표에 대해서조차 그들은 대체로 둔감하고 무지한 형편을 곧잘 드러냈다. 그렇지만 한 가지 분명한 것은, 그들이 제자로 부름 받은 이래 예수와 함께 꾸준히 이동하는 길 위의 유랑자적 삶에 익숙해져갔다는 사실이다. 개척자의 삶이 대개 그러하듯이 한 군데 정착하여 자신의 성채를 짓지 않으려면 계속 이동해야 한다. 그 활달한 기동력이야말로 그들이 추구한 하나님 나라 운동에 순발력을 더할 수 있었다.

길 위의 존재자들은 정착민과 달리 먹을 것도 길 위에서 해결해야 한다. 주인 없는 야생의 식물이나 열매를 채취해 양식을 삼는 것은 한계가 빤하기 때문에 당연히 사람들이 사는 마을에서 숙식을 의탁할 후원자의 확보가 필수적이다. 예수 일행이 비상시에 사용할 후원금을 어느 정도 비축해두었는지는 알 수 없다. 예수가 제자들을 파송하면서 무소유의 방랑 스타일을 중시하여 돈과 돈주머니를 지니지 말 것을 명령한 것은 확실하다. 그러나 다른 한편으로 가룟 유다가 그룹 전체의 공금을 담당했다는 증거가 무의미하지 않다면 이들이 전혀 무일푼의 집단은 아니었을 듯하다. 그러나 그 돈주머니에만 목매달고 한 그룹을 건사할 수는 없는 노릇이었다. 비상금은 숙식을 의탁할 만한 마을이나 사람을 만나지 못한 상태에서 그야말로 비상시에 사용해야 했을 터이다. 평상시에는 마을을 찾아 도움을 받을 만한 사람을 구하는 게 급선무였을 것이다. 그래서 예수는 이런 유랑선교의 현장에서 민첩한 기동력이 얼마나 중요한지 구체적으로 그 지침을 명시했다.

해가 저무는데 기동력이 떨어져 행동이 굼떴다면 그들은 노숙을 하거나 끼니를 거른 채 처량한 밤을 지새워야 했을 것이다. 누구라도 성이나 마을의 위치와 거리를 사전에 가늠하여 적시에 신속하게 몸을 움직여야 했다. 그 마을 주민들 가운데 그들 일행을 영접하고 환대할 "합당한 자"가 누구였을지는 불분명하다. 통신수단이 열악한 당시에 그런 사람이 미리 예약되어 있었을 리 만무하다. 그들의 그날 안식처가 친인척이나 안면이 트인 지인의 집일 수도 있었다. 또한 예수의 하나님 나라 운동에 적극적 협력 의사를 지닌 동조자가 나서서 그들에게 먹을거리를 공급할 수도 있었을 것이다. 그 마을을 떠나기까지 거의 10여 명의 제자가 머물고 또 길 위의 비상식량까지 챙겨가고자 했다면, 그 후원자는 예수에 대한 존경심과 함께 비범한 헌신의 열정을 가지고 있는 사람이었을 가능성이 높다.

그러나 사전에 그런 각별한 관계가 트이지 않은 경우라면 어떻게 해야 할 것인가? 마을의 한 집을 선정하여 실례를 무릅쓰고 하루라도 숙식을 청하면서 급작스럽게라도 관계를 트는 것 외에 별 도리가 없었다. 다행히 유대교의 율법 전통 가운데 나그네를 환대하는 것이 경건한 미덕으로 전해져왔기에 선한 마음으로 예수 일행을 영접하는 사람들이 없지 않았을 것이다. 더구나 예수가 그에 대한 소문으로 유명세를 타는 분위기였다면, 그 영접과 환대로 인해 하나님의 풍성한 보상을 받으리라는 기대에서 서로 경쟁적으로 나섰을 가능성도 배제할 수 없다. 매일 이렇게 일이 쉽게 풀리면 별 문제가 없었겠지만 율법의 나그네 환대 전통이 당시 로마의 식민 체제 아래 동네 인심을 언제나 압도했다고 단정할 수 없다. 당위와 현실은 자주 엇갈리기 때문이다.

그렇게 상황이 비관적으로 꼬일 때도 기동력은 필요했다. 과감한 결단력도 잇따라야 했다. 합당한 사람을 찾아 그 집에 머물 수 있게 된 경우 "샬롬"의 인사를 나누는 것이 유대인의 관습에 부합했다. 그 영접의 진정성 여부에 따라 평강의 복은 그 집의 몫이 될 수도, 제자들의 몫으로 돌아올 수도 있다고 믿었던 것 같다. 가장 상황이 좋지 않은 경우는 기대한 영접의 요청이 거부당할 때였다. 이로 인한 섭섭함과 실망, 좌절과 분노까지 불거져 상대방과 실랑이를 벌이면 시간과 에너지 모두 낭비다. 간청의 말이 통하지 않았을 때 또다시 기동력을 발휘하는 것이 상책이었다. 그때 발의 먼지를 떨어버리는 행위는 하나님 나라 복음의 거부에 대한 일종의 저주 어린 상징 행위로 볼 수 있다. 이렇듯, 영접을 거부당한 상태에서 제자들은 그 집을 포기하고 다른 집을 찾거나 신속하게 그 성을 벗어나 다른 장소를 알아봐야 했다. 그래야만 밤이슬을 피하고 맹수의 위험에서도 벗어나 평안하게 하룻밤을 안식할 수 있었을 것이다. 그런 기동력과 결단력은 길 위에서 이동하는 자가 하루의 생존과 안식을 위해 배우고 익혀야 할 공부법의 또 다른 기초다. 또한 이는 종말의 감각으로 세상을 살아가는 모든 신앙인들이 견지해야 할 지혜로운 자구책이기도 하다.

나는 대학 시절 한 선교 단체에서 주관하는 수련회에 참석해 훈련을 받고 "거지 순례"의 방식으로 전도 활동을 한 적이 있다. 아무런 사전 예약이 없었고 파송받은 지역이 낙후한 시골인 터라 교통 통신망은 열악하기 그지없었다. 그러나 가는 곳마다 우리는 동네 예배당의 마룻바닥에서 잠을 청하며 또 어디선가 베풀어준 음식으로 배를 채우면서 그럭저럭 살아남았다. 은총의 자리가 이 땅 구석구석에 두루 펼쳐져 있음을 실감한 경험이었다. 그러나 우리들 중 누구도 굶뜨지 않았다. 오후 늦게 해가 기울기 시작하면 그날 밤의 안식과 식사를 위해 눈빛을 반짝이던 동행들 가운데 민첩한 기동력이 살아났다. 결단을 질질 끌면서 미루지도 않았다. 피로한 몸으로 그렇게 하루하루 견디다 보니 한 주가 훌쩍 지나갔다.

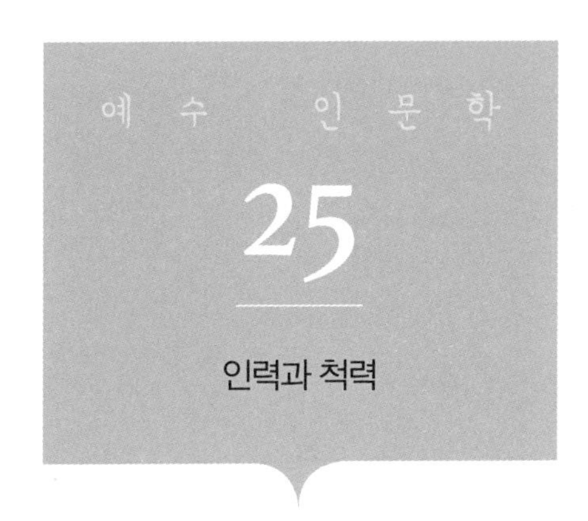

"우리를 반대하지 않는 자는 우리를 위하는 자니라"(막 9:40).

"나와 함께 아니하는 자는 나를 반대하는 자요, 나와 함께 모으지 아니하는 자는 헤치는 자니라"(마 12:30).

차이를 존중하여 사람을 모으려면 최대한 포용하는 수밖에 없다. 반대로 동질성을 따져 사람을 선별하려면 부적절한 대상을 밀어내는 수밖에 없다. 슬프게도 인간 세상에는 이 두 가지 원리가 두루 작동된다. 정치판은 물론이고 이즈음 교회도 사람을 모아야 한다. 모든 조직이 하나의 조직으로 체계를 갖추려면 웬만한 규모로 구성원이 채워져야 한다. 그래서 정체성을 따지지 않고 일단 몸집을 부풀린다. 어느 정도 규모로 커지면 그때서야 공동체의 명분과 규범을 따지며 정체성을 내세운다. 표방하는 공동체의 이념과 목표 의식도 그 가운데서 태동하게 마련이다. 그러나 그 정체성이란 게 지나치게 강파른 동질성에 고착되어 있거나 사소한 차이마저 껄끄럽게 여겨 배제의 전략에 치중하면 분열의 원인이 되기도 한다. 핵심 멤버 몇 사람의 신념과 고집이 공동체 전체의 명분을 좌지우지하게 될 때 서로간의 차이에서 생기는 역동성은 죽고 배타성이 기승을 부려 정체성에 대한 집착이 오히려 조직을 망가트릴 수 있다.

기독교 역사에서 배제의 율법과 포용의 은혜는 늘 상극적인 평행선을 달리면서 상황에 따라 적절한 방식으로 섞이거나 균형을 잡아 왔다. 배제의 율법은 대체로 시비가 엄격하고 허용과 금기의 경계가 뚜렷하다. 그 정통의 경계를 벗어나는 경우는 단호하게 처벌되고 배제된다. 반면 포용의 은혜는 털털하여 행실로 봐서는 당장 쳐내야 마땅한데도 있는 모습 그대로 봐주고 성장의 미래를 기다리며 인내할 뿐 규범에 비춰 못마땅한 구석이 많아도 내치지는 않는다. 전자는 정체성을 세워 유지하는 데 필요한 원리인 데 반해 후자는 그 정체성 이전과 이후 공동체 구성원들의 동질성보다 차이의 역동성을 살려나가는 원리다.

이 세상에 단 하나의 원리에 집착하여 제 인생을 경영하는 사람이 하나도 없다는 점에서 전자보다 후자의 미덕이 더 도드라져 보이는 게 사실이다. 그러나 올곧은 뜻을 세워 공동의 목표를 이뤄내기 위해 공동체의 힘을 집중하고 특정한 방향으로 행동해야 한다는 점에서 전자의 위상 역시 무시할 수 없다. 실제로 우리 생의 평범한 일상 속에 드러나는 천태만상은 단순히 율법과 은혜라는 두 가지 원리로 상큼하게 설명되지 않는다. 오히려 그 두 원리를 오락가락하면서 존재와 인식의 균형을 잡아가고 행동의 방향을 조율해나간다고 보는 편이 합리적이다. 이 세상의 인간사가 합리적인 체계에 맞춰 돌아가는 것 같아도, 그 틈새로 주관적 온정과 그것이 합리적 체계와 부대껴 만들어내는 온갖 아이러니한 부조리의 현상은 음성적으로 더 창궐하게 마련이다. 그래서 오늘도 우리는 밀어냈다가 다시 끌어들이고 끌어들였다가 또다시 밀어내길 반복하는 것이다. 밀물과 썰물의 운동이 이 패턴을 닮았고, 그 운동을 조종하는 달의 차고 기움이 또 같은 궤적을 순환한다.

끌어들이는 인력과 밀어내는 척력의 원리는 예수의 사역에도 고스란히 투사되어 나타난다. 그는 제자 요한이 예수의 이름으로 귀신을 쫓아내면서 자기 일행과 함께하지 않는 자들을 금했다고 하자 "우리를 반대하지 않는 자는 우리를 위하는 자"라는 한마디로 포용의 원리를 내세웠다. 이 단순한 한마디에는 적잖은 공부법의 기본항들이 암시되어 있다. 여기서 "반대한다"는 말은 구체적인 행동을 염두에 두고 동사로 쓰인 말이 아니라, 어떤 입장이나 지향을 나타내는 전치사(*kata*)다. 그들은 예수를 모방하여 예수의 이름으로 귀신을 쫓아내는 축귀 사역을 예수 일행과 공유했다. 이 익명의 축귀사들은 예수에게 이런 사역에 사전 허락을 받은 것 같지 않다. 예수의 "이름"을 요즘같이 전매특허권이나 지적 재산권의 차원에서 본다면 당연히 그들은 예수에게 이름 사용권의 명목으로 "로열티"를 지불하거나 적어도 사전 허락과 함께 예수와 의리 및 충절의 관계를 트는 것이 필요했을

지 모른다. 그것이 당시의 법적 규정과 무관했다 할지라도 최소한의 도리나 예의가 어떤 방식으로든 작동했음 직한 상황이다.

그러나 예수는 그들이 자기 그룹에 합류하지 않은 것을 타박하지 않았다. 오히려 그것을 금했다는 요한이 예수의 지청구를 듣고 있다. 그 익명의 축귀사들에게 예수의 이름으로 기적이 나타났다면, 그 결과로써 예수의 이름이 특정인들에게만 국한된 배타적 특권으로 묶여 있는 게 아니었다는 반증이 가능하다. 여기에 예수는 추가 논리를 제시하는데, “내 이름을 의탁하여 능한 일을 행하고 즉시 나를 비방할 자가 없다”(막 9:39)는 게 그 사유였다. 예수의 이름을 의탁하여 축귀함으로써 병든 생명을 성하게 고쳐주었다는 것은 그 행위와 동기 자체만 봐도 예수와 느슨한 연대를 이룬 흔적이 역력하다. 그런 그들이 스스로 신세를 진 예수를 비방하여 적대시할 이유가 없다는 논리다.

이는 한 공동체가 자기 우월감에 도취하여 다른 공동체를 낮춰보거나, 자신의 신앙심을 정통에 기반을 둔 대단한 가치로 상찬하면서 다른 해석을 따르는 이들을 비난하거나 멸시하는 경향에 대한 비판의 논리로도 활용될 수 있다. 이런 유아론적 배타주의나 자기중심주의는 느슨한 연대를 통해 하나님 나라를 확장해나가는 데 걸림돌이 될 수 있다. 행여 “즉시” 비방은 안 해도 나중에 표변하여 시몬 마구스처럼 예수의 이름을 제 사사로운 잇속을 챙기는 수단으로 써먹고자 하거나, 그 이름을 버리고 바알세불의 권능에 의탁하는 식으로 변질할 수도 있다. 그때는 이야기가 달라지겠지만 일단 느슨하게나마 이들과 암묵적으로 결속하면서 지켜보려는 예수의 포용적인 여유가 이 대목에서 빛을 발한다.

그 익명의 축귀사들이 망가진 생명을 회복시키는 일에 종사하여 예수와의 느슨한 연대를 이끌어낸 경우라면, 반대로 생명을 회복시키는 일에 초칠하며 훼방을 일삼는 경우도 생각할 수 있다. 바로 예수의 축귀 활동에 대해 비난을 일삼으며 바알세불에 지폈다고 비방을 한 자들이 그런 사례다. 이들은 예수의 표현 그대로 성령을 훼방하는 무리로서 포용하면 할수록 하나님 나라 사역을 해치며 좀먹는 파괴적인 바이러스였다. 마땅히 내쳐서 하나님 나라의 내부를 지켜내야 할 상황이었던 셈이다. 이와 관련하여 예수의 말씀이 내린 처방은 단호했다. "나와 함께 아니하는 자는 나를 반대하는 자요, 나와 함께 모으지 아니하는 자는 헤치는 자니라"는 말씀이 바로 그 처방전이었다. 예수와 함께한다는 것은 그와 함께 하나님 나라를 세우며 그 구성원들을 모으는(*synagōn*) 일이었고, 그와 함께하지 않는다는 것은 애써 모으려는 노력에 훼방질 하면서 흩어버리는(*skorpizei*) 작태였다.

살다 보면 예수의 이 말씀이 실감날 때가 있다. 죽어라 고생하면서 사람들을 모으고 다독이며 생산적인 일에 힘쓰는 사람이 있는가 하면, 그런 공력을 투기하여 훼방을 일삼고 파괴적인 일에 주력하는 사람도 있다. 교회 개척을 하면서도 마찬가지 경험을 한다. 한 사람을 얻기 위해 진땀을 흘리는 사람이 있는 데 비해 경솔한 이들이 벌인 어처구니없는 일로 한 사람을 단숨에 내치기도 한다. 그래서 인력과 척력은 그 타이밍을 놓쳐버린 채, 끌어들여야 할 때 밀어내고 내쳐야 할 때 두둔함으로써 조직은 상하고 병들어 모두가 통째로 망가지는 아픔을 겪는다. 인력과 척력이 작동해야 할 적절한 기준은 예수의 말씀에 이미 내장되어 있다. 생명을 살리는 일, 공동체를 세우는 일, 사람들을 모으는 일에 기여할 때 사소한 차이와 이권, 명분이나 체면 따위는 접어두고 일단 끌어들이는 인력의 원리가 활성화되어야 한다. 반대로 생명을 해치고 조직을 파괴하는 일, 생산적인 연대와 결속을 무너뜨리고 불신을 조장하는 일에는 척력의 원리를 내세워 예수와 바알세불이 함께 손잡을 수 없음을 과감하게 보여주어야 한다.

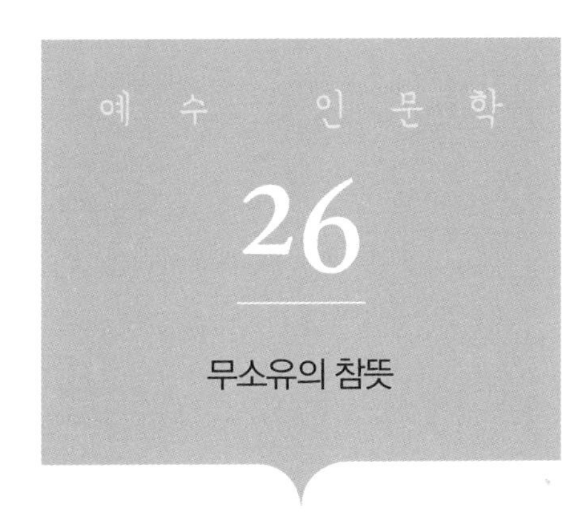

예수 인문학

26

무소유의 참뜻

"너희 전대에 금이나 은이나 동을 가지지 말고 여행을 위하여 배낭이나 두 벌 옷이나 신이나 지팡이를 가지지 말라. 이는 일꾼이 자기의 먹을 것 받는 것이 마땅하기 때문이다"(마 10:9-10).

지금은 세상을 떠난 법정 스님의 『무소유』는 종교계에서 나온 최고의 베스트셀러가 아니었나 싶다. 많이 팔리는 책이 무조건 좋은 책이라는 통념에서 비껴서더라도 이 책은 담담한 일상적 삶의 성찰과 함께 종교인이 우려낼 수 있는 최고치의 관조와 사색을 담아낸 명작이었던 걸로 기억한다. 표제작이 된 수필 "무소유"는 자신이 가지고 있는 것을 나누고 비워낸 경험을 담은 것이었는데, 그것이 계율이 아닌 자연과 더불어 살면서 깨친 소박한 교훈으로 실천한 점이 인상적이었다. 그 사상의 연원을 소급해보면 무소유에 대한 석가모니의 가르침에 잇닿겠지만 무소유가 석가모니만의 특허 계율이 아니었던 것도 사실이다. 예수 역시 무소유의 지침을 통해 제자들을 파송하며 아무런 물질적인 소유물을 지니지 않은 상태에서 "거저 받았으니 거저 주라"는 교훈을 설파했기 때문이다.

그러나 무소유도 그 사상마다 상이한 배경이 있고 색깔이 다르다. 석가모니의 경우 아무래도 "색즉시공"(色卽是空)의 원리를 몸소 실천하여 이승의 삶이 "무"(無)로 귀결되는 이치를 깨닫게 하고자 무소유를 강조했을 것이다. 그러나 예수의 경우는 그 사유가 다소 달랐다. 아니, 많이 다르다고 해야 적절하겠다. 그와 제자들에게 무소유는 평범한 일상 가운데 생의 근본 원리를 구현하는 방식이 아니었다. 그것은 무엇보다 하나님에 대한 전적인 신뢰를 스스로 검증하며 실천하는 자발적인 가난의 삶을 표상하는 증거였다. 나아가 예수의 무소유는 그 가운데 경건의 참된 의미를 발견하고 이로써 선교 현장에 파송받은 자의 종말론적 윤리를 체현하려는 의도를 강하게 드러낸다.

하나님에 대한 전적인 신뢰는 무엇보다 창조주로서 그분의 섭리와 은총에 대한 신뢰였다. 아무리 척박하고 황량한 곳에서도 일용할 양식을 베풀어 먹여주시고 살려주신다는 믿음이 바로 그것이다. 자발적 가난 가운데 체질화한 무소유의 삶이야말로 하나님께 자신의 모든 것을 내맡기는 전적인 의존의 증거였다. 40년간 광야를 헤매던 출애굽 백성의 여정에서 경험하며 터득한 것이 바로 그 하늘의 은총에 대한 전적인 신뢰와 의탁의 힘이었다. 스스로 식량을 구할 수 없는 황량한 광야에서도 메추리 떼를 보내주시고 만나를 내려 먹여주신 하나님의 풍성한 은혜는 대대손손 전승된 그 백성의 자랑이고 간증이었다. 마침내 이 무소유의 삶은 길 위에서 하나님 나라 복음의 선포자로 나선 예수의 제자들이 재현할 만한 종말론적 삶의 목표였던 셈이다.

종말이 가까이 왔고 하나님의 왕적인 통치가 임박했다는 복음은 이 세상의 소유 지향적 삶의 가치를 뒤집어버린다. 애당초 생명의 수단이요 선물로 베풀어진 물질적 자산이 생명의 원기를 죄다 쏟아부어 축적하고 지켜야 할 목적이 되어버린 마당에 그 소유 지향적 가치관의 해체는 제자도의 여정에서 필연이었다. 축적된 소유가치에 집착할 때 그것을 베풀어주시는 만유의 주인 되신 하나님을 순전하게 바라보며 신뢰할 힘이 상실되기 때문이다. 종말론적 삶은 자신의 모든 것을 비워내고 바닥을 치는 반사적 동력에 힘입어 전심으로 천국의 비전을 향해 상승할 때 실현 가능해진다. 예수가 추구한 무소유가 저 홀로 묵상하며 용맹 정진하는 내면의 득도의 자리가 아니라, 길 위에서 몸을 부려 싸우며 복음을 전파하는 치열한 자리라는 것이 이로써 명백해진다.

예수의 무소유는 더구나 한가한 무위도식에 머무는 자족적인 가치가 아니었다. 거기에 구체적인 일과 노동이 개입하기 때문이다. 무소유의 선교 지침을 내리며 파송한 주체는 그 신학적 근거를 "일꾼이 자기의 먹을 것 받는 것이 마땅하다"라고 제시했다. 이는 사도 바울이 이방 선교 활동에 진력하며 교회를 개척하는 사역을 통해 좀 더 구체적으로 적용한 실용적인 무소유의 원리였다. 그는 "곡식을 밟아 떠는 소에게 망을 씌우지 말라"는 신명기 25:4의 말씀에 터해 이것이 소들을 위해 염려한 게 아니라 바로 공적인 사명을 받은 자기와 같은 사람의 생계에 대한 비유였음을 설파한다(고전 9:9). 그의 주석적 결론은 일련의 수사학적 질문으로 연거푸 제시된다. "우리가 먹고 마실 권리가 없겠느냐?", "누가 자기 비용으로 군 복무를 하겠느냐? 누가 포도를 심고 그 열매를 먹지 않겠느냐? 누가 양 떼를 기르고 그 양떼의 젖을 먹지 않겠느냐?"(고전 9:4, 7) 이렇게 바울에게 이어진 예수의 무소유 전통은 비굴하거나 체면 구기는 무소유가 아니었다. 그것은 일꾼이 자기의 먹을 것을 마땅히 받아 누려야 한다는 신학적 신념에 근거한 당당한 무소유였다. 마치 기진맥진한 상태에 처한 엘리야를 하나님이 보낸 까마귀가 먹였듯이, 제자들이 자신의 목숨을 위해 일체의 생산수단을 소유하지 않아도 하나님이 먹여주신다는 확고한 믿음이 무소유의 근거였던 것이다.

예수 당시 인간의 본성에 따라 절대 자유를 추구하며 살고자 길위의 방랑자로 나선 자들이 있었다. "퀴니코스"(*kynikos*)라 불리던 견유사상가들이었다. 이들도 예수의 제자들처럼 그 행색이 무소유의 스타일로 특징지어졌다. 그들 역시 옷 한 벌과 신 한 켤레로 족했고, 배낭이나 전대, 그 속에 금전을 두지 않고 지팡이 하나 달랑 들고 세계를 주유했다. 그들에게 하나님 나라의 복음은 이런 무소유의 방랑 속에 육화시킨 신적인 본성의 극치로서 절대 자유 그 자체였다. 다만 실용적인 지참물로 가지고 다녔던 지팡이는 그들을 위협한 개들이나 야생동물의 공격에 대한 호신용이거나 그들의 누추함을 희롱하는 동네 철부지 어린애들을 쫓기 위한 용도였다. 마가복음 6:8에서는 예수의 제자들에게도 지팡이의 지참을 허용했지만, 행여 목적이 다른 견유사상가들의 무소유를 답습하는 것인 양 오해의 소지가 있었는지 마태복음 10:10에서 예수는 단호하게 "지팡이를 가지지 말라"고 명령하고 있다. 그들의 일용할 양식이 인간적으로 계산한 돈주머니에서 나오지 않듯이, 그들의 신변상의 안전도 지팡이 대신 하나님의 보호하심에 온전히 맡기고자 한 까닭이었으리라. 이는 모세가 권위의 상징으로 지팡이를 지참하며 백성의 광야 길을 선도한 것과도 구별된다. 그야말로 급진적인 종말신앙의 발로가 아니고서는 설명하기 어려운 대목이다.

오늘날 전 지구적 자본주의 체제를 살아가는 사람들에게 아무리 신앙적 독실함을 살리려 해도 무소유의 신학적 이념형은 그림 속의 떡처럼 요원한 목표로 비쳐진다. 사유재산의 권리가 강조되고 그 독점적 권리가 더욱 강화되어가는 추세에 이런 예수의 지침을 문자 그대로 적용하는 데는 무리가 따르는 것이 사실이다. 물론 가톨릭의 수녀와 신부들처럼 독신의 삶을 서원한 경우를 비롯해 철저한 공동체의 삶을 추구하는 예외적인 경우가 있기는 하다. 그러나 실상은 무소유의 삶을 살기 위해서라도 소유가 필요하다. 법정 스님의 청렴한 무소유가 가능하기 위해서는 주변에 넉넉한 소유를 갖춘 후원자들이 있었다. 마찬가지로 무소유의 청빈한 구도적 삶을 살아가는 가톨릭 성직자들 역시 교인들의 헌금에 연동된 탄탄한 소유 체제가 있기에 피상적일망정 그런 이미지가 존속될 수 있는 것이다. 따라서 무소유를 상징적 장식물로 여겨 특별한 소수정예의 특허권처럼 취급해서는 안 된다. 차라리 이 세상에 애당초 우리가 자신의 것으로 붙들어 둘 수 있는 것이란 아무것도 없다는 인식이 무소유 신앙의 밑절미가 되어야 한다.

벌거벗고 나온 생이 이것저것 소유하며 푸짐하게 누리다 가는 것은 순전히 은총의 몫이다. 그것은 하나님께로부터 온 것이기에 순결하고 무연하다. 우리는 다만 그것을 살아생전 잘 관리하고 경영하여 선한 사업의 매개가 될 수 있도록, 필요에 부응하여 적절히 사용하는 청지기의 위치로 족할 뿐이다. 그것을 언제든지 몽땅 내려놓을 준비가 되어 있을 때 우리의 무소유는 비로소 완성된다.

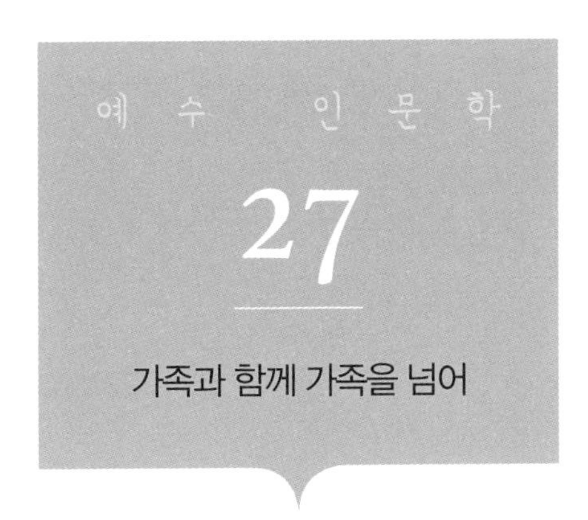

예수 인문학 27 가족과 함께 가족을 넘어

"사람의 원수가 자기 집안의 식구리라"(마 10:36).

중학교 때 미술 선생님은 인상과 목소리부터 낭만적이었다. 학생들이 보는 앞에서 멋진 수채화 한 폭을 완성해 보여줄 때나 칠판에 백묵으로 여체를 간단히 데생할 때나 그의 거침없는 손끝의 터치는 뭇 학생들의 감탄을 자아냈다. 그렇게 비범한 언어와 상상력, 날렵한 손재주로 제도권의 경계를 넘나들던 미술 선생님이 어느 날 수업 시간에 공부에 대한 뜨악한 한마디로 좌중을 냉각시켰다. 한마디로 공부와 결부된 인생은 공평하다는 것이었다. 학창시절 공부 안 하고 실컷 놀면서 제 맘대로 흥겹게 살다가 나중에 어른 되어 고생하는 것이나, 학창 시절 죽어라 공부하며 고생하다가 나중에 어른 되어 성공해 편하게 사는 것이나 계산해보면 피장파장 아니겠냐고 했다. 그러나 이 두 가지는 한 가지 중요한 차이를 품고 있다는 것이었다. 전자의 경우는 부모를 비롯해 주위에 힘껏 끌어주고 밀어주는 사람들이 많아 수월한데 반해, 후자의 경우는 자식들을 비롯해 앞뒤에서 끌어당기고 손 내미는 사람들이 많아 괴롭다는 것이었다. 결론은 학창 시절에 공부를 안 하는 것보다 열심히 하는 게 더 유리하다는 얘기였다.

이 에피소드가 그 미술 선생님과 함께 떠오를 때마다 나는 가족의 미궁에 대해 깊이 생각하곤 했다. 그 선생님의 현실 진단은 옳았다. 가족은 밀어주고 끌어주는 고마운 존재이면서 동시에 끌어당기고 수시로 손 내밀어 성가신 존재이기도 하다. 그러나 선생님의 논평은 부분적으로 수정되고 보완되어야 할 필요도 있어 보인다. 부모라고 늘 밀어주고 끌어당기는 존재가 아니듯, 자식이라고 늘 끌어당기고 짐이 되는 성가신 존재가 아니기 때문이다. 이즈음의 다수 부모들은 워낙 극성맞아서 오히려 자식의 미래를 제 결핍의 대리보상 기제로 저당 잡은 채 심하게 억압하고 끌어당기며 휘두르는 독불장군 행세를 하고 있지 않은가? 그만큼 가족은 가장 가까우면서도 아득하게 소외되기 십상인 아이러니한 존재다. 또 바로 그런 이유로 공부의 치명적인 걸림돌이 되면서 동시에 공부의 매우 소중한 현장이기도 하다.

예수는 제자들을 파송하면서 행복한 가정을 꿈꾸는 오늘날의 평범한 신자들에게 통렬한 일격을 날렸다. "사람의 원수가 자기 집안 식구"라는 말씀이 그것이다. 여기에 덧대어 그는 자기를 따라 제자로 부름 받고 하나님 나라의 선교 현장에 파송받는 자들에게 가족의 분열을 예언하는 심상치 않은 어록을 남겼다. "아버지나 어머니를 나보다 더 사랑하는 자는 내게 합당하지 아니하고, 아들이나 딸을 나보다 더 사랑하는 자도 내게 합당하지 아니하며, 또 자기 십자가를 지고 나를 따르지 않는 자도 내게 합당하지 아니하리라"(마 10:37-38). 집안의 식구가 원수가 되는 이유는 사랑의 우선권 때문이다. 짐승도 제 새끼가 귀여운 법인데 정상적인 성정을 지닌 사람 치고 어찌 자기 집안의 혈육을 사랑하지 않을 수 있을까? 그러나 지극히 본능적인 그 사랑조차 십자가를 지고 예수를 따르며 하나님 나라의 명분에 부응하는 삶을 살고자 할 때 사랑의 우선권에 충돌이 생기고 균열이 발생한다는 것이다.

사실이 그렇다. 우리는 하나의 몸뚱이를 가지고 사는 개체로서 눈앞에 있는 모든 대상을 동시에 동일한 등급으로 사랑할 수 없다. 사랑이 그저 마음 씀씀이나 한두 마디 덕담을 건네는 수준이라면 몰라도 구체적인 헌신과 희생, 찐득한 나눔의 행동을 동반하는 것이라면, 하나의 사랑이 또 하나의 다른 사랑에 부대껴 마음이 나눠지고 갈등이 생기리라는 것은 명약관화하다. 생계 노동을 포기하고 가족을 방치한 채 예수를 따라나서는 제자들을 그 가족들이 곱게 봐주었을 리 만무하다. 하나의 사랑에 깊이 몰두하고 집중하기 위해 우리는 다른 사랑의 대상에 소홀해질 수밖에 없다. 이 점에서 하나님 나라의 공적인 명분을 앞세워 자신의 모든 것을 걸고 매진하려는 입장에서는 혈통 가족에 대한 책임이 아무래도 아킬레스건이 된다. 지금까지 의지하고 자신을 붙들어주던 가족이 자신의 뒷덜미를 붙잡고 보채며 협박하는 대상으로 돌변할 수 있기 때문이다. 그 갈등의 험악한 분위기가 심해지면 결국 제 집안 식구가 원수가 되는 아이러니한 상황이 불거지는 것이다.

가족이 품고 있는 이런 아이러니는 가족의 안팎에서 이 특수한 관계를 성찰하고 공부하면서 가족과 함께 가족을 넘어서는 지평에 대해 고민하게 만든다. 더구나 이즈음 한국의 현대사회가 전근대적인 연고주의에 볼모 잡혀 공공성의 가치를 제대로 세우지 못하는 형편을 감안한다면 이에 대한 신학적 성찰은 절박하다. 우리 사회는 물론 교회조차도, 담임 목사직 "세습"이란 현상에서 볼 수 있듯이, 혈통지향적 가족주의에 물들어 있고 이는 온갖 연고주의에 태반을 제공하는 기준이 되었다. 불교에서 속세의 인연을 끊는 중요한 통과 절차로 혈통 가족의 울타리를 벗어나는 출가의 전통이 있다지만 예수의 하나님 나라 운동에서는 일찍이 이와 다소 다른 출가의 전통이 태동하고 있었다.

예수의 가족 이해를 돕는 데 긴요한 이야기는 어머니와 형제들이 예수를 찾아왔을 때 그가 남긴 말 한마디다. 마가복음의 서사구조를 따르면 이들은 예수가 미쳤다는 소문을 듣고 찾아다니던 중에 예수의 처소에 들렀던 것 같다(막 3:21, 31). 그런 정황이 순간적으로 마뜩잖았던 걸까, 아니면 이와 무관하게 제자들이 보는 앞에서 가족과의 심리적 유착을 드러내는 것이 민망했음일까? 그는 자신을 밖에서 찾는다는 가족의 전갈을 듣고 "누가 내 어머니이며 동생들이냐?", "누구든지 하나님의 뜻대로 행하는 자가 내 형제요 자매요 어머니이니라"(막 3:33, 35)고 말했다. 여기서 그는 단순히 가족의 가치 자체를 부인한 것이 아니다. 오히려 가족의 기준을 혈통에 매인 일차원적 연고의 수준에서 "하나님의 뜻을 행하는" 고차원적 명분으로 높여 "하나님의 가족"(*familia Dei*)이라는 대안을 추구한 것이다. 그의 이런 신념이 순간적인 변덕이나 임기응변이 아니라 일관된 비전이었다는 것은 추후 확인된다. 십자가상에서 이승을 하직하면서 예수가 자신의 어머니 마리아를 사랑하는 제자에게 의탁하여 새로운 모자관계로 맺어주는 대목(요 19:26-27)이 그 증거다.

예수 이후 혈통 가족의 관계를 해체시키는 동인으로 작용한 것은 금욕주의와 종말신앙이었다. 영혼뿐 아니라 육신의 순결을 지켜 결혼마저 포기하고 오로지 주님만을 섬길 때 더 큰 보상이 따르리라는 종말론적 결단 속에 적잖은 처녀과부들이 양산되었다. 그러나 이후 그들의 존재가 교회 공동체에 부담이 되면서 "과부"의 명단에 등록할 자격을 엄격하게 규정함으로써 "구조조정"의 바람이 스쳐가기도 했다(딤전 5:1-16). 이렇게 부침을 거듭한 혈통 가족의 위상은 오늘날 그 신학적 긴장에서 불거지는 아이러니를 부담스러워하게 되었다. 특히 유교 전통에 깊이 침윤된 우리나라의 경우, 교회 공동체조차 혈통 가족의 연장선상에서 끈끈한 온정을 매개로 번성하는 형국이 되어버렸다. 그래서 후기산업정보사회의 삭막한 외풍이 심해질수록 무한경쟁과 배신으로 치닫는 세상에서 내부의 혈통 가족만이 그런대로 믿을 만하다는 신념 아래 똘똘 뭉치는 세태가 더욱 강화되어온 듯하다. 이에 반비례하여 "하나님의 가족"이라는 공부의 깃발은 무참하게 꺾여버렸다.

애증의 아이러니로 범벅된 가족은 오늘 이 순간도 심오한 인내와 함께 포용하면서 넘어가야 할 거대한 장벽이다. 식탁을 날마다 공유하는 이들과 함께 하나님 나라의 고상한 이념을 공유하면서 동시에 자잘한 욕망의 필요에 부응해야 하는 과업은 아슬아슬한 외줄타기의 모험 같다. 화끈하게 떠나고자 하면 더 가까이 다가서는 가족…가까이 몸을 부비며 동물적인 애정을 과시해도 멀기만 한 타자들…원수의 가능성이 항존하는 가족들 사이에서 오늘도 아이러니의 절묘한 접선을 탈 뿐이다.

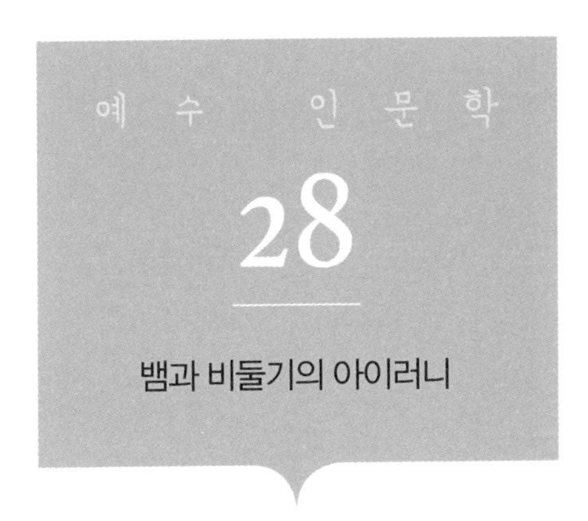

"너희는 뱀같이 지혜롭고 비둘기같이 순결하라"(마 10:16).

공부에는 반드시 대가와 비용이 따른다. 하나님의 구원을 외치면서 우리는 공짜 은혜를 부르짖길 좋아하지만 세상의 모든 "공짜"에도 대가와 비용이 있음을 알아야 한다. 심지어 보답해야 할 아무것도 없는 것처럼 보이는 공짜에도 그것을 받는 자의 입장에서 최소한 그 은혜를 입은 사실로 인한 심리적 부담이란 대가는 치러야 한다. 하물며 상대가 있고 관계가 엄연하며 복합적인 상황이 전제되는 자리에서 무엇인가 취하고 얻고자 할 때에는 만만찮은 비용의 부담을 감수해야 한다. 그 부담이 싫은 자는 공부의 길에 입문할 수 없다. 그 길에 들어서지 못하고서는 기실 신앙이고 인격 수양이고 헛발질로 공전하는 경우가 잦다. 식사 한 끼니 챙기려고 해도 적잖은 수고를 치러야 하는데 줄기찬 몰입과 집중이 필요한 공부에 있어서랴!

공부의 대가와 비용이 필수적인 것은 무엇보다 선택을 해야 하기 때문이다. 선택을 한다는 것은 선택의 대상을 분별한다는 말이다. 나아가 선택은 태도를 그 선결조건으로 요구한다. 주어진 상황에서 어떤 자세로 임하고 어떤 방법으로 적응해나갈지, 또 어떻게 주어진 과업을 수행해나갈지 감이 잡히지 않으면 아무것도 이룰 수 없고, 그 과정에서 아무것도 배울 수 없다. 선교 현장에 파송받은 제자들에게는 하나님 나라의 복음을 이 땅에 접목시키고 실현해나가는 구체적인 전략이 필요했다. 그것은 무엇보다 사람들을 상대로 관계를 구축하고 적잖이 부대껴야 하는 현실이었다. 안정된 일상을 구가하는 자들에게 급진적인 종말의 복음은 매혹적인 만큼 또한 위험하게 비쳤을 게 분명하다. 그들을 통해 기적적인 권능이 나타났다면 그 수혜에 대한 기대 못지않게 그로 인한 심리적 위협의 반동도 없지 않았을 것이다. 무엇보다 그들 중의 얼마를 하나님 나라의 동역자로 끌어들이기 위해 "사람 낚는 어부"의 역할을 수행하는 일이 만만치 않았을 것이다.

더구나 예수의 제자들 중 주류는 갈릴리 호숫가에서 고기잡이 생업으로 잔뼈가 굵은 이들이었다. 이 세상에서 직종별로 순진함의 정도를 따지자면 농부나 어부 우편에 나설 자가 별로 없다. 그들은 자기들의 경험을 통해 뿌린 대로 거두고 던진 만큼 건지는 이치를 통달한 사람들이었다. 그러나 사람은 씨앗보다 복잡하고 물고기보다 영특하다. 겉보기에야 그 사람이 그 사람 같지만 그 내면의 역동성은 씨 뿌려 농사짓고 그물 던져 물고기 잡는 기술만으로 깊이 헤아리기가 어렵다. 더구나 그 마음을 얻어 하나님 나라의 동역자로 삼기까지는 넘어야 할 산들이 많고 위험도 잇따른다. 순진한 마음으로 우정적인 공감을 기대하며 다가섰다가 뒤치기를 당하여 낭패를 보는 일이 오죽 많은가? 그래서 사람들은 깊은 오지의 으슥한 곳에서 야생동물을 만나는 것보다 낯선 사람을 만나는 것을 더 무서워한다고 하지 않던가?

예수는 이들을 거친 세상의 한복판으로 파송하면서 닳고 닳은 인간 세계의 현실을 경솔하게 보지 않았다. 오히려 그는 이 사람들이 야수처럼 변하여 제자들을 할퀴고 넘어뜨릴 핍박의 위험을 정직하게 투시하여 "사람들을 삼가라"고 경고했다. 제자들을 이 세상에 내보내서 하나님 나라 복음의 전파자로 활동하도록 한 예수는 마치 이리 떼 가운데로 양을 보내는 것과 같은 심정이었다(마 10:16). 그것은 얼핏 무모한 결단이었을지 모른다. 자연 생태계의 질서만 놓고 보면 이리 떼 가운데 양을 보낼 경우 백전백패의 결론이 예상되기 때문이다. 무슨 활동을 하기도 전에 양들이 야수의 이빨에 찢겨 금세 잡아먹히게 될 것은 빤한 귀결이다. 행여 생존의 가망이 있다면 양들이 잽싸게 이리 떼를 헤치고 그들보다 더 빨리 도망치는 것인데, 두 동물의 달리기 실력을 냉철하게 판단할 때 이것이 가능할지 의문이다. 또 다른 방식은 약한 동물이 강한 동물을 따돌리는 이솝 우화의 교훈대로 고도의 지략을 동원하여 야수를 속임으로써 따돌리는 방법이 있을 수 있다. 그러려면 양들이 영특해져야 한다. 이리 떼가 멍청이가 아니라면 그들의 머리 꼭대기에 올라가서 고난도의 술수를 꾸며내어 그 살육의 각축장을 벗어나 일단 살아남아야 한다.

예수는 이런 냉혹한 생존의 현실을 무시하지 않고 살아남기 위해 굳이 비용의 지불을 용인한다. 그것이 유명한 한마디 지혜의 어록으로 표출되었는데 바로 "뱀같이 지혜롭고 비둘기같이 순결하라"는 교훈이다. 이 비유적 어록에는 어느 정도 성서 전통의 관습적 이미지가 작동하고 있다. 뱀은 창세기에서 최초의 인류 조상을 미혹시킨 사탄의 분신이다. 거짓된 혀로 그들을 꼬드겨 선악과를 따 먹게 함으로써 실낙원의 비극을 부추긴 배후에 바로 뱀이 등장하는데 그 짐승은 간사한 종자로 묘사된다. 반면 비둘기는 노아의 방주가 막막한 항해를 하던 끝 무렵에 무화과나무의 새 잎사귀를 물어다준 희망의 상징으로 등장한다. 예수의 세례식에서도 비둘기는 성령의 이미지를 대변할 정도로 거룩함과 순결함의 함의가 풍성하다. 이런 성서 전통의 통상적 이미지가 그러나 생물학적 진실과 반드시 일치하는 것은 아니다. 비둘기는 우리에게 익숙하지 않은 사실이지만 잔인한 싸움꾼으로 알려져 있고 뱀은 파충류로서 깔끔한 짐승으로 파악된다. 맹독성 뱀도 있지만 무해한 뱀도 많다. 그 생김새의 흉측함으로 인한 뱀에 대한 인간의 증오는 성서의 해당 이야기를 매개로 우리에게 각인된 문화적 의식화의 결과로 볼 수도 있다.

그러나 성서의 전통을 충실하게 따라가면 뱀은 아담과 하와에게 "지혜"를 미끼로 접근하여 그들을 지혜롭게 꼬드기는 데 성공한 지혜의 화신이다. 그런데 그 지혜는 규범적인 지혜(*sophia*)라기보다 교활한 술수로서의 영리한 지략(*phronēsis*)에 가깝다. 그것은 사람을 자기 편으로 만들기 위해 수단 방법을 가리지 않고 세 치 혀로 설득하여 뜻하는 바를 얻어내는 전략의 일종이다. 따라서 이 지혜는 생존과 자가발전을 도모하기 위해 구차할망정 반드시 요청되는 전략적 지혜라 할 수 있다. 예수는 놀랍게도 이 전략적 지혜를 옹호하면서 제자들에게 "뱀같이 지혜로워라"고 조언했다. 그러나 이것이 제자도의 삶을 압도할 때 그들의 내면은 교활한 잔꾀로 가득 차 황폐화되기 쉽다. 그래서 "비둘기같이 순결하라"는 명령을 빼놓지 않는다. "순결하다"(*akeraios*)는 말은 여기서 "속임수"가 없다는 뜻이다.

한 문장 속에 응축된 이 두 토막의 말은 모순어법 속에 뒤엉켜 있다. 뱀같이 교활할 정도로 영리하려면 임기응변일망정 속임수를 배제할 수 없고, 비둘기같이 속임수 없는 순결함을 지향하려면 그 교활한 지략이 걸림돌이 되기 때문이다. 우리의 뇌파가 이런 두 가지 정신태를 동시에 작동시킬 수 있는 내부 구조를 가지는지 확인할 길이 없지만 상식적인 차원에서 보면 헷갈리는 지향점이다. 그러나 양이 이리 떼 속에서 봉변을 당할 위기 상황을 전제하면 이런 자가당착의 아이러니는 그럭저럭 생존의 이치 속에 한 가닥의 정당성을 확보할 수 있다. 특히 이 어록의 순서에 뱀 같은 지혜가 비둘기 같은 순결의 앞에 나오는 점을 눈여겨보라. 뱀같이 지략을 발휘하여 위기를 탈출하고 제 한 몸을 건사해야 비둘기같이 순결한 가치를 지켜내고 보존해나갈 수 있으리라는 교훈이 그 가운데 드러나지 않는가? 요컨대, 뱀을 따라가야 할 길에서 비둘기의 길을 괄호 속에 밀봉해둘 수 있다. 마찬가지로 비둘기의 길을 옹호하는 맥락에서는 뱀의 잔재를 벗어버려야 한다.

하나를 치켜세우기 위해 또 하나를 내려놓는 선택이 우리에게 강요하는 비용과 대가는 이처럼 엄연하다. 예수는 어쩌면 상투적인 상황논리에 앞서 이 땅의 모든 인간들이 누가 시키지 않았음에도 본능에 의지해 이런 현실감각을 가지고 제 삶을 경영해가는 속내의 이치를 예리하게 간파하셨을 것이다. 나아가 그는 그것을 선교 현장에 파송받는 제자들에게 주지시키면서 의식화 작업을 시도한 것인지도 모른다. 이로써 분명해지는 사실은 예수가 인간 세상을 철저히 위생 처리된 인큐베이터의 무결점 공간으로 보지 않았다는 것이다. 오히려 구차하거나 민망한 대가를 치러야만 살아남을 수 있고, 일단 이 땅의 폭압적인 현실 속에서 그렇게 살아남아야 하나님 나라의 복음도 전하며 사람을 낚는 어부가 될 수 있음을 그가 잘 간파했으리라는 것이다. 살과 피를 가진 그 예수를 누가 무결점의 위생적인 공간에 가두고 박제로 만들려고 하는가? 그 박제된 진리를 또 인간에게 뒤집어씌워 염결주의 도덕과 순결 콤플렉스를 강요하면서 스스로 그런 강박 속에 자학과 피학의 심성을 쉼 없이 유포하는 세력은 또 누구인가?

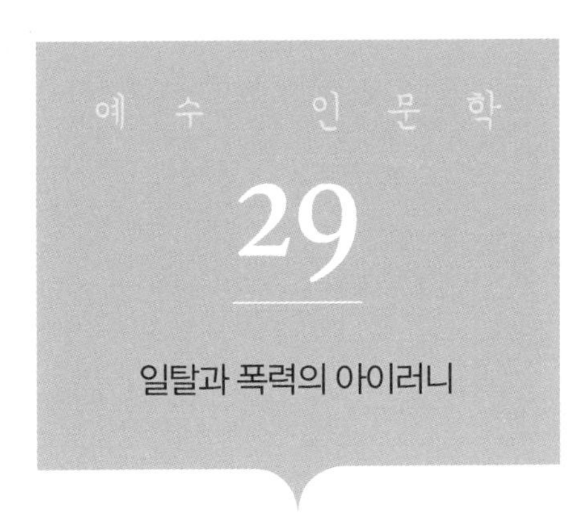

29

일탈과 폭력의 아이러니

"랍비여, 보소서! 저주하신 무화과나무가 말랐나이다"(막 11:21).

선승들이 도력을 키우며 용맹 정진할 때 잡념을 떨치라고 내려치는 죽비 소리와 "할!"이라는 외마디 일갈은 공부와 관련하여 많은 생각을 불러일으킨다. 그것은 분명히 평범한 일상의 감각을 벗어나 일탈적 자리에서 가능해지는 공부의 기회다. 실제로 또 다른 일화에 의하면, 치열한 공부의 자리에는 죽비의 타격보다 더 심한 물리적 폭력이 발생하기도 한다. 심지어 손가락을 잘라 바치거나 인신을 통째로 불살라 공양하는 극단적인 기행도 탐지된다. 인간이 언어와 몸의 행동으로 저지를 수 있는 각종 기이한 짓들이 공부의 모범적 경계를 허물고 매우 낯선 세계로 우리를 끌어들이는 것이다. 이런 것들은 아무리 공부의 명분을 앞세워도 오늘날 합리적 지성의 자장 안에서 소화되기 어려운 것이 사실이다. 그러나 그런 치열한 옛적의 공부법에는 평범한 것과 비범한 것을 가르지 않고 세속과 탈속을 가로지르며 원융무애(圓融无涯)의 삶을 추구하고자 몸부림친 벼랑 끝 대결 의식의 일단이 엿보인다.

한 수도자는 벼랑에서 돌멩이 하나 떨어지는 것을 보다가 반짝이는 개안에 득도의 경험을 한다. 이처럼 평범한 현상 속에 비범한 깨달음을 얻는 경우도 있지만, 예의 비범한 일탈과 폭력적 기행을 통해 낯선 생의 감각 속에 전혀 다른 각성의 체험이 임하기도 하는 모양이다. 이 모든 것에 공부법의 일리가 있다면 진리는 실로 광활한 것이다. 한 시대에 다수의 합의에 따라 정해놓은 진리의 틀로서 이런저런 원리원칙이 심히 하찮아지는 세계도 있다는 데 우리의 생각이 미치면 공부길은 한없이 까마득해진다. 인간은 그저 자신에게 편하고 익숙한 세계에 안주하려는 관성 속에 공부의 형식과 내용도 순탄하게 갈무리하고 싶어 할 뿐이다. 그러나 자신의 바깥으로 탈주하려는 몸부림이 극진하지 않으면 기존의 앎에 아무런 도전도 생기지 않는 법이다. 기존의 체계에 부응하려는 곱상한 몸짓 속에는 시대의 지평을 확장하여 그 희망 어린 미래를 선취하려는 의욕이 좀처럼 자생하지 않는다.

예수는 이런 점에서 마냥 모범생이라고 할 수 없다. 특히 그가 보인 일탈과 폭력의 기행은 예나 지금이나 그 속 깊은 상징 세계를 살피지 않으면 엉뚱하게 곡해되기 쉽다. 그 당혹스러움을 수습하려는 의도 아래 기꺼이 변증적 시각을 들이댄다 해도 알레고리 수준의 봉합을 넘어서기 어렵다. 그러나 학자들이 "예언자적 상징 행위"라고 부르는 이런 예수의 예외적 일탈과 기행은 오랜 세월을 타고 전승된 계보가 있었다. 가령, 예레미야가 동행하는 자의 목전에서 옹기를 깨트리라는 명령을 받는다든지, 에스겔이 처음에 인분으로, 나중에는 쇠똥으로 음식을 구워먹도록 명령을 받고 자신의 머리털과 수염을 밀어 저울에 달아둔다든지, 호세아가 바람난 아내를 연거푸 찾아내 데려온다든지 하는 사례는 피상적으로 보면 기괴한 계시가 아닐 수 없다. 그렇게 일탈적인 기괴함 가운데 온몸으로 연출해내면서 하나님의 심판을 경고하지 않으면 눈길 한 번 주지 않던 패역한 세대였음이 짐작된다. 그 예언자들이 영혼 없는 기계처럼 하나님의 메시지를 억지로 드러낸 게 아니라면 거기에도 당대의 동족들과 공유하고자 한 깨달음의 코드가 잠재되어 있었을 것이다. 그러나 이처럼 자기 생을 한갓 역사의 질료로 내던지는 연단으로서의 공부는 가혹한 대가를 치러야 하는 폭력적인 요소도 머금고 있었다.

예수는 이런 예언자적 전통의 연장선상에서 대략 두 가지의 상징 행위를 통해 얼핏 기괴한 일탈의 주인공을 자처했다. 그 첫째가 성전에서 장사하는 사람들과 환전상들을 내쫓으며 폭력을 행사한 이야기다. 학자들의 연구가 다다른 공통점은 이 이야기 속의 예수가 사실적인 인물 묘사와 행동 묘사에 충실한 초상을 보여준다는 것이다. 예루살렘에 입성할 당시 나귀를 탄 예수는 매우 겸손하고 다소 희극적인 이미지로 투영된다. 분위기는 괜찮아 보였다. 대단한 규모는 아니었겠지만 "다윗의 자손"이 메시아로 도래할 날을 꿈꾸던 제자들과 군중이 두루 흥분하며 환호하던 장면이 연상되기도 한다. 그런 그가 성전을 둘러보고 물러나 다시 찾았을 때 그는 매우 단호하고 다부진 인물로 변신한다. 유월절 명절을 맞아 먼 데서 예루살렘 성전을 찾은 순례객들에게, 제단에 바칠 신선한 제물을 구하는 것은 중요한 선결과제였다. 이방 땅에서 왔기에 현지의 돈으로 화폐를 바꿔주는 환전상의 서비스도 필요했다. 또 그 돈으로 싱싱한 제물을 사기 위해서는 제물 장사꾼도 있어야 했다. 그들은 성전의 깊숙한 성소에서 상행위를 한 것이 아니었다. 추론에 의하면 그들의 난전이 제사장의 뜰이나 유대인 남자의 뜰을 장악한 것도 아니었다. 고작해야 여성들의 뜰이나 이방인의 뜰에 합법적인 승인을 거쳐 시장이 열렸고 상인들은 거기서 나름대로 정당한 상행위를 한 것으로 보인다.

따라서 예수가 환전상과 물건 매매하는 자들의 상을 둘러엎고 상인들을 내쫓은 것은 당대의 규범에 비춰 상식에 위배되는 일탈이었다. 더구나 한 전승에 의하면 채찍으로 그들을 내쳤다고 하니, 이런 경우 없는 폭력이 얼마나 당혹스러웠겠는가? 그러나 예수는 고작 비둘기 파는 장사꾼 하나 잡기 위해 이런 퍼포먼스를 벌인 것이 아니었다. 그는 성전을 "강도의 소굴"로 만든 배후의 당사자들을 겨냥하여 작심하고 파격적인 상징 행위를 연출한 것이다. 시대의 정곡을 찌르고 당대 종교의 급소를 타격한 이 행동의 대가는 컸다. 대제사장들과 서기관들이 이 일을 전해 듣고 예수를 죽이고자 본격적으로 음모를 꾸미기 시작했기 때문이다.

이 성전 사건 전후로 등장하는 무화과나무 저주 사건도 마찬가지로 기괴한 일탈의 행위로 기억될 만하다. 예수가 잎만 무성하고 열매가 없는 무화과나무를 저주하여 말라죽게 한 이 이야기는 전후 맥락에 비춰보면 그 나무의 상징적 의미를 살려 이스라엘의 멸망과 성전의 퇴락을 암시하는 알레고리적 우화로 해석할 수 있다. 이런 해석적 틀 가운데 제자들과 당대의 동족들이 이 사건의 의미를 깨우치고 교훈을 얻었다면 그것으로 족할 터이다. 그러나 그 교훈을 전하기 위해 치른 대가는 생뚱맞을 정도로 일탈적 성격이 심하다. 이야기의 논평자가 지적한 대로 그때는 무화과나무가 열매를 맺는 때가 아니었기 때문이다. 무화과나무는 잘못이 없었다. 열매철이 아니지만 열매를 준비하면서 잎이 무성한 상태로 열심히 자라주었을 뿐이다. 배가 많이 고팠던 예수는 열매를 기대했다가 낭패를 본 까닭에 화가 났음인지 "이제부터 영원토록 사람이 네게서 열매를 따 먹지

못하리라"(막 11:14)고 저주를 쏟아부었다. 그 저주는 무화과나무의 입장에서 보면 폭언이었지만 그 폭언이 그대로 실현돼 나무가 말라죽었다는 게 참 아이러니한 결과다.

여러 겹으로 둘러쳐진 이 이야기의 다층 구조를 해부하고 그 구체적 실상으로 소급해 사연의 내막을 철저히 따지는 작업은 무척 난해하다. 그러나 공부론의 관점에서 분명한 것은 이 무익한 저주의 폭언조차도 뜨악하지만 매우 이례적인 교훈의 현장으로 제자들의 기억 속에 각인되었다는 사실이다. 공부는 때로 이처럼 실험적인 일탈을 대가로 치른다. 폭력이 연루될 때는 무모하기까지 하다. 여기서는 말 못하는 애먼 무화과나무 한 그루가 희생되었을 뿐이지만 그 희생의 범위가 어디로 튈지 모른다. 그래서 이렇게 운명을 걸고 자신의 모든 것을 던지는 공부는 때로 위험하다. 공부의 특정한 구석이 이토록 위험한데 거기서 진리를 찾았다고 확신하여 과감하게 돌진하는 실천적 행동은 얼마나 더 위험할 것인가? 공부하는 자들이 소름이 돋지 않는다면 아직 그 벼랑 끝까지 나아가지 않았다는 증거다. 때로 쉽고 편한 공부, 하여 자신의 울타리를 뛰어넘지 못하는 공부는 물러터진 과일처럼 역겹다. 제자리를 열심히 맴돌 뿐 도약이 없기 때문이다.

"천국은 마치 사람이 자기 밭에 갖다 심은 겨자씨 한 알 같으니 이는 모든 씨보다 작은 것이로되 자란 후에는 풀보다 커서 나무가 되매 공중의 새들이 와서 그 가지에 깃들이느니라"(마 13:31-32).

공부가 자라야 공부하는 이도 자란다. 걸레 물려서 키운 아이도 잘 큰다는 말이 있듯이, 성장의 엔진은 창조주께서 주신 몸속의 코드로 내장되어 있다. 그러나 그 유전적 코드에 맞춰 정상치로 자라는 힘은 은총에서 온다. 창조주 하나님의 섭리 가운데 먹이시고 입히시는 은총은 만물을 생육하고 번성케 한다. 그 가운데 보이지 않는 성장이 중요하다. 세월이 흘러도 몸집이 크지 않고 키가 자라지 않는 생명을 보는 것은 서글픈 일이다. 아무리 잘 가꾸고 정성껏 양육해도 열매가 맺히지 않고 잎만 무성한 과수를 대하면 좌절감이 생긴다. 책상 앞에 오래 앉아 공부하는 폼은 잡는데 그 공부의 열매가 맺히지 않을 때 한숨이 깊어지는 것과 같다. 신앙생활도 마찬가지다. 교회에 수십 년을 다녔다는데 여전히 초보적인 단계에 머물러 곧잘 유치한 인격을 드러낸다면 인습적인 신앙의 열정은 있었을망정 공부하는 신앙이 아니었다고 봐야 한다. 마치 활주로를 끊임없이 맴돌지만 뜨지 않는 비행기처럼 안타까운 일이다. 뜬다는 것은 성장의 극점에서 도약하여 성숙의 길로 접어든다는 말이다. 그래야 성장의 결실이 확보되고 그 목표가 달성된다.

사람만 성장하는 게 아니다. 동식물 역시 두루 창조주가 심어준 생명 유전자의 코드에 걸맞은 형상과 그 분량만큼 성장한다. 조직도 성장한다. 개체로서도 성장하지만 공동체 전체 역시 그것이 유기체의 속성을 간직할진대 꾸준히 어느 정도껏 성장하는 것이 자연스럽다. 여기서 반드시 짚어두어야 할 성장의 중요한 기준이 있다. 무한성장이란 없다는 것이다. 어떤 생명체나 조직이 무한하게 성장한다는 발상은 그 자체로 기괴한 것이다. 암세포처럼 무도하게 주변의 건강한 세포를 잡아먹는 돌연변이 폭군이라면 모를까, 건강을 지향하는 생명 인자는 자랄 만큼 자라다가 고개를 숙이며 익어간다. 그게 정상이다. 특히 우리 시대가 다들 메가트렌드에 압도되어 뭐든지 "대형"을 숭상하고 추종하는 세태이지만 이 자본제적 물신 문명이 제정신이 박힌 소산이 아니라는 걸 웬만한 사람들은 다 잘 알고 있다. 그런 기괴한 무한성장의 신화적 괴물을 이겨내고 어떻게 건강하게 잘 자랄 수 있는지를 고민해야 한다. 개체 생명의 지성과 양식, 감성과 영성, 공동체로 모이는 유기체 조직들, 그리고 그 성장을 성찰하는 우리의 공부 등을 모두 포함해서 성장의 뒤안길을 살펴야 할 때가 되었다.

한 가지 열쇠는 성장의 극점에서 도약이 필요하다는 것이다. 나아가 성장의 궁극적인 목표는 성장 자체가 아니라 그 결과로 나타나는 생명의 향연이라는 사실을 기억해야 한다. 그 향연은 물론 이웃 생명과 더불어 나누는 향유 지향적 가치다. 예수는 이 교훈을 가르쳐주기 위해 유명한 겨자씨 비유를 들려주었다. 이 비유의 놀라움은 눈에 보일락 말락 하는 지극히 작은 겨자씨 한 알 속에서 성장을 지향하는 생명의 이치를 꿰뚫어보고 거기서 천국의 원리를 발견했다는 데 있다. 여기서 말하는 들겨자는 노란 꽃을 피우며 최대치 1.5-2미터 전후의 크기로 덤불을 이루며 자라는 푸성귀 종자로, 팔레스타인의 웬만한 곳에서 흔히 볼 수 있는 식물이다. 예수는 이 소담한 푸성귀 덤불이 하나의 작디작은 씨앗에서 발원했다는 사실을 상상한다. 싹이 트고 가지를 뻗어 덩굴이 서로 의지하여 수풀처럼 무성하게 번지는 이 생육의 과정 속에 예수는 갑자기 놀라운 비약적 논평을 제시한다. 바로 이 푸성귀가 "나무가 되었다"는 것이다.

나물이 나무가 되었다는 것은 비약이고 도약이다. 물관과 체관의 구조에 따른 식물학적 이치대로라면 도저히 불가능한 사실을 예수는 신학적 상상력 속에서 직관한다. 예수는 양적 성장의 극점에서 질적으로 전환하여 도약하는 변증법의 한 원리를 이 겨자덩굴의 도약적 몸짓에서 투시한 것이다. 공부의 성장 과정 역시 마찬가지로 볼 수 있다. 처음에는 단순 지식을 열심히 암기해야 하는 단계가 있다. 그 지식의 전후좌우 관련된 맥을 캐나가고 그 지형을 총괄적으로 아우르면서 디테일한 지식을 심화하고 관점을 확장해나가는 단계가 이어진다. 그 와중에 더욱 풍성한 지식이 축적되고 그 지식은 경험을 통해 검증되면서 공부의 선순환 시스템이 정착된다.

그러나 거기까지는 대개 공부의 양적인 층위일 뿐 질적인 도약이 이루어지지 않은 상태다. 그렇게 견문이 넓어지고 지적인 양식이 확충되었으면 그 위에서 비행기의 이륙 같은 수직적 도약과 상승의 단계로 진입해야 한다. 이는 땅만 쳐다보다가 하늘을 향해 솟구치는 도약이다. 나물의 자연스런 생태에서 나무로의 불가능한 변환이 나타나 성숙한 지혜를 그 인격 속에 터득해나가는 단계다. 예리한 분석에만 힘쓰다가 넉넉한 종합을 통해 안성맞춤의 균형을 이루어나가는 결실의 단계다. 축적과 소유로서의 공부를 벗어나 존재와 관계로서의 공부에 관심을 돌려야 하는 단계이기도 하다.

그렇게 풀이 나무로 변신한 상태에서는 공중의 새들이 그 가지에 깃들 만큼 그 생명의 품이 충분히 깊고 넉넉해진다. 다른 이웃 생명을 품을 수 있는 여유와 여백이 확보되는 것이다. 그래서 일개 푸성귀에 속하는 겨자덩굴의 숲 가운데 훨씬 고등생물인 새들이 날아와 안식을 누리며 어울리는 생명의 향연이 펼쳐진다. 다른 씨에 비해 훨씬 작은 겨자씨의 단계에서는 도저히 상상하기 어려운 그림이 여기서 그려진다. 그것은 싹을 틔우고 열심히 몸집을 키우며 성장할 때도 감당할 수 없던 현실이었다. 그러나 이제 나무로 도약하여 성숙해지니까 이게 가능해진다. 천국은 이렇게 놀라운 도약과 함께 찾아오는 성장의 기쁨을 이웃과 나누며 그것을 향유하는 창조의 은총에 눈뜰 때 비로소 체감되는 일상의 일부다.

겨자씨 비유가 농사짓는 농부의 일상 가운데 조형되었다면, 이어지는 누룩의 비유는 집에서 끼니 준비하는 주부의 시선으로 천국이 투사된 사례다. 여기서 성장의 기쁨은 어떤 촉매의 계기가 그 물질을 부풀리고 번지는 효과에 초점을 맞춰 조명된다. 가루 서 말로 밀가루 반죽을 만들 때 여기에 집어넣는 누룩은 아주 작은 분량이지만 이 반죽 전체를 크게 부풀려준다. 누룩은 성장을 촉진하는 촉매제다. 마찬가지로 우리의 성장과 도약에는 누룩으로 표상되는 특정한 계기가 주어진다. 그것이 주변의 도움이나 도전일 수도 있고, 자신이 만나 감동을 받은 한 권의 책일 수도 있다. 특정한 교훈을 통해 한순간 찾아온 대오각성의 깨달음이 그 누룩의 역할을 수행하기도 한다. 어떤 경우든, 밀가루만으로 저절로 빵이 되지 않는 이치를 인정한다면, 반죽을 부풀게 하는 촉매제가 무엇일지 스스로 찾아 만나야 한다.

공부가 사람의 일이라면 성장도 사람의 일이다. 앞의 겨자씨 비유에서 천국의 비밀 코드가 겨자씨의 성장 원리에 비유되고 있지만 그 성장을 추동하는 주체는 결국 "사람"이다. 한 사람이 겨자씨를 자기 밭에 갖다 심는 구체적인 활동 가운데 예의 성장과 도약도 가능해진다는 것이다. 누룩 역시 주부가 그것을 넣어야 밀가루 반죽을 부풀릴 수 있다. 공부 역시 아무리 주변에서 도와주려고 애쓰고 호의적인 여건을 마련해줘도 당사자가 움직이지 않으면 말짱 허사다. 공동체는 개체의 독립성과 자율성을 무시하지 않는다. 공동체의 성장에 관한 한, 공동의 관심사로 서로 협력하며 함께 성장해야 할 영역과 개체의 단위로 성장을 도모해야 할 영역이 따로 있다. 둘 중 어느 한쪽을 무시해도 동반 성장은 어려워진다. 또 몸집만 잔뜩 부풀리고 키웠지만 초월과 상승의 비상으로 도약하지 못하면 그 성장의 거품은 금세 꺼진다. 그래서 성장에도 공부의 지혜, 지혜의 공부가 요청된다. 이제 무조건 성장을 부르짖을 때는 지났다.

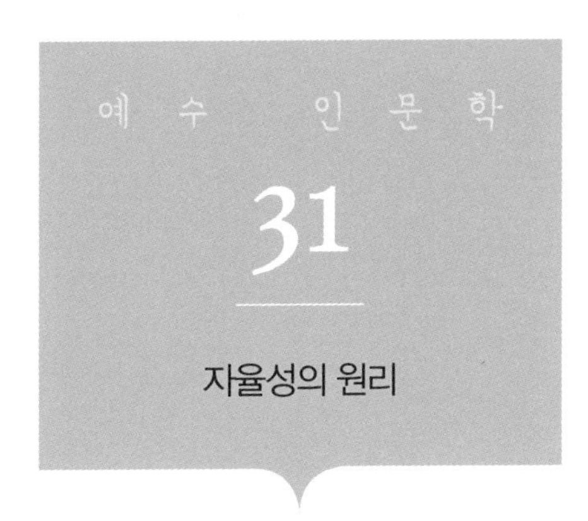

"땅이 스스로 열매를 맺되 처음에는 싹이요, 다음에는 이삭이요, 그 다음에는 이삭에 충실한 곡식이라"(막 4:28).

"하나님께 모든 것을 맡긴다"는 말은 종교적인 상투어다. 다양한 맥락을 세세히 살펴야겠지만 이 말에 진정성이 전혀 없지는 않다. 인간의 한계를 벗어나는 막막한 일을 겪을 때 절대자이신 하나님께 맡겨두는 것 외에 별다른 묘수는 없지 않은가? 주어진 과제를 완수하면서도 최선을 다해 임했지만 최종 결과가 어떻게 나타날지 모르기에 이 역시 하나님께 맡기는 겸손한 자세가 빠질 수 없다. 이 점에서 "너의 행사를 여호와께 맡기라. 그리하면 네가 경영하는 것이 이루어지리라"(잠 16:3)는 말씀은 정확하게 과녁을 적중한다. 그러나 모든 논리가 그렇듯, 하나님의 말씀 역시 과유불급의 이치가 적용된다. 하나님께 모든 것을 맡긴다는 원리로써 자신의 게으름과 수동성을 정당화하는 경향이 누구에게나 있기 때문이다. 아니, 이 말은 하나님께 아무것도 맡기지 않으면서 자신의 책임을 회피하는 수사적 장식 구호로 통용되는 경우가 더 많은 것 같다. 사실 이것이 더 심각한 문제다.

그러나 하나님께 맡기는 것은 우리 삶의 경영을 위한 궁극적인 자세이지, 역량의 범위나 논의와 행동의 한계를 규정짓는 교리적 말뚝이나 억압적 금기의 조항이 되어서는 안 된다. 경영의 주제를 공부의 맥락에서 좀 더 발전시켜보자. 상기 잠언의 인접 구절은 이렇게 말한다. "마음의 경영은 사람에게 있어도 말의 응답은 여호와께로부터 나오느니라"(잠 16:1). 마음은 아직 바깥으로 발화되지 않은 내면의 세계다. 거기서 온갖 경영의 아이디어를 내고 계획을 세우며 전략을 짤 수 있다. 그러나 말은 바깥으로 뱉어낸 것이므로 혼잣말이 아니라면 공적인 책임이 따른다. 이로써 방향이 정해진 것이고, 꼭 기도의 형식을 갖추지 않더라도, 하나님의 도우심을 구하는 최종적인 의사표현이다. 따라서 그 미래 지향적인 말이 열매를 맺을지 어떨지 그 불확실성의 영역에 관해서는 하나님의 뜻이 개입하는 몫을 양보하지 않을 수 없다.

이 경영이 지속성을 띠기 위해서는 마음의 현재적 결단과 말의 미래적 결실 사이로 지속되는 분투의 현실이 있다. 그러나 그 분투가 고군분투가 아닌 것은 주변에 협력하여 함께 일을 도모할 만한 이웃이나 동지들이 있기 때문이다. 그들과 더불어 논의하면서 그 경영이 성사되도록 끝까지 견디며 노력해야 할 책무가 우리 모두에게 있다.

그래서 잠언은 또 그 틈새로 빼곡하게 말한다. “의논이 없으면 경영이 무너지고, 지략이 많으면 경영이 성립하느니라”(잠 15:22). “경영은 의논함으로 성취하나니 지략을 베풀고 전쟁할지니라”(잠 20:18). 의논이 이다지도 중요하다. 현명한 경영의 현장에서 지략이 또 이렇게 필요하다. 그 경영이 더구나 한 개인의 삶을 경영하고 공부를 성취하는 데 그치지 않고 전쟁까지 치러야 하는 극단의 상황에서는 의논과 지략에 따라 수많은 공동체 성원들의 목숨이 오락가락한다.

이렇게 하나님께 맡기는 궁극적 자세와 함께, 그 이전에 인간의 생명에 잠재된 모든 자율성의 코드를 활용해 애쓰고 힘쓰며 삶을 경영해야 할 책무가 우리에게 있음을 용인해야 한다. 그래야 성실해지고 책임 있는 인격체로 자라갈 수 있으며 하나님을 핑계 대면서 태만해지려는 우리의 기질적 미숙함을 교정해나갈 수 있다. 인간뿐 아니라 창조주 하나님은 한갓 미물인 생명체는 물론 이 우주세계의 모든 피조물들에게 이런 자율성의 코드를 심어주셨다. 자기 한 몸을 챙겨 건사할 역량과 함께 그 생명을 키우고 경영할 자율적 책임을 부여해 주셨다. 경영의 일차적인 책임은 그 삶의 당사자에게 있겠지만 그 책임을 공유하면서 주변의 피조물과 함께 의논하며 지략을 모을 수 있도록 공동체의 환경도 허락해주었다. 우리는 그 가운데 스스로 성장하고 생명의 잠재력을 계발하여 발전시키며 그것을 부담이 아닌 은총의 현장으로 수용할 수 있는 믿음도 선사받았다.

예수께서 한 비유를 통해 설파한 공부의 비결은 이처럼 자기계발의 자율적 역량에 눈을 떠서 수고한 만큼 결실하며 인내로써 때를 기다려야 할 교훈 가운데 탐지된다. 이 비유도 당시 갈릴리의 농사 환경을 배경으로 지극히 평범한 농부의 경험을 그 밑바탕에 깔고 있다. 그 농부는 땅에 씨를 뿌려 싹이 트길 고대했다. 싹이 늦게 트면 씨가 썩었는지 불량인지 궁금하여 성급한 심사로 헤집어보는 경우도 생긴다. 그런데 이 농부가 자고 깨고 그렇게 시간을 보내는 중에 어느 날 갑자기 그는 싹이 이미 나와 자라는 모습을 대하게 된다. 그런데 정작 씨를 뿌린 당사자는 "어떻게 그리되는지를 알지 못한다"(막 4:27)는 것이다. 이는 부지불식간의 현상이다. 이 진술은 오늘날 식물학의 기본 상식을 갖추고 있는 입장에서 정확하지 않을 수 있다. 씨가 발아하고 자라는 생장 조건에 대해 과학적 지식으로 무장한 자에게 그 모든 과정과 방식은 눈에 보이지는 않지만 충분히 추론 가능한 영역이기 때문이다.

그러나 예수의 초점은 추론 자체에 있지 않고 그 추론의 이면에 있다. 우리가 과학적으로 검증한 "사실"조차 이런 사실의 인과론적 설명을 충분히 다한 후에도 그 인과론을 가능케 한 요인에 대한 의문은 의문대로 남게 마련이다. 더구나 예수가 밭에 뿌린 씨의 싹트는 이치를 가르치려고 이 비유를 들지 않았다는 점에 주목해야 한다. 그는 분명히 하나님 나라를 가르쳐 제자들이 그 속 깊은 이치를 깨우치길 바라는 마음에서 이 비유를 전했다. 그 이치 중의 핵심 이치는 "땅이 스스로 열매를 맺는다"는 진술 속에 박혀 있다. 여기에 쓰인 그리스어(*automatē*)는 오늘날 인간이 부리는 모든 기계의 자동장치(automation)에 어원론적 배경을 제공한다. 인간이 만들어 설비한 기계가 사전 장착한 자동시스템에 따라 작동되듯이, 하나님이 만들어낸 피조세계는 그 내부에 기입된 자율적 코드를 좇아 경영된다. 그래서 무생물에 속하는 땅이 스스로 열매를 맺는다는 놀라운 신학적 상상력이 발동될 수 있는 것이다.

우리는 무생물의 수준 이하로 우리의 역량을 격하시키며 쉽사리 자조감에 젖지 말아야 한다. 또 우리 자신에게 놀라운 생명의 잠재력을 심어주신 창조주의 지혜를 섣부르게 과소평가하여 그 의도를 팽개치지 말 일이다. 그것은 신앙이 아니라 불신앙이고 순종이 아니라 몽매함에 치우친 불순종에 가깝다. 우리는 책임 있게 존재하며 자율적으로 자신의 생명을 돌보며 키우고 발전시킬 수 있는 존재다. 그 공부가 자라지 않으니 무조건 하나님께 자신을 맡겨버리고 자율성을 방기하는 걸로 신실함을 과시하는 신앙적 병리 현상에 사로잡히게 된다. 땅이 스스로 열매를 맺는 자율성의 현장은 순리가 지배한다. 그래서 충분히 기다리며 인내하는 법을 배우는 것이 농사를 통한 하나님 나라의 공부법이다. 땅이 스스로 열매를 맺기까지 "처음에는 싹이요, 다음에는 이삭이요, 그 다음에는 이삭에 충실한 곡식"(막 4:28)의 순서로 차근차근 자라고 결실해간다. 하나님 나라의 비밀이 이런 "때"의 순리와 무관하지 않다는 것이다.

공부 역시 마찬가지다. 밟아가야 할 순리적 단계를 건너뛰고 축적된 근거 없이 갑자기 번갯불 맞듯이 요행 같은 결실을 기대해서는 안 된다. 로또 당첨 같은 예외적 행운은 공부의 최대 적이고 자율적 생의 망조를 예고하는 독소다. 매년 입시철이 되면 이 땅의 교회와 성당, 불당에서 특별기도회라는 것이 열려 부모들의 심장을 달군다. 열심히 공부하며 제 생을 경영한 자식들이 그에 합당한 몫을 받도록 기원하는 것이야 무해하다. 그러나 이것이 연례행사처럼 되풀이되는 구석에는 생명의 자율성과 인내를 통한 공부의 시숙(時熟)을 무시하면서 기적적인 요행을 바라는 심보가 없다고 말할 수 있을까? 더구나 무한경쟁의 정글 논리 속에 서열화된 입시 지옥의 현실을 염두에 둔다면 차라리 이런 기도를 드리지 않는 것이 신실함의 증표가 아닐까 싶다.

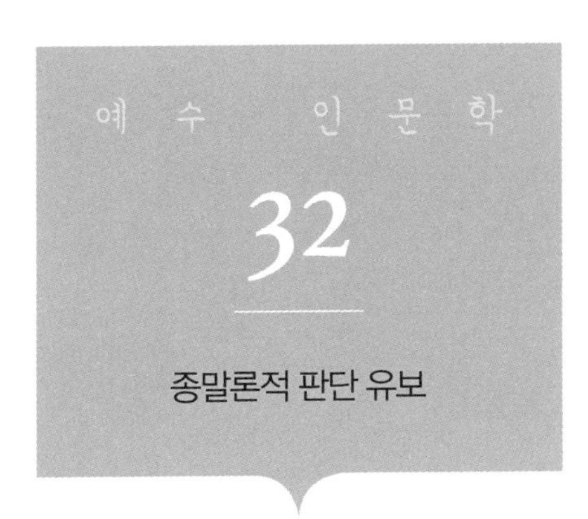

"가라지가 어디서 생겼나이까?" "우리가 이것을 뽑기를 원하시나이까?" "가만 두라. 가라지를 뽑다가 곡식까지 뽑을까 염려하노라"(마 13:27-29).

세상을 하직하는 인생들을 향해 하나님이 꼭 행하신다는 게 종말론적 최후 심판이라면, 이 세상에 사는 동안 인생들이 꼭 기억해야 할 것은 종말론적 판단 유보다. 물론 전혀 판단하지 않고 살 수는 없다. 사리 분별도 잘 해야 하고, 시비 판단도 비껴갈 수 없다. 원하지 않아도, 선택하고 싶지 않아도 외부로부터 강요되는 판단도 있다. 그러나 유보해야 하는 것은 이런 불가피한 것들이 아니라 "종말론적 판단"이다. 특히 사람의 경우 그가 사는 동안 쌓아온 공과, 빛과 그림자를 두루 헤아려 공정한 저울에 달아 최후의 점수를 매긴다는 게 여간 어려운 것이 아니다. 아니, 그것은 인간으로서 어쩌면 불가능하다. 판단 주체인 인간의 기준과 안목이 모자라 불가능하기도 하겠다. 하지만 그 판단 대상의 살아온 내력과 또 남은 생애의 마지막 순간까지 살아갈 미래를 모두 헤아릴 수 없기에 종합적 판정을 내린다는 게 불가능하다.

자신이 살아온 삶을 심판대 위에 올려놓아도 애매모호한 구석이 많은 법인데, 하물며 남의 삶을 도매금으로 양단하거나 최후의 심판을 내린다는 것은 차마 사람이 할 짓이 못된다. 그래서 평가의 거리를 멀찌감치 설정하여 "역사적" 심판 운운하는 것이겠지만 이런 심판 역시 최종적일 수 없다. 그 역사 속에 남은 자료라는 게 한정되어 있고, 그 증거에 담긴 삶의 내용 역시 지극히 부분적이므로 편향성을 배제할 수 없기 때문이다. 그래서 부득불 사람을 판단하더라도 그것은 종말론적인 차원에서 유보되어야 하고 또 유보될 수밖에 없다. 공부의 감각도 이런 방향으로 종말의 개방성에 터해 조율해나가는 것이 좋다.

작은 성취로써 성급하게 결론을 내리는 것이 어설프듯이, 어느 정도의 공부에 만족하여 그 결말을 쉽게 예단하는 것은 성급하다. 특히 시비를 판별하는 사안에서 확고한 가치 기준은 중요하면서도 위험한 양날의 칼이다. 그래서 사법재판의 절차도 3심제를 두어 신중에 신중을 기하는 것이다. 그럼에도 그 신중의 최선조차 실수를 아주 방지할 수 없고 공정성을 온전히 장담할 수 없다. 우리가 종말론적 판단을 유보하는 자리는 종말론적 시점에서 치러질 하나님의 최후 심판의 자리로 직결된다. "비판을 받지 않으려거든 비판하지 말라"(마 7:1)는 말씀의 기본 메시지도 바로 그런 것이다. 여기서 의도된 교훈은 건설적이거나 학문적인 비판을 금하는 것이 아니다. 뒤틀린 인간관계에서 상대방에게 정죄의 의도로 시비의 잣대를 들이대 최후의 심판관이신 하나님처럼 행세하지 말라는 것이다. 한갓 심판의 대상인 인간이 심판의 주인이라도 되는 양 나대면 신성모독의 불상사를 자초하기 때문이다.

종말론적 판단 유보는 공부하는 자의 신중함과 통한다. 공부하는 자는 무엇보다 자신의 현재 상태를 자주 성찰하는 능력을 키워야 한다. 그러니 신중해질 수밖에 없다. 또한 공부하는 자는 하나님 나라의 비전을 품고 복음을 전하며 선교하는 자다. 그 역할을 제대로 수행하기 위해서는 부대끼는 현실을 잽싸게 분별하고 만나는 대상을 신속하게 판단해야 한다. 험악한 세상 한가운데서 매사 민첩하게 행동하지 못하고 어정쩡한 자세로 임해서는 종말론적 선교 과업을 제대로 이행하기 어렵다. 신중한 중에 민첩하고, 민첩하면서도 그 심급을 종말론적인 최후성에 묶어두지 않는 신중함의 여유가 필요하다. 그래야 오래 공부할 수 있고 깊이 공부할 수 있다. 나아가 그 공부의 결실을 당장 덮고 처음부터 다시 공부할 수 있다.

하나님의 종말론적 심판에 대조되는 인간의 종말론적 판단 유보의 교훈은 예수의 가라지 비유를 통해 잘 나타난다. 이 역시 갈릴리 농사 경험이 그 이야기의 배경에 깔려 있다. 한 사람이 좋은 씨를 밭에 뿌렸는데 그것이 싹이 나고 결실할 때 보니 가라지도 보이더라는 것이다. 어디서 가라지가 생겼는지 종들이 의아해한다. 농사의 경험이 있는 사람들은 그 가라지의 존재를 별로 이상스레 생각하지 않는다. 바람에 실려 온 다양한 잡초들이 아무리 제거해도 또다시 피어나는 것과 비슷한 경험이다. 모내기 농사에서도 알곡을 심어 벼를 키우지만 나중에 자란 상태에서 보면 꼭 피라는 놈이 듬성듬성 생겨난다. 생명 세계의 자연스런 일부인 가라지 현상에 대해 기원을 묻는 것은 그래서 어리석다. 그럼에도 자상한 집주인은 종들에게 사람들이 잠든 사이에 원수가 몰래 와서 가라지 씨를 덧뿌려놓고 가서 그렇다고 알기 쉽게 설명해준다. 그 원수는 흔히 적용하는 알레고리의 독법으로 보면 사탄을 가리킨다. 그렇지만 그들의 가라지 투척도 하나님의 승인 없이는 불가능하다는 점에서 이를 단지 사탄의 모략이란 외통수만으로 몰아가는 것도 지혜롭지 않다.

가라지를 뽑기를 원하시냐고 묻는 종들에게 주인은 그냥 두라고 명령한다. 이유는 간단하다. 가라지를 뽑다가 알곡까지 뽑을까 염려되기 때문이다. 예수가 가라지를 배려하여 주인의 목소리로 이런 메시지를 전한 것 같지 않다. 오히려 가라지를 뽑다가 일부 알곡마저 가라지로 오해하기 쉬운 인간의 취약점을 감안한 신중한 지시라고 보아야 한다. 혹자는 여기서 가라지의 효용성을 조명한다. 우리 가운데 천적을 뒤섞여 살게 함으로써 늘 도전 가운데 경성하라는 신적인 경륜의 메시지를 부각시킨다. 그런가 하면 역사적 배경을 추적하여 당시 로마의 식민 체제에 맞서 무력 투쟁을 일삼던 열심당 사람들이나 시카리(*sicarii*)라 불리던 자객들의 열정적인 의의 투쟁을 비판한 메시지라는 해석도 나와 있다. 하나님의 의를 추구하고자 헌신한 자들 사이에서 맹렬한 투쟁의 의기조차 점차 자기 의라는 함정에 침몰하기 쉬운 속성이 물론 이 가라지 비유에 전제돼 있다. 무엇보다

이 비유의 행간에서 강조된 메시지는 하나님의 종말론적 최후 심판이 완료되기까지, 인간 세상에서 추구되는 천국조차 미완료의 상태로 지속될 수밖에 없다는 것이다. 우리 모두가 동일하게 창조주 하나님이 아니라 피조물 인간이라는 지극히 단순한 사실 때문이다.

예수의 이런 미적지근한 천국관이 이 땅의 역사적 진보를 더디게 한다는 비판이 가능하다. 그러나 한꺼번에 성급하게 역사의 완성을 도모하다가 애꿎은 생명을 숱하게 도살의 각축장으로 내몰며 부당한 폭력의 제물로 삼은 비극적 재난은 역사 속에서 헤아릴 수 없이 많았다. 그래서 우리의 판단은 종말론적 판단 유보의 제약 속에서 잠정적인 수준임을 깨우쳐야 공부가 겸손해진다. 아울러 추수 때가 되어 알곡과 가라지를 엄밀히 갈라내는 하나님의 종말론적 최후 심판을 의식할 때 이 땅의 인간들에 의해 결행되는 모든 의로운 판단의 준거들

은 자기 정화를 시도할 수 있다. 그렇게 열심히 심판의 주장을 높이고 정죄를 일삼던 목소리의 주인공들이 심판의 단두대 밑에 스스로 목을 내밀 수 있을 때, 가라지에 덤으로 섞여 뽑혀나간 적지 않은 역사 속의 알곡들 앞에 참회할 기회를 얻게 된다.

바야흐로 비판과 심판의 춘추전국시대에 우리는 살고 있다. 시비판별에 관한 한 우리 부족한 인생들이 흑백논리를 아주 벗어날 희망은 없어 보인다. 또 그런 열정의 도가니 속에 투쟁의 엔진이 부착되면 이 세상의 악과 부대껴 극렬하게 바스락대면서 그 악의 주인공들을 닮아가는 부조리의 문제 앞에 망연자실해지기도 한다. 바로 그때가 가라지의 교훈에 비추어 우리의 까칠해진 심성을 살피고 공부의 고삐를 바투 잡아야 할 적시다. 포지션을 바꿔야 자신의 전력과 전과가 명징하게 포착된다. 가라지인 줄 알았던 것이 알곡으로 보이고, 알곡이었던 것이 가라지로 뒤집어지는 역전의 상황도 실감된다. 똥 묻은 개가 겨 묻은 개를 나무라던 아이러니의 주인공이 바로 나 자신임을 깨칠 순간도 찾아온다. 그 속으로 공부가 침전되어야 우리의 의로운 심판 놀이도 하나님의 최후 심판 앞에서 종말론적으로 담금질될 수 있다.

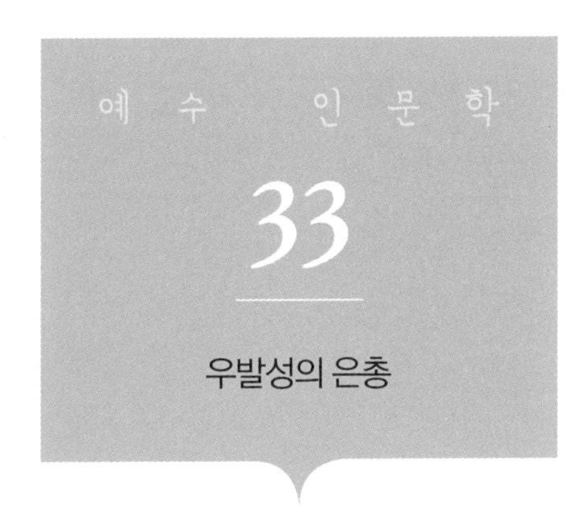

"천국은 마치 밭에 감추인 보화와 같으니 사람이 이를 발견한 후 숨겨 두고 기뻐하며 돌아가서 자기의 소유를 다 팔아 그 밭을 사느니라"(마 13:44).

공부에서 상상력이 차지하는 위상은 매우 크다. 그 상상력이 아직 미지와 미답의 영역을 향해 온갖 질문을 가지고 돌진하기 때문이다. 지식보다 먼저 모험하고 유영하는 이 관념의 편린들은 공상 속을 휘젓다가 망상과 허상으로 빠질 가능성이 있다. 그러나 상상력은 자주 우리의 사색과 묵상에 상쾌한 날개를 달아줌으로써 삶의 육중한 무게를 가뿐하게 넘어 미래의 불가능성을 향해 비상하며 공부의 원군이 된다. 상상력은 그리하여 공부에서 불가능성을 가능성의 영역으로 끌어들이는 전위적 로비스트로 활약한다. 그 상상력의 날개에는 좌절의 음지에 희망의 햇살을 비추는 은총의 기운이 실리기도 한다.

상상력이 불가능의 벽을 뚫어내는 현장에서 종종 부대끼는 문제는 우발성이다. 그것은 예측할 수 없는 어떤 상황이 급작스럽게 우리의 현실로 주어지는 매개요소다. 우발성이 각종 사고와 재난, 어떤 불운의 표정으로 우리를 습격할 때도 있지만 반대로 우리의 운명을 뒤집어 새로운 삶의 지평으로 견인하는 지렛대로 작용하기도 한다. 우발성은 그리하여 모험하기 어려운 오지와 같이 상상의 둔탁한 걸림돌이 되거나 역으로 그 상상을 예리하게 벼려주는 숫돌이 되기도 한다. 이렇듯 상상력을 우발성이 추동하는 경우와, 우발성을 상상 속에 꿈꾸는 경우는 사이좋은 형제지간처럼 동행한다. 나는 내 현실에서 불가능한 것을 상상한다. 그것이 문득 내게 우발성의 은총 가운데 벼락같이 도래할 수 있다고 믿는다. 마찬가지로 나는 이 세상의 어떤 인과관계로도 설명할 수 없는 우발적인 사건이 실현되는 가능성을 상상하며 산다.

공부에서도 가장 중요한 발견과 깨달음은 예기치 않은 행간의 모호한 구석에서 우발적으로 발원한다. 독서와 학습, 사색과 명상 가운데 배움의 순간들이 불현듯 임한다. 그런가 하면 봄날의 아지랑이와 함께 깃드는 현기증, 갑자기 스치는 바람 한 줄기, 또는 귓전을 스치는 명징한 새소리, 이런 것들과 함께 찾아오는 우발적인 각성의 순간들이 있다. 그것은 자신이 읽고 추론하고 암기하며 열심히 노력하여 거둔 성과의 여백에 자리하지만, 바로 그런 이유로 은총의 몫이 되고 삶의 불가해한 영역을 수긍하는 배경이 된다. 물론 이런 방면으로 지나치게 집착하면 즉물적인 신비주의에 경도되어 그 부작용이 심각해진다. 그러나 우리는 수많은 아이러니의 사슬 속에 우리의 일상적 행로가 뒤얽혀 있음을 알아야 한다. 사후 승인적인 차원에서 "하나님의 뜻"으로 눙치며 신적인 필연으로 쉽게 정당화하는 자잘한 해프닝들은 우발성의 상상 세계에서 더 잘 이해된다. 우연이 연쇄적인 국면에서 극대화되면 필연이 되고, 필연이 그 교조적 얼개를 벗고 해체되면 우연의 입자들로 드러난다. 이런 이치는 논리적 추론의 자장을 멀찌감치 벗어난다. 그것은 우리 삶의 허방이고 심연이며 미궁이다.

그래도 우발성이 은총의 분깃으로 발현되는 앎의 영역, 삶의 자리에는 따뜻한 온기가 감돈다. 예수는 그 한자리를 골라 거기에 그답게 천국의 옷을 입혀주었다. 1세기 팔레스타인의 식민 체제를 의식한다면, 예수의 한 비유가 전하는 천국의 이야기는 청중의 상상 세계 속에 적잖은 위로와 희망의 메시지로 각인되었을 가능성이 높다. 그것은 평생 땅을 파며 농사짓고, 그 땅마저 뺏겨 소작농으로 목구멍에 풀칠하기 급급했던 가난한 자들에게 공부한다는 생각 없이도 공부를 시켜준 예외적인 은총의 메시지였다.

예수가 전한 천국의 메시지는 밭에 감추어진 보화를 발견한 소작농의 사연으로 요약된다. 그는 남의 땅을 부쳐 먹는 열악한 처지였지만 열심히 땅을 파며 일상의 노동을 감당하고 있었다. 그런데 언제 누가 무슨 사연으로 거기에 그런 것을 감추어두었는지 모르지만 그가 땅속에서 보화를 발견했다고 한다. 그는 딱딱한 도덕률에 매여 땅주인에게 그 보화를 신고한 것이 아니다. 아니, 이야기꾼 예수의 발랄한 상상력이 그런 상투적인 규범의 틀을 날렵하게 빗겨간다. 보화를 발견한 주인공은 아마도 주변을 살피며 표정 관리를 한 연후에 그것을 다시 숨겨두고 저만이 아는 은밀한 기쁨을 충분히 즐기고 누린다. 발견의 기쁨은 우발적인 사건으로 찾아왔기에 더욱더 컸을 것이다. 그 뒤에야 그는 집으로 돌아가 자기 소유를 다 모아 그 밭을 샀다는 것이다. 밭을 산 이유는 간단하다. 그 밭에 숨겨져 있는 보화를 자기의 것으로 만들기 위해서다.

이런 결론이 천국의 메시지라면 다소 허탈하지 않은가? 그 소작농은 다시 자작농이 되어 행복하게 잘 살았다는 정도로 천국을 묘사한다면 이는 천국의 수준을 너무 낮춰보는 것이다. 그것보다 훨씬 더 대단한 규모로 세속적인 성공을 거둔 일확천금의 주인공들이 많기 때문이다. 이 비유가 천국의 수준에서 유의미하다면 그 해석의 초점은 소작농이 자작농으로 신분 상승을 본 데 있는 게 아니라, 진귀한 것의 발견과 그것을 자기의 소유로 만들기 위해 보여준 단호한 결단에 있다. 그런데 그 발견은 예기치 않은 우발성의 은총으로 어느 날 갑자기 주인공에게 다가왔고, 그로 인해 큰 기쁨을 얻었다는 것이다. 마치 쥐구멍에 쨍하게 볕이 드는 이 기적적인 해프닝은 아무런 사전 기획과 정교한 목표 없이 그냥 순간적으로 이루어졌다. 그래서 우발성의 은총이다.

물론 이 농부가 열악한 소작농의 처지를 비관하여 술타령과 탄식 속에 자신의 삶을 포기하지 않고 고단한 일상의 노동을 꾸준히 이어갔다는 점은 인정해주어야 한다. 그러나 그렇게 성실하게 일상의 밭을 일구어가는 수많은 사람들이 동일한 기회에 이런 우발성의 은총을 경험하는 것이 아니라는 점에서 이 비유는 문제적이다. 공부 역시 유사한 환경에서 엇비슷한 투자를 하여 다들 열심히 한다 하더라도, 진짜 중요한 삶의 진리를 발견하고 전력투구하여 어떤 미로를 뚫고 나가는 사람, 또는 그런 경험은 우리의 예상과 기대를 초월하여 항상 우발적인 발견으로 다가온다. 물론 그 발견의 당사자가 가장 기쁘고 가장 흥분된다. 그 발견이 있기까지 워낙 고생을 많이 해온 까닭에 그 사건은 감사와 감격의 동인이 되기도 한다. 무엇보다 그것의 가치를 알아보고 자신의 모든 소유를 팔아서 그 보화를 얻고자 은밀한 거래를 했을 심중을 상상해보자. 자신의 구질구질한 삶을 뒤집어 새로운 전기를 맞고자 하는 강한 의지를 엿볼 수 있지 않은가?

이렇듯, 인생도 공부도 발견의 기쁨과 함께 개화한다. 물론 이런 발견은 자주 생기지 않는다. 그것은 세속적인 맥락에서 평범하게 말하면 인생의 대반전을 이룰 만한 성공의 기회이기도 하다. 80세를 훌쩍 넘기신 내 부친의 경험철학에 의하면 그런 우발적인 기회는 평생 한두 번, 대체로 공평하게 누구에게나 찾아온단다. 다만 그것을 중요한 순간으로 포착하고 전력투구하는 자와 그렇지 못한 자가 갈릴 뿐이라는 것이다. 이런 주관적 분석에 일리가 있다면, 방식과 규모는 다를망정 우리 삶의 심연 속에는 이런 우발성의 은총을 각자의 잠정적인 몫으로 품고 있는지 모른다.

그러나 분명히 확인해두어야 할 것은 예수가 이런 비유를 세속적인 성공 욕망을 부추기기 위해 전한 것이 아니라는 사실이다. 그는 무려 천국의 수준에서 발견의 기쁨을 말했다. 천국 공부가 아무리 성서와 신학 도서를 많이 읽고 높은 지식을 쌓으며 실력을 연마해도 그 초보적인 목표에조차 이를 수 없는 은총의 몫이 있음을 강조한 것이다. 소유보다 존재의 값어치가 늘 우선이지만 그 존재의 몫조차 발견한 보화를 제 몫으로 삼아 자기 내면에 담아둔 은근한 기쁨이 없으면 황량한 장식에 불과함을 알아야 한다.

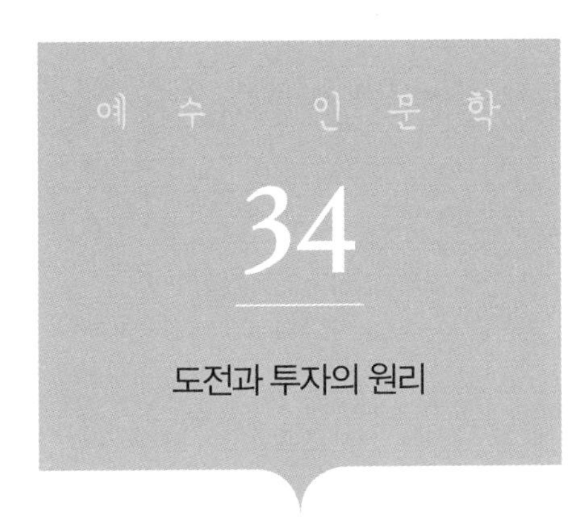

"또 천국은 마치 좋은 진주를 구하는 장사꾼과 같으니 그 사람이 극히 값진 진주를 하나 발견하매 가서 자기의 소유를 다 팔아 그 진주를 사느니라"(마 13:45-46).

천국은 농사와 같듯이 또한 장사와 같다. 장사는 농사보다 역동적이다. 땅을 상대로 묵묵히 씨를 뿌려 열리는 만큼 거두는 농사와 달리, 장사는 물건을 거래하면서 사람을 상대해야 하는데 그게 적잖은 고역이다. 사람의 마음이란 게 보이지 않고 또 정직하게 그 마음을 다 드러내는 게 아니기 때문이다. 열 길 물속은 알아도 한 길 사람 속을 모르는 감감한 사정을 장사판에서 두루 겪다 보면 장사의 이문을 남기기 위해 여러 겹의 마음을 준비하고 있어야 하는 게 아닌가 싶을 정도다.

내 장사의 이력은 미국에서 나올 때 차고 세일한 것과, 전주시에서 멍석 펴준다기에 집에 방치된 쓸모없는 중고품 모아 들고 한옥 마을 나가서 온종일 다 팔아 짜장면 값 번 것이 거의 전부다. 그러나 내가 초등학교 다닐 때 부친의 신발 가게에 한동안 머물면서 아버지가 장사하는 모습을 어린 마음에도 골똘히 관찰했던 기억이 지금도 선명하게 남아 있다. 내 부친은 그때 "밑지고 판다"는 말씀을 자주 하셨지만 한 번도 밑진 적은 없었던 것 같다. 소규모 영세한 장사꾼이든, 거창한 사업가든, 물건을 팔아 남의 돈을 벌기 위해서는 과장은 물론 교묘한 심리전을 견뎌내야 한다. 아브라함조차 장사의 현장은 아니었지만 소돔 성의 멸망을 앞두고 하나님과도 거래를 한 유명한 일화가 있지 않은가?

신약학계의 일각에서 도마복음을 엄청나게 중시하기도 하고(심지어는 공관복음보다 더 오래된 걸로), 또 그만큼 흥미로운 예수의 비전 어록들이 들어 있는 건 사실이지만, 이 복음서가 정경 문헌에 들어오지 않은 것은 오늘날 교회의 생존을 위해 천만다행이다. 왜냐하면 거기에는 "상인들은 천국에 들어가지 못하리라"는 말이 들어 있기 때문이다. 이 말이 교리적 잣대로 작용했으면 오늘날 교회 내에 상업에 종사하는 분들이 다 시험에 들어 교회를 떠났을지 모른다. 다행히도 도마복음서는 신약성서 정경에서 빠졌고 오히려 공관복음서에 나오는 예수의 가르침은 장사에 호의적인 대목이 많다.

천국을 진주 상인의 모험적 여정에 비유한 말씀에서도 상인이 주인공으로 등장한다. 천국은 진주와 같은 것이 아니라 그 값진 진주를 구하는 사람, 곧 장사하는 상인과 같다는 데 유의해야 한다. 물건은 아무리 값지다 한들 천국의 속살을 투영하는 매개물에 불과하다. 결국 천국을 발견하고 경험하며 누려야 할 당사자는 사람이다. 여기서 그 사람이 장사하는 상인으로 설정된 것이 흥미롭다. 그는 이 본문에 앞서 등장하는 또 다른 주인공인 소작농과 달리 땅을 파다가 예기치 않는 우발적인 순간에 보화를 발견하는 정황과 전혀 무관하다. 평생에 어쩌다 한두 번 찾아올까 싶은 그런 예외적인 기회를 일상의 꾸준한 페이스로 살아가는 것은 어리석다. 일상의 삶을 경영하려면 목표와 계획이 필요하고 또 주도면밀하게 상황을 분석하며 헤쳐 나가는 도전정신이 필요하다. 더구나 땅이 아니라 사람을 대하고 그 마음을 다루어야 하는 상인의 처지에서는 화끈하게 결단하여 수익을 올릴 수 있는 기회를 놓치지 않는 민첩한 순발력이 필요하다.

상인의 세계는 예나 지금이나 경기의 흐름과 특정 상품의 대중적 호감 정도를 잘 파악하여 그 현실에 정확하게 적응하는 감각을 요구한다. 동시에 오늘의 현실을 넘어 내일의 추세를 슬기롭게 예견하여 담대하게 투자하는 통 큰 결단이 필요하다. 내 주변의 사업가들을 보면 불경기에는 이미 벌어둔 돈을 까먹으며 때를 기다리는 경우가 있고, 호경기를 맞으면 엄청난 규모의 수익을 올리기도 한다. 그만큼 경기에 따라 부침이 심하다는 얘기다. 또 일 년 내내 별 거래 없이 조용히 지내다가 단 한 건의 큰 거래를 성사시켜 일 년 내내 벌 돈을 한꺼번에 다 벌어들이는 경우도 보았다. 본문의 진주 상인은 이런 현실에 잘 부합하는 인물이다.

그는 먼저 정보를 잘 꿰어 차고 있었다. 곧 어디에 진귀한 값어치의 진주가 있다는 사실을 사전에 파악하고 있었다. 돈 되는 곳을 향해 상업적 후각이 민감하게 작동하고 있었던 셈이다. 1세기 팔레스타인의 상업 판도에서 진주는 외국에서 수입하여 내국의 귀족이나 부유층을 상대로 팔아먹는 사치품으로 유통되었다. 당시 가장 상품성이 높은 진주는 대개 페르시아만 일대에서 채취된 것으로 알려져 있다. 이 진주 상인의 정보망에 포착된 그 값진 진주가 소장된 곳이 페르시아만이었다면 이 물건을 입수하기 위해 벌인 상인의 도전적인 투자 마인드가 얼마나 치열했는지 상상할 수 있다. 그는 값진 진주를 자기 손에 넣기 위해 자신의 모든 재산을 다 팔아, 어찌 보면 무모할 수도 있는 모험을 감행한 듯하다. 더구나 팔레스타인에서 그 아득한 목적지까지 도달하려면 강과 산의 위험, 강도의 위험, 현지에서 부대끼는 사기의 위험 등 온갖 위험한 장애물이 각지에 도사리고 있었을 것이다. 그런데 이 상인은 그 진주를 얻고자 전 재산을 건 모험을 했고 마침내 그것을 입수하고야 말았다. 이 도전적인 투자 정신이 승리했다는 것은 무엇을 말하는가?

여기서 이 상인이 진주를 발견했다는 것은 소작농이 남의 땅을 파다가 보화를 발견했다는 것과 비슷한 듯 보이면서도 미묘한 차이가 있다. 소작농의 발견은 자기 눈으로 직접 현장에서 발견한 저만의 것으로 은밀하게 관리되어 경쟁자가 없다. 그러나 진주 상인의 발견은 멀리서 간접적으로 접한 정보상의 발견이라서 경쟁자들이 그것을 동시에 차지하기 위해 덤벼들었을 만한 정황을 떠올려준다. 오늘날의 상황이라면 서로 최고가를 경신하며 물건을 따내고자 뜨겁게 경합하는 경매 현장의 분위기를 연상해도 좋다. 이 진주 상인의 발견에는 이처럼 치열한 모험정신과 과감한 투자마인드로 정보상의 발견을 실질적인 쟁취로 바꾸려는 진지한 도전의 자세가 필수적이었다.

천국의 세계가 진주 상인의 이런 자세와 무관치 않다면 우리의 구원을 이루어가는 과정에서 안이하게 복창하는 “오직 성서”, “오직 은총”, “오직 믿음”의 구호는 보다 구체적인 생업의 일상 가운데 거듭나야 한다. “오직”이란 배타적인 부사 속에서 우리는 그 구원의 책임을 하나님께, 성서의 계시 속에 떠맡겨둔 채 우리가 가지고 있는 모든 것을 이 천국의 여정에 걸지 않기 때문이다. 심오한 존재의 고상한 가치를 추켜세우고 우주와 영원을 논하길 좋아하는 사람들도 자신의 모든 소유를 다 팔아 한 가지 목표를 향해 집중하기란 극히 어렵다. 아니, 그렇게 전력투구하는 모험적인 도전정신의 주인공들이 이 땅에 거의 없거나 매우 드물다고 보는 게 정직한 현실 진단일 것이다. 더러 통 크게 사업하는 사람들이 큰 수익을 좇아 주식투자 등 돈 냄새가 나는 곳에 “올인”하는 경우가 있다고 하지만, 여기서 “값진 진주”를 그런 수준으로 전락시킬 수는 없다. 더구나 천국의 비유항으로 주목해야 할 것은 진주 자체가 아니라 그 진주를 구하기 위해 과감하게 베팅한 사람, 바로 그 장사꾼의 내면이다.

사람은 가치와 보람을 추구하며 일을 벌이는 존재다. 그 존재의 심연을 밝히기 위해 소유로써 일을 벌인다. 제대로 인생 공부를 하기 위해 책 한 권을 사더라도 지갑을 열어 작은 투자라도 해야 일의 계획이 수립된다. 우리는 존재 우위의 인문학과 초월 지향적 신학의 공부에 집중하면서 이를 위해 소유의 세계를 무시해온 감이 없지 않다. 존재는 추상적이라 묘연한 세계에 눙쳐둘 수 있고 모호하게 갈무리

하면서도 심오한 분위기를 피울 수 있지만 소유는 다르다. 계산해야 하고 분할해야 하며, 쪼개서 투자하고 그 이후의 상황에 대해 관리해야 한다. 그 소유물에 적용되는 도전과 투자의 원리를 방치하면 존재의 공부조차 무익하고 무용해진다.

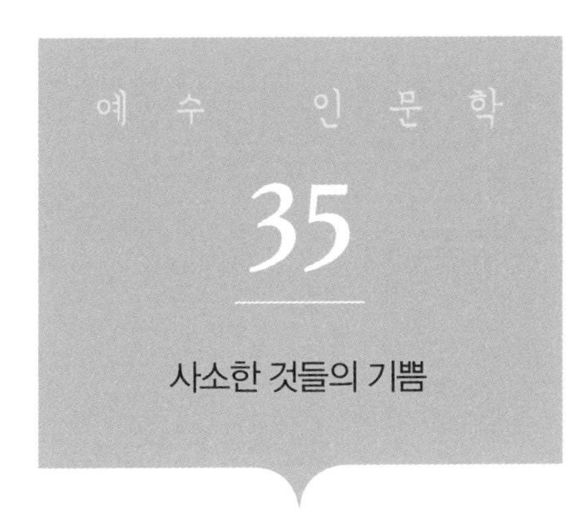

"어떤 여자가 열 드라크마가 있는데 하나를 잃으면 등불을 켜고 집을 쓸며 찾아내기까지 부지런히 찾지 아니하겠느냐?"(눅 15:8)

공부의 또 한 가지 요체는 상상의 밑자리에서 자신의 한계를 파악하는 것이다. 그래야 공부할 제 몸의 균형이 잡히고 무한한 상상의 흑암 속에 실종되지 않는다. 처음부터 무리하게 어려운 책을 빼들거나 남들이 중요하다고 추천하는 책을 겉멋으로 들고 다닌다고 그 책의 지식이 저절로 자신의 지성 속에 발효되지 않는다. 이 땅에 편만한 물량주의 가치관에 오염되어 공부의 범위를 더 크게, 더 높이 잡기만 하면 저절로 그 목표가 달성될 것만 같다. 그러나 그것은 환상이다. 사둔 책들은 점점 두텁게 쌓여가는데 새로운 책을 쌓아놓는 속도를,

읽어 소화하는 속도가 따라잡지 못한다. 그렇게 쌓여가는 책 먼지 위에 우리의 지적인 허영도 더 부끄럽게 쌓여간다. 그 가운데 번식하는 것은 공부의 거품이고, 잘 알지도 못하면서 매사 피상적인 관찰만으로 툭하면 나대는 냄비 성향이다.

어렸을 때는 큰 인물이 되겠다는 위대한 꿈을 자주 부추기면서 공부의 동기를 자극하는 게 미덕이다. 그러나 나그네 생의 반 고비를 지나면서 우리에게는 공부의 출구 전략도 필요하다. 많은 책들을 닥치는 대로 탐독하고 잡식성으로 게걸스럽게 뒤적여 소화하는 공부의 열정은 점점 더 해악이 되기 쉽다. 10년 만에 찾아간 내 박사 공부 시절의 지도교수는, 여든을 앞둔 연세에 자신이 경계하는 게 몇 가지 있는데 그것은 나쁜 음식과 함께 나쁜 책이라고 했다. 그 목록에 나쁜 사람도 들어 있었던 것 같다. 무엇이 나쁜지 그 나이쯤 되면 단순한 기준에 따라 대강 감이 잡히는 모양이다. 딱히 무엇을 찍어 나쁘다고 몰아세우지 않더라도 절제의 미덕은 공부길에도 적용된다.

잠이 오지 않을 때면 가끔 내 서재에 먼지를 뒤집어쓴 오래 묵은 책들을 한 권씩 빼어 몇 페이지 듬성듬성 읽는 버릇이 생겼다. 중년의 불면증에는 계시적 의미가 있다고 애써 믿어보았다. 불면 중에 옛 역사 기록을 찾아 왜곡된 현재를 바로잡은 아하수에로 왕의 일화에 기대어 나는 그런 믿음을 정당화했다. 그중에는 대학 시절 폼으로 사둔 칸트의 『순수이성비판』 같은 난해한 형이상학 책도 있었고, 누구에게 증정받은 책 중 허접하게 여겨 구석에 꽂아둔 불쌍한 책도 있었다. 난해한 책에서는 어려운 몇 구절이 술술 풀려 사소한 이치에 눈을 뜨며 시간의 은총을 경험했다. 허접한 책의 한구석에서는 몇 문장을 곱씹으면서 쓰레기통에서도 쓸 만한 물건을 줍는 가난한 이들의 정성 어린 생계 노동에 담긴 의미를 연상하며 빙그레 웃었다.

이처럼 사소한 것들, 방치된 채 먼지 뒤집어쓰고 소외된 대상들, 늘 함께 있어 소중한지 몰랐다가 잃은 뒤 재발견한 것들은 최초로 발견한 화려한 것들에 비해 감정적인 격동은 떨어지지만 음미할수록 잔잔한 기쁨을 선사하는 공부의 또 다른 묘처다. 그 묘처에 눈을 뜨려면 우리는 먼저 자신의 존재를 과잉으로 부풀리려는 허황된 거품을 제거해야 한다. 특히 매사 위대함의 자의식에 휘둘리며 거창한 사명이나 숭고한 목표에 맞춰 제 공부의 에너지를 전폭적으로 투여하려는 맹목적인 의욕에 대한 서늘한 성찰이 필요하다.

우리가 여전히 위대함에 집착하는 콤플렉스의 훈장을 달고 산다면 그 사고 반경이 유아기에 매여 있다는 증거다. 이는 우리 역사 속에 세계사적인 차원의 위대함을 과시할 만한 것이 별로 없다는 자괴감의 발로일 수 있다. 또는 대중적인 주목을 받아 어떻게든 튀어야 성공한다는 강박감을 팽창하는 야망의 깃발에 매달아 휘날리고 싶은 자기 현시욕의 증거인지도 모른다. 그 어떤 경우든 이 땅에 만연한 순교자적 자의식과 영웅주의적 자기팽창 심리는 무엇을 해도 위대함의 꼭짓점을 지향하고 거창한 구호의 소용돌이를 조장한다. 그 사회심리적 병리 현상을 잘 살피고 이 땅의 문화에 드리워진 집단무의식의 그늘을 섬세히 분석하면서 우리는 그 거품을 걷어내야 한다. 그 대신 공부를 통해 경험하는 사소한 것들의 기쁨이 어떻게 우리 삶을 풍요하게 하는지 숙고하면서 새삼 잃어버린 것들의 재발견이 필요하다.

잃은 것을 찾는 주제로 세 가지 비유를 연달아 전하고 있는 누가복음 15장은 그중 한 비유에서 열 드라크마의 은화를 가진 여인이 그 하나를 잃고 찾는 모습을 전경에 투사해 보여준다. 데나리온이 로마의 화폐였다면 드라크마는 고대 그리스의 화폐로 그 액수는 거의 동일하게 일반 노동자의 하루 품삯에 해당되었다. 오늘날 노동자 하루 품삯을 8만 원 정도로 친다면 열 드라크마는 대략 80만 원 안팎의 액수에 해당된다. 많다면 많고 적다면 적을 수 있는 액수의 돈이다. 그 돈이 은화라고 했을 때 이 돈에는 독자에게 알려지지 않은 어떤 상징 가치가 숨어 있었는지 모른다. 이 여인이 가난했고 이 돈으로 혼례를 치를 계획이 있었는지, 아니면 누구에게 증표로 받은 선물이었는지 알 수 없다.

그러나 예나 지금이나 인간의 보편적 심리에 비추어 공통적인 점은 누구나 자신이 아끼는 물건이 있다는 것이다. 그것이 꼭 드라크마 은화라는 화폐일 필요는 없다. 귀한 분에게 받은 선물일 수도 있고, 추억이 깃든 명품일 수도 있으며, 페티쉬의 가치를 지닌 사적인 애용품일 수도 있다. 어떤 이는 늘 사용하는 만년필이나 손톱깎기, 귀후비개가 눈에 안 보여도 마음이 불안해지고 하루의 리듬이 엉클어진다고 한다. 이해할 만한 사연이다. 나 역시도 늘 곁에 두고 사용하는 한두 가지 물건이 사라지면 온 신경이 곤두서고 하루 일과가 손에 잘 잡히지 않는다. 이 여인이 가진 열 드라크마 역시 단순한 화폐가치를 넘어 그런 의미심장한 소장품이 아니었을까? 그중 한 드라크마를 잃어버렸으니 얼마나 신경이 쓰이고 몸이 달았을까? 그래서 등불까지 켜고 집을 쓸며 부지런히 찾았다는 것이다.

포기하지 않는 집요한 추적 끝에 실내의 한 공간에서 찾아낸 드라크마 하나로 인해 이 여인은 신이 났다. 저 홀로 기분 좋아하는 데서 그친 게 아니라 이웃과 벗을 불러 모아 이 은화 한 닢의 재발견을 기리며 더불어 축하하고 즐겼다고 한다. 너무 심한 과장 아닌가 싶은 의혹이 생길 만한 장면이다. 이웃과 친구까지 부르려면 음식이라도 한 상 차려내야 했을 텐데 이를 위해 소요되는 비용이 한 드라크마 이상 되지 않았을까? 물론 이런 물량적 가치에 국한해 이 비유의 의미를 새길 필요는 없다. 이 비유의 말미에 예수는 이 땅에서 회개하는 죄인 한 사람을 하나님이 얼마나 기뻐하는지 논평함으로써 그 의중을 드러낸다. 그러나 그 메시지 이전의 메시지를 주의해 살펴보면 회개의 메시지 이외에 공부의 메시지가 포착된다.

그 메시지의 이면은 이 여인처럼 평범하게 살았을 사람들의 목소리를 담아낸다. 그 목소리는 남들이 사소하게 볼 만한 평범한 것들의 가치와 의미를 재발견함으로써 누리는 은근한 기쁨을 증언한다. 나이 들면 어렸을 적 먹었던 평범한 음식이 생각나 그것을 즐긴다. 마찬가지로 위대함에 목매달고 살아온 인생들이 공통적으로 사소한 것들과 재회하면서 얻어 누리는 즐거움이 있다. 평범한 일상의 의미를 깊이 새기며 감사하는 순간 깃드는 공부의 감격도 그 즐거움의 일부다. 우리를 격렬하게 흥분시키는 것들의 기쁨은 대개 다른 것들을 압도하거나 이겼을 때 환호하는 승리의 감격을 닮아 있다. 이런 경쟁의식의 과열이 폭력으로 번지면서 위대함의 포효도 반짝 스쳐간다. 예수가 추구하고 보여준 하나님 나라는 이와 다르다. 하찮고 사소한 것, 작고 적은 것, 별 볼일 없어 쉬 잊히고 잃어버리는 것에 그는 민감한 촉수를 드리운다. 보잘것없는 것들을 다시 찾아 소중함을 깨치는 사람의 고요한 길에는 벼락같은 공부의 축복이 찾아온다.

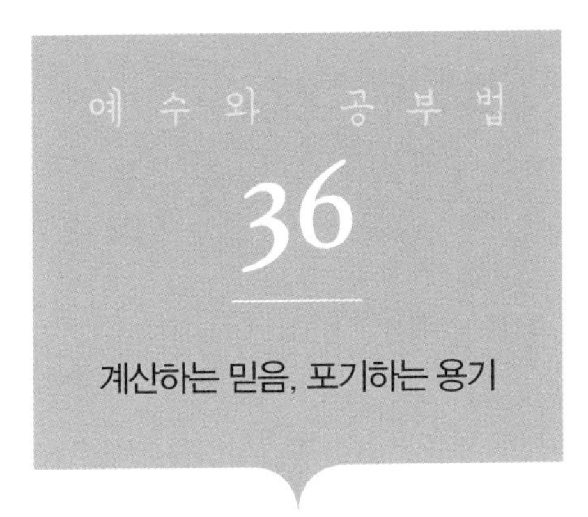

"너희 중의 누가 망대를 세우고자 할진대 자기의 가진 것이 준공하기까지에 족할는지 먼저 앉아 그 비용을 계산하지 아니하겠느냐?"(눅 14:28)

믿음을 끝까지 견지하는 것이 공부에 큰 힘이 된다. 그러나 무모하고 맹목적인 믿음을 끝까지 붙들고 있다가 파산하는 경우도 많다. 그래서 믿음도 공부의 견지에서 냉정히 살펴보면 조율이 필요하다. 조율하면 의심이 들고 의심하면 참 믿음이 아니라고? 그러나 때로 계산하는 것도 믿음의 일부이고 도중에 포기하는 것은 대단한 용기다. 왜냐하면 그래야 좋은 공부를 할 수 있고 규모 있게 잘 살 수 있기 때문이다. 가령, 십자가를 지고 예수를 따라야 하는 제자의 공부길은 아무런 준비 없이 저돌적으로 대드는 즉흥적인 도박이 아니다. 신실한 제자가 되려면 그 믿음에 섬세한 분별이 잇따라야 한다. 그 분별은 계산까지 포함하는데 이는 번거롭고 때로 구차할망정 책임지는 믿음으로 신실해지기 위한 필수조건이다. 예수의 제자로 공부하고 그분을 따른다는 게 겉멋의 과시가 아니라 자신의 삶이 총체적으로 연루된 신실한 여정이란 걸 인정한다면 이 점을 깊이 고려해야 한다.

담임하는 교회가 없는 한 목사님이 설교 청탁을 받아 교회 예배에 갈 때 100달러를 헌금하는데 사례금을 100-150달러 받아 숱한 공력을 기울인 설교 노동이 생활에 실질적으로 기여하는 몫은 거의 제로라는 이야기를 읽고 씁쓸한 뒷맛이 남았다. 웬만하면 묻어두고 감추는 게 상책일 이런 얘기를 간증 삼아 공개적인 글쓰기 공간에 토로하기까지 그 내면의 고역이 오죽했을까 싶다. 목사로서 내는 그 100달러의 헌금에는 예배드리는 하나님에 대한 감사의 의미와 함께 초청한 교회에 대한 다소간의 예의까지 포함되었을 것이다. 그가 받은 사례금 속에도 교회마다 차이가 크겠지만 관행에 준하여 설교한 목사를 향한 최소한의 정성과 예의를 담은 것이라고 변명할 수 있겠다. 요약하면 하나님과 교회, 그 구성원들과 설교자 사이에 믿음을 매개로 이런 주고받음의 관계가 성립되고 이행된 셈이다. 따라서 그 "믿음"에는 수평적인 차원과 수직적인 차원이 두루 아우러져 있다고 볼 수 있다.

믿음은 기독교인들의 신앙적 삶을 규정하는 거룩한 초월의 동력이기도 하고, 부조리한 인간관계를 방치하며 정당화하는 이데올로기가 되기도 한다. 더 심한 경우에는 한 인간의 존엄을 구겨버리고 그 생명을 압살하는 흉기나 흉물이 되기도 하는 게 바로 이 믿음이란 도

그마다. 한국 교인들에게 "믿습니다"라는 신앙고백의 주조는 저런 믿음이란 어휘의 스펙트럼을 신학적으로 정밀하게 성찰하기 이전에 형성된 내면의 심리적 욕구의 응어리이거나 그것이 회집하여 만들어 내는 집단적 쏠림의 도가니일 경우가 많다. 대체로 감정적인 자기 확신의 열정과 결부되는 성향이 강한 듯하다. 예수에 대한 사랑 고백의 열정이 특히 그렇다. 베드로가 예수의 부름에 갈릴리 바다로 뛰어든 화끈한 자기 투여를 실천적인 산 믿음으로 높이 떠받드는 추세도 여전하다. 그러나 상식적으로 무모해 보이는 이런 종류의 "착한 믿음" 콤플렉스는 평생 한두 번의 우발적인 기회에 깃드는 은총의 선물로 간주하는 게 좋다. 실제로 베드로조차 시도 때도 없이 갈릴리 바다로 뛰어들지 않았음을 기억해야 한다. 평정심의 차분한 상태에서 보다 합리적으로 계산하고 어리석음이 깊어지기 전에 포기하는 용기를 증진했으면 좋겠다.

누가복음의 망대 비유에 이런 공부길을 뒷받침하는 중요한 이야기가 나온다. 한국적 특수성 속에 많이 외면되고 있지만 이는 신실하면서 동시에 현명하고자 하는 이들이 깊이 곱씹어봐야 할 교훈이다. "너희 중의 누가 망대를 세우고자 할진대 자기의 가진 것이 준공하기까지에 족할는지 먼저 앉아 그 비용을 계산하지 아니하겠느냐?" 그렇게 정확하게 계산하여 예산을 짜지 않고 무턱대고 공사를 벌이면 기초만 쌓고 망대를 완성하지 못하게 된다는 것이다. 그렇다면 이를 본 사람들이 비웃게 되고 이로 인해 수치를 겪게 되지 않겠느냐는 말씀이다.

이 비유가 십자가를 지고 예수를 따르는 제자도의 교훈에 연이어

나온다는 사실이 흥미롭다. 우리의 막무가내 식 믿음에 충실하자면 기존 예산의 적정성을 따지고 망대를 짓는 것은 믿음의 결여이거나 믿음의 부재다. 감당할 자금이 10분의 1만 되어도 망대 공사를 시작해야 충만한 믿음이고, 그래서 일단 저지르고 보는 것이 훌륭한 믿음이다. 동시에 그 부족분을 하나님이 꼭 채워주시리라고 확실히 믿는다. 그러다 자금이 고갈돼 공사가 중단되면 다시 하나님께 부르짖어 활로를 열어달라고 믿음으로 간구하면 되니 염려할 것 없다.

그러나 예수의 말씀은 분명히 이런 계산 부재로 망대 공사가 도중에 중단될 경우 봉착할 수치의 대가를 이야기한다. 평이하게 행간의 메시지를 읽으면 하나님이 우리에게 기본적인 산수 능력을 머릿속에 주셨는데 그 정도의 더하기 빼기조차 못하여 곤경을 자초하느냐는 것이다. 계산하는 믿음이 없었기에 일찌감치 포기하는 용기를 낼 수 없었다. 이 비유의 교훈을 다른 말로 바꾸면 "누울 자리를 보고 다리를 뻗으라"는 것이다. 겨자씨만 한 믿음으로 산을 옮기고 죽은 자를 살리는 기적의 실현 여부는 하나님의 몫이지 우리의 허세와 어리석음의 미끼가 아니다. 거기에 담긴 시적인 상상력과 문학적인 수사를 놓치고 격렬한 자기최면의 꼼수를 믿음으로 정당화할 수는 없는 노릇이다.

망대 공사보다 더 심각한 계산을 해야 할 때는 수많은 사람의 목숨이 오락가락하는 생사의 기로에서 작용하는 계산이다. 망대 비유에 연이어 등장하는 한 임금의 비유(눅 14:31-32)가 그 적절한 사례다. 한 임금이 일만 명으로 다른 임금의 이만 명 군사를 대적해 싸워야 하는 상황에서 꼼꼼히 그 싸움의 현실을 따져 전혀 승산이 없다고 판단될 때 미리 사자를 보내어 화친을 청하는 게 상책이 아니겠느냐는 것이다. 여기서 강조된 것은 생존 지향적 지혜다. 그렇지 않고 무모하게 전투를 벌여 자기 군사들을 다 죽이고 임금도 함께 장렬하게 전사하면 어떻게 되는가? 이 또한 용감한 믿음의 증표로 남겠지만 그 싸움이 그럴 만한 값어치가 있는 싸움인지가 관건이다. 자신의 모든 것을 걸 때, 그것이 꽉 찬 자기의 때가 아니라면, 무모한 데 자신의 목숨을 걸 이유는 없기 때문이다. 이런 경우 혹자는 이순신 장군이 사즉생의 각오로 12척의 배로 300척이 넘는 왜선과 대항하여 승리한 명량대첩을 예로 든다. 그러나 그것은 수천 년 세계전쟁사에 어쩌다 한두 번 기록된 예외적 사건일 뿐이다. 그 예외를 믿음으로 밀어붙이듯 일반화하면 개인도 공동체도 망조가 든다.

망대 비유의 후일담이 이어지지 않아 아쉽지만 그 역시 우리의 문학적 상상력이 개입해야 할 해석의 여백이다. 이 망대 공사는 수치를 대가로 뭔가 깨달았다면 그 공사의 주체들이 천천히 나머지 공사 대금을 마련할 때까지 당분간 포기하고 유예하는 것이 상식적 행로다. 여기에 "포기하는 용기"가 중요하게 작용한다. 그것을 우격다짐으로 밀어붙이기 위해 여기저기 빚을 내고 무리수를 두면서 그 장벽을 믿음으로 뚫어내리라고 간구하는 것은 하나님에 대한 협박이 될 수 있다. 나아가 그건 하나님을 제 고집으로 조종하려는 신성모독으로 번질 가능성이 농후하다.

내 공부의 자세를 표상하는 망대 공사는 애당초 주도면밀한 기획과 정상적인 예산과 함께 시작된 것일까? 그 공사 도중에 작동되는 믿음이란 말 속에 자기기만의 휘발성 최면은 없는 걸까? 파탄이 난

망대의 흉물을 대하면서도 그 앞에서 주구장창 하나님을 부르대며 그 애물단지를 끌어안는 인간의 밑 빠진 욕망의 허구렁은 어찌 다루어야 할 것인가? 미완성의 믿음으로 하는 미완성의 공부가 차라리 아름답다. 처음부터 다시 계산하면 된다. 우리가 어려서 국어와 함께 산수를 배우는 뜻 가운데는 하나님의 아름다운 세상을 잘 표현하면서 깊이 계산하라는 뜻도 숨어 있지 않을까?

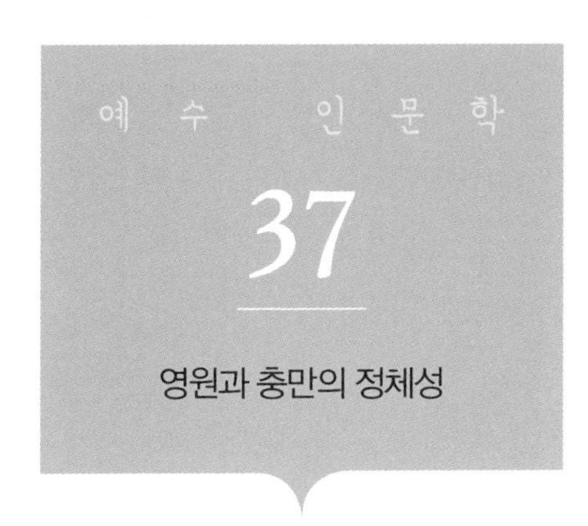

"우리 조상에게 말씀하신 것과 같이 아브라함과 그 자손에게 영원히 하시리로다"(눅 1:55).

특정한 종교적 신앙에 자신의 운명을 비끄러맨 사람들에게 정체성은 중요하다. 자신이 누구인지를 한 맥락에서 제대로 배우지 못하면 공부길이 혼란스럽다. 그래서 정체성 공부는 자신의 현재에 디딤돌이 되면서 미래의 공부를 지시하는 풍향계 역할을 한다. 그러나 정체성도 정체성 나름이다. 한없이 옹색하게 오그라드는 정체성도 있고 광활하게 펼쳐지는 정체성도 있다. 예수를 잉태한 마리아가 찬가를 부르며 과거의 조상들과 자손들에게 영원한 계시를 매개로 축원할 때 그 정체성은 "우리 조상"과 함께 아직 오지 않은 "자손"의 영원한 미래로 충만하게 뻗어나가는 무한의 정체성을 암시하고 있다. 그것은 과거의 장구한 내력에 기반을 두고 현재 진행 중이며 동시에 미래로 팽창하는 우주의 리듬 가운데 꾸준히 지속되고 있다.

야곱이 제 형 에서를 속인 업보로 야반도주하듯 달아나다가 벧엘에서 꿈을 꾸고 하나님을 만난 뒤 그가 내뱉은 일성은 이러했다. "여호와께서 과연 여기 계시거늘 내가 알지 못하였도다"(창 28:16). 이 고백은 야곱의 하나님 야웨가 그간 자기 동네, 자기 가족을 지켜주는 일개 가족신이나 씨족신 정도로 알았는데, 이제는 그분이 벧엘이라는 낯선 땅도 관할하시는 신이라는 깨달음을 전제하고 있다. 신에 대한 공간적 인식 지평이 제 동네에서 벧엘까지 넓혀지는 순간이었다. 이후 야웨 하나님은 12지파를 묶은 이스라엘 민족의 신으로 한참을 기동하다가 바벨론 포로기를 전후하여 열방을 품는 분, 이방인까지도 사랑하시고 불쌍히 여기시는 분으로 그 신학적 인식의 지평을 대폭 확장해나갔다. 그러나 모세의 율법에 뿌리내린 유대교의 민족주의 정념은 워낙 끈질기고 막강한 것이어서 예수 당시에도 그 정체성의 보루는 견고해 보였다.

예수가 아브라함의 유대교를 계승한 증표는 그가 팔레스타인의 잘난 이스라엘 선민의 범주에 머물지 않고 두로와 시돈, 빌립보 가이사랴, 데가볼리, 사마리아 등지로 다니면서 당시 정통 유대교의 경계를 집적이며 하나님 나라의 복음을 활달하게 전했다는 것이다. 그러나 그는 동시에 모세의 유대교 전통도 존중하면서 나병 환자로 하여금 치유 결과를 검증받기 위해 제사장을 찾도록 했다. 갈릴리 사역에서도 제자들에게 "이방인의 길로도 가지 말고 사마리아인의 고을에도 들어가지 말고 오히려 이스라엘 집의 잃어버린 양에게로 가라"(마 10:5)고 그 선교 반경을 제한하기도 했다. 그러나 이후 두 세대쯤 흘러 마태복음을 쓴 저자는 예수의 부활신앙을 체화하여 그분의 영적인 확신을 이렇게 선언하면서 종래 역사적 예수의 선교신학적 정체성을 부활의 지평 너머로 대폭 확장시켰다. "너희는 가서 모든 (이방) 민족을 제자로 삼아 아버지와 아들과 성령의 이름으로 세례를 베풀고 내가 너희에게 분부한 모든 것을 가르쳐 지키게 하라"(마 28:19-20). 그렇지만 이 새로운 신앙 전통이 정통 유대교의 섹트에서 탈각하여 "그 도"(*to hodos*)로서 새로운 정체성을 얻고 "그리스도인", "그리스도교"로 자리매김하기까지는 적잖은 진통과 함께 아주 오랜 세월, 꽤 진득한 역사적 경험이 필요했다.

사도행전(10장)의 고넬료 이야기와 이른바 "안디옥 사건"(갈 2:11-14)이 암시하듯, 정통 유대교의 변두리적 정체성에 머물 것인지, 아니면 새로운 정체성을 창조하여 껍질을 깨고 독립할 것인지의 진통이 마침내 약이 되어 기독교는 유대교의 특수한 정체성을 벗어나 기독교 나름의 보편적 정체성을 확립하기에 이르렀다. 그 보편주의적 정체성의 확산이라는 바통을 이어받은 바울 사도의 기여는 혁혁한 것이었다. 그 역시 유대인과 유대교의 과거 기반이 정체성의 보루였고 대체로 그 범주 안팎을 오락가락했다. 하지만 아레오바고의 연설을 통해 그가 날린 큰 홈런은 이후의 역사를 선취한 통쾌한 한 방이었다. 그는 거기서 이스라엘의 민족신 야웨 하나님을 전혀 알지 못하는 이방인들 앞에서 그들의 전통 속에 축조된 한 비문에 새겨진 "미지의 신에게"라는 문구에 착안하여 그 미지의 신을 만유의 하나님과 접속시켜 변증하고자 했다.

아울러 이 연설에서 "우리는 신의 소생이라"(행 17:28)는 이방 시인 아라투스의 시구를 인용하여 그는 이 이방신과 이스라엘 신 사이에 있는 막힌 담을 허물었다. 이질적인 타자를 향한 바울(또는 누가)의 신학적 연금술이 빛나고 그 융합적 상상력이 돋보이는 지점이었다. 그 뒤로 여전히 진통이 컸지만 역사의 흐름은 면면하여 유대교의 변두리에 정통의 일부로 기생하고자 했던 유대적 그리스도교는 기원후 4세기경까지 이단 섹트로 전전하다가 역사의 지평에서 실종되어버렸다. 반면 바울의 보편주의 복음은 결국 승리하여 역사의 대세를 이루어나갔다. 이후 그리스도교는 고대와 중세를 거치면서 신플라톤주의와 신피타고라스주의, 아리스토텔레스 철학 등의 그리스 사상을 대폭 수용하고 변용하는 과정에서 신학적으로 더 풍성해져갔다. 이교도의 신앙 전통과 관습도 과감하게 흡수하여 나름 토착화해나갔다. 그렇게 그리스도교의 정체성은 역사의 특정 울타리 안에 갇혀 화석화되길 거부했고 오히려 정통으로 고착된 전통을 해체하면서 새로운 정체성의 돌파구를 열어갔던 것이다.

루터와 칼뱅, 츠빙글리 등이 종교개혁운동의 선봉에 서서 개신교 신학의 전통적 기틀을 형성한 것은 역사적 사실이다. 그러나 그 이후 500년간 신학의 흐름에는 눈부신 진보가 있었다. 웨스트민스터신앙고백문과 대소요리문답 등의 교리적 체계 역시 유럽의 교회가 겪어낸 역사적 경험이 이룬 소중한 성과임에는 틀림없다. 그러나 역사적 경험의 지평이 거기서 멈춘 것은 아니다. 신학의 진화도 꾸준히 계속되었고 인간의 언어와 문화, 사상이 깊어지고 넓어짐에 따라 신을 인식하는 지평 역시 놀랍도록 확장되었다. 그 가운데 기존의 정체성이 해체되어 새로운 울타리로 재구성되는 사건도 피할 수 없는 하나님의 역사계시 속에 이어졌다.

이렇듯 우리의 정체성은 오로지 무한을 내다보며 하나님의 충만을 소망하는 중에 가까스로 그 역동성과 탄력성을 유지하면서 부패와 소멸을 피해갈 수 있었다. 기존의 전통 교리가 끊임없이 재해석되면서 그 편협한 "정통"의 거푸집을 해체해나갈 때 개혁주의의 본질적 가치도 성취될 수 있다. 또한 훨씬 이전에 이미 신약성서가 전망한 대로 만유와 함께, 만유 안에서, 만유를 넘어 날아가시는 하나님의 영원과 그 충만의 지점을 상상할 수 있을 때, 우리의 정체성은 역사 앞에 정당성을 획득할 수 있을 것이다. 반대로 온갖 초월성의 가치가 역사 속에 성육화하지 못할 때 그 언저리에서 번식하는 것은 결국 종교 권력화의 유혹에서 자맥질하느라 정신없는 자기기만과 자폐성의 늪이다.

성서가, 또 그 중심인 예수 그리스도가 담백하게 증언하는 우리의 신앙적 기틀과 신학적 정체성의 궁극적 보루는 하늘의 우리 아버지가 온전하심같이 우리도 온전해지는 것이다. 물론 존재론적으로 우리는 그 신적인 무한과 충만을 고스란히 이 연약한 육체적 삶 속에 담아낼 수 없다. 다만 우리의 목표가 그리로 활짝 열려 있도록 꾸준히 자신의 오그라드는 정체성을 해체하고 재구성해나갈 수는 있다. 바로 그때 우리는 하나님 앞에서 더욱 경건하게 그분의 온전하심을 닮아 그 무한과 충만의 미래를 현재의 순간에 간신히 살아낼 수 있는 것이다. 그것이 예수를 믿는 나의 신앙적 정체성이고, 그가 가르쳐준 하나님을 연구하는 나의 신학적 정체성이다. 나는 또 그것이 성서의 하나님이 우리에게 오래전에 가르쳐주신 진정한 개혁주의의 정체성이 되어야 한다고 본다.

요컨대, 정체성은 고여 있는 우물의 은유적 관념이 아니라 전방위적으로 열려 있는 무한과 영원을 향한 충만의 에너지가 역사 속에 내려앉을 때 비로소 유의미해지는 역동성의 또 다른 이름이다. 이처럼 약동하는 생명 개념으로 정체성(正體性)을 보지 않으면 그것은 역사에 떠밀려 초라한 정체성(停滯性)으로 퇴락해갈 뿐이다. 그 자리가 또 공부의 갈림길이다.

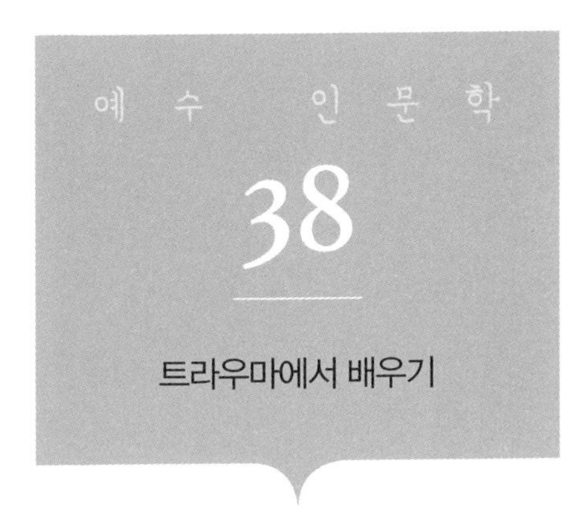

"그때에 두 사람이 밭에 있으매 한 사람은 데려가고 한 사람은 버려둠을 당할 것이요, 두 여자가 맷돌질을 하고 있으매 한 사람은 데려가고 한 사람은 버려둠을 당할 것이니라"(마 24:40-41).

우리말 "외상"으로 번역되는 "트라우마"(trauma)라는 말의 사전적 정의는 이렇다. "사람들에게 오랫동안 정신적·정서적 문제들을 지속하도록 야기할 만큼 극히 힘겹거나 불쾌했던 경험"(merriam-webster 영어사전). 이는 통상적인 일반 개념이지만 동시에 이 어휘는 외부적인 요인으로 생체에 야기된 심각한 외상과 함께 내면적 혼돈과 고통을 남기는 경우를 일컫는 의학적 전문용어로 사용되기도 한다. 우리 삶에는 이런 트라우마의 흔적이 다들 남아 있다. 개인적인 혹독한 경험뿐 아니라 공동체 단위로 겪은 역사적인 비참의 경험도 우리 내면에 그런 그늘의 흔적을 새겨두어서 비오는 날 신경통이 도지는 노인의 육체처럼 우리의 정신도 특정 기억이 출몰하는 순간 진저리치듯 자주 덧나는 트라우마의 상흔을 평생 안고 살아간다. 따라서 이런 내면의 흉터를 어떻게 다스리느냐에 따라 이로써 자신의 공부에 보탬이 되기도 하고, 마음속에 은근히 원한의 감옥을 키워 공부길을 망치기도 한다. 이런 관점에서 공부의 영역을 심화해가다 보면 인간과 세상, 성서와 역사의 광휘에 가려진 내밀한 그늘이 더 자세히 보이고 자신의 존재를 객관적으로 성찰하는 데 적잖이 도움이 된다.

중학교 2학년 때, 어느 날 식후의 무료를 달래기 위해 친구랑 10원짜리 동전으로 "짤짤이"란 걸 했다. 이후 5교시 수학 수업 시간에 날벼락을 맞았다. 수업 도중 역시 수학 담당이었던 불독 같은 생활지도부 선생이 들어오더니 날 바깥으로 불러냈다. 영문도 모른 채 나가니 그 불독은 내가 도박을 했다는 신고가 들어왔으니 이실직고하라며 몽둥이를 내 코끝에 들이댔다. (박통 시절의 그 충량하던 신고 정신!) 아무리 더듬거리며 해명해도 통하지 않았다. 그것은 재난의 끝이 아니라 시작이었다. 울분을 삼키며 교실로 들어오는데 내 입에서 터져 나온 "씨이~"라는 말을 수업을 진행하던 수학 선생이 예사롭지 않게 들었던가 보다. (내 기억에 분명히 "~발"은 삼켰는데도 말이다.) 그는 갑자기 내가 선생에게 욕을 했다며 이실직고하라고 윽박질렀다. 내가 그러지 않았다고 하니 그는 난폭한 말과 함께 분을 토하며 내 귀싸대기를 사정없이 갈겨대기 시작했다. 이렇게 두 수학 선생에게 예기치 않게 연발타를 맞은 이 사건 이후 난 수학이 싫어졌고 수학 선생이라면 무조건 무서워졌다. 당연히 수학이란 과목을 못하게 됐다. 숫자를 쳐다보기조차 힘들어졌을 정도다. 내 청소년기에 경험한 이 태풍 같은 트라우마는 이후 내게 인간 존재에 관한 모든 성찰의 원형 체험이 되었다.

살다 보면 억울한 일도 당하고 뜬금없이 황당한 일도 겪게 된다. 뜻대로 일이 풀리지 않아 생기는 좌절과 낭패의 경험은 또 얼마나 많은가? 그게 결국 상처의 기억으로 남는다. 그로 인한 트라우마를 해소하기 위해 사람들은 곧잘 자기연민에 빠져 동정에 호소하거나 그 굴절된 욕망이 전이 또는 투사된 대상을 향해 보복의 폭력을 행사하기도 한다. 그렇게 순환되는 잠재된 트라우마의 에너지는 우리에게 증오와 경멸, 분노와 냉소, 원한과 조롱의 파괴적 감정을 키워주는 매개적 역할을 하며 결국 콤플렉스의 숙주로 자리하게 된다. 한편 그 에너지가 이념의 차원으로 발산되면 우리가 흔히 접하는 온갖 근본주의와 묵시주의의 늪을 만들어 이 세상과 사람을 간편하게 양단하는 사악한 단순성에 물들게 한다.

이보다 더 나은 해소의 방식은 그 트라우마를 예술적인 창조 에너지나 학문적인 열정 또는 신앙적인 영성으로 승화하는 길이다. 그게 전부일까? 나는 얼마 전 제4의 길로 "알라모"(the Alamo)라는 또 다른 대안을 만났다. 그것은 주체적인 공화국의 미래와 주권자의 자유를 위해 용감하게 싸우다가 혁명의 전위로 장렬하게 죽는 길이다. 알라모는 선교교회가 요새가 되고 요새가 다시 성소가 된 곳이다. 1836년 당시 텍사스는 알라모에서 멕시코의 억압적 독재군주 통치에 저항하여 봉기했다. 수천의 군대를 이끌고 쳐들어오는 진압군의 대포에 대항하여 모인 200명의 결사대는 오로지 자유와 공화주의의 가치 아래 원근 각지에서 자원한 사람들이었다. 군인과 변호사, 의사와 문인, 농부와 사냥꾼, 주의원과 기술자가 그렇게 뭉쳐 13일간 용감하게 싸우다가 모두 전사하거나 붙잡혀 살육되었다.

이런 영웅적인 싸움의 자리는 그 비극을 승화하여 낭만적인 교훈을 위주로 전승되지만 그 비참한 전쟁의 현장을 목격하고 살아남은 이들에게 트라우마의 타격은 불가피한 현실이다. 마찬가지로 신약 시대 사람들에게 예수의 비극적인 죽음은 십자가 대속 사건으로 승화되기 이전 단계에서 내면의 홍역을 앓아야 했다. 또 기원후 70년 유대 전쟁의 참화 가운데 무너진 예루살렘 성과 성전의 현장 가운데서 그들은 세상의 종말을 보는 듯한 예리한 통증을 감내해야 했을 것이다. 그것은 그들의 평온한 일상의 철저한 파괴였고 구원의 희망을 짓뭉개는 폭력이었다. 무엇보다 생사가 갈리는 고통스러운 이별이 그 아수라의 살육과 함께 찾아왔을 것이다. 두 사람이 함께 밭을 갈며 일하는 가운데 한 사람이 갑자기 사라지고 한 사람만 뎅그러니 남거나 두 여자가 짝을 이뤄 맷돌질을 하다가 한 여자만 남고 한 여자가 홀연히 사라지는 이 공포는 전쟁이 남긴 엄청난 트라우마를 반영한다.

예수의 이 종말 예언 속에서 전 지구적 종말과 예수의 재림에 잇따른 휴거의 소망을 읽을 줄 아는 독자는 너른 시야를 지닌 사람이다. 그 소망의 이면에 담긴 트라우마의 경험과 그로부터 번져나오는 공포의 그늘까지 읽을 줄 안다면 그는 역사적 상상력을 갖춘 섬세한 독자임이 분명하다. 그런 독자는 당대의 아픔에 공감할 줄 알기에 공부의 밑천도 두둑하다. 피터 위어(Peter Weir) 감독의 영화 "행잉록에서의 소풍"(1975)을 본 사람은 여대생들의 소풍길에 발생한 그 기괴한 실종사건의 공포 가운데 잠재된 억압과 폭력의 경험이 트라우마를 매개로 어떤 비극적 사건을 만들어냈는지 실감할 수 있을 것이다. 아울러 1900년 애플야드 대학의 성 발렌타인 데이가 그 여학생들에게 겉보기와 달리 마냥 행복하지 않았음을 알 수 있다. 그들이 빅토리아 왕조의 엄숙주의 아래 불거진 탈주와 실종의 동기를 그 그늘에 감추고 살아왔기 때문이다.

트라우마를 보복과 연민의 늪으로 쟁여두는 자들이 많지만 그것은 너무 소극적이고 또 자기 파괴적이다. 그 들끓는 기억과 파토스의 에너지를 니체가 말한 "위대한 원한"으로 승화시켜 예술적 창작과 학문적 창조에 힘쓰는 경우는 훨씬 더 고귀하다. 동시에 한 시대의 지방 역사에 숨겨진 알라모의 길은 자유와 공화주의 투쟁의 상징적 선봉이다. 섣부르게 변용된 트라우마의 열정이 하루살이의 리듬으로 자폐적 묵시주의와 온갖 형태의 근본주의를 키우며 요동하는 세태에서 우리에게는 예술과 학문의 창조적 성채와 알라모라는 역사적 망명처가 필요하다. 다 저만의 두더지 구멍에 숨어 선정적인 관음증의 소재를 유포하고 세상에 호령하듯 용맹을 과시하는 세상이다. 그러나 그런 작은 구멍으로는 저 자신은 물론 스스로 몸담고 사는 가정이나 교회 공동체 하나 변화시킬 수 없다. 세상의 변혁이라는 구호는 그런 처지에서 민망할 뿐이다. 트라우마의 기억에 발목이 잡힌 채 온갖 파괴적인 기운을 쏟아내는 우리는 나 혼자 살아남고자 발버둥 치는 하루살이의 묵시적 세계관을 벗어나야 한다.

우리에게는 자기의 독한 상처마저 공부의 에너지로 승화시켜 갈고닦아야 할 창조적 노동의 현장이 필요하다. 구질구질한 트라우마의 덫을 벗어나 알라모 결사대처럼 자유를 위해 용감하게 싸우다 죽을 성소가 필요하다. 밭을 갈던 두 사람과 맷돌질하던 두 여인이 충격적인 실종의 공포에서 벗어나 그 상처를 다스리고 마침내 즐겁게 재회하는 꿈을 다시 꾸어야 한다. 내가 하늘을 독점하기 위해 너를 땅에 내동댕이치는 식의 저열한 묵시는 이제 그쳐야 한다.

"어리석은 자여, 오늘 밤에 네 영혼을 도로 찾으리니 그러면 네 준비한 것이 누구의 것이 되겠느냐?"(눅 12:20)

돈은 요물과 같아서 사람들을 다양하게 부린다. 소란스런 사람들을 일거에 침묵시키는 것은 사람의 말이 아니라 돈의 말이다. 또한 돈은 다양한 모습으로 변신하여 다양한 가치들과 뒤섞이면서 그 물질적 가치는 정신적 가치로 곧잘 승화된다. 이 세상에서 가장 냄새나는 자리는 돈과 명예가 만나고 돈과 권력이 결탁하는 자리다. 돈은 뇌물의 형식으로 사회적 지위도 보장해준다. 만사가 돈으로 통하는 자본주의 사회에서 그 힘은 좀처럼 빠질 줄을 모른다. 이런 권세를 떨친 돈은 일찍이 신령한 종교성까지 획득했다. "맘몬"이라는 명칭은 돈이 우상화된 신의 명칭이다. 예수는 당대에 돈의 신격화로 빚어지는 몽매한 미신을 타파하기 위해 단호하게 양자택일을 요구했다.

"하나님과 재물을 겸하여 섬기지 못한다"(마 6:24)는 가르침은 재물의 값어치를 무익한 것으로 단정한 교훈이 아니다. "섬긴다"는 말은 여기서 "경배"의 의미를 담고 있다. 따라서 재물이 섬김의 대상이 된다는 것은 우상숭배에 불과하다. 재물이 "맘몬"이라는 우상으로 신격화되어 경배를 받는 것은 피조물을 창조주 하나님 대신 섬김으로써 하나님의 권위를 훼손하는 탈선이다. 사용가치로 만들어진 재물을 섬김의 대상에서 탈피시켜 그 본래의 자리를 되찾아주기만 하면 이는 매우 유익한 삶의 수단이 되고 하나님의 선물로 감사의 조건이 된다. "돈을 사랑함이 일만 악의 뿌리"(딤전 6:10)라는 진단도 인격적인 사랑의 대상이 될 수 없는 돈의 위상을 잘못 이해한 것에 대한 비판일 뿐, 돈의 가치 자체를 부정하는 말씀은 아니다. 무엇을 지나치게 좋아하여 사랑에 빠지게 되면 그 대상에 복종하게 되고 사용하며 부려야 할 대상을 상전으로 떠받들게 된다. 이런 관계의 왜곡과 가치의 전도로 인해 발생하는 악이 수두룩한데 그중에 돈으로 인해 불거지는 문제가 가장 심각하다는 것이다.

돈에 대한 예의 몇몇 강력한 경고의 말씀은 역설적으로 돈에 대한 이중적 태도를 야기한다. 일만 악의 뿌리로서 돈 자체에 죄악이 깃들어 있는 것처럼 돈을 무서워하거나 더러워하는 태도가 그중에서 대표적이다. 문제는 돈 자체가 아니고 그 돈을 제대로 부리지 못하는 인간의 잘못된 가치관인데 말이다. 이런 태도를 일관되게 정당화하는 대표적인 관점은 금욕주의이지만, 금욕주의자가 아니더라도 일상적인 삶의 자리에서 돈을 화제 삼아 이야기하는 것을 금기시하는 경우는 많다. 돈에 대해 자주 말할수록 돈에 대한 탐욕적 관심을 더 높이고, 돈을 가까이 할수록 당사자의 마음이 더러워진다고 생각하기 때문이다. 이와 같이 돈에 대해 부정적이고 금욕적인 생각은 재물을 이 땅이 아닌 하늘에 쌓아두라는 예수의 또 다른 말씀을 매개로 교회에서 헌금을 독려하는 중요한 논리적 근거가 되어왔다.

그러다 보니 "정함이 없는 재물"이란 말이 본래는 사기와 뇌물 등과 같이 부당한 방법으로 축적한 것을 가리키는데도, 재물에 대한 부정적인 가치관과 결합하여 재물 자체가 부정한 것이라는 인식을 은근히 유포했다. 바울은 빌립보 교인들에게 받은 옥중 영치금을 "향기로운 제물"로 승화하여 거기에 신학적 의미를 부여했는데 말이다. 돈에 대한 이런 부정적 인식을 확산시켜 그것을 천국에 축적하는 방식으로 교회 공동체에 헌금하도록 유도하는 방식은 따라서 너무 유치한 논리다. 그것이 바로 돈에 대한 건강하지 못한 이중적인 태도를 극복하지 못하는 신학적 배경이기도 하다. 그 이중적인 태도란 사람들 앞에서는 공개적으로 돈을 하찮게 여기고 더럽게 욕하는 수사적인 연막을 피우면서도 커튼 뒤로 돌아서서 은밀한 구석에서는 돈을 밝히며 집착하는 탐욕스러운 마성을 드러내는 심리적인 분열의 결과다. 이런 이중성을 극복하지 않으면 돈에 대한 온당한 신학적 자리매김과 함께 우리 시대에 적합한 근대적 인식의 함양은 어려워진다.

예수는 "네 보물 있는 그곳에는 네 마음도 있다"(마 6:21)는 말씀을 통해 재화의 고유한 가치가 우리의 마음과 무관치 않은 견물생심의 이치를 매우 사실적으로 통찰했다. 인간의 마음을 윤택하게 하는 무소유의 가치가 아름답듯이, 그 무소유의 가치관을 소중하게 지탱하고 드러내주기 위해서라도 물질적인 가치가 뒷받침되어야 한다. 자신의 마음이 어떻게 돈과 재물을 대하느냐에 따라 마음과 보물의 관계는 건강하게 맺어질 수도 있고, 파행할 수도 있다. 간단히 말해 하나님의 선물로서 돈은 사람의 생명을 풍성하게 양육하고 윤택하게 향유하는 데 이바지하도록 사용할 때 빛을 발한다. 그것이 재물의 사용가치에 합당한 기본적인 가치 기준이다. 또한 일용할 양식과 인간의 기본적인 삶의 권리조차 누리지 못하는 가난한 이웃들을 위해 적절하게 배분하고 공정하게 관리할 때 돈은 인간의 얼굴을 달고 다가온다.

이처럼 간단한 원리가 돈의 가치와 목적에 합당한 지혜의 길을 제시함에도 불구하고 인간이 돈과 관련해 제대로 배우지도 깨닫지도 못한 결과 발생하는 부조리는 여전히 심각하다. 그중에 가장 큰 부조리는 재물을 많이 쌓아놓는 데 혈안이 되어 평생의 힘을 다하지만 그렇게 쌓아놓은 것을 제대로 사용하지 못한 채 인생을 마감하는 것이다. 구약성서의 지혜문헌, 특히 전도서는 이런 아이러니한 돈과 인생의 관계를 여러 곳에서 지적하며 지혜의 길을 촉구한 바 있다. 예수 역시 이런 지혜 전통에 근거하여 돈에 대한 공부를 역설한 것이다. 그 교훈의 핵심은 차라리 소박하다. 돈은 돈 자체를 위한 것이 아니라 인간의 삶을 풍성하게 만들기 위한 하나님의 선물이고 창조의 은총을 활수하게 나누고 누리는 매개체라는 것이다. 그 돈의 물질성은 그렇게 은총의 선물로 선순환할 때 인간의 정신에도 영향을 미쳐 우리의 생존뿐 아니라 고상한 삶의 가치를 추진하는 동력이 된다.

그러나 자신의 재물로 인해 하나님께 감사도 없고 가족과 이웃을 향한 활수한 나눔이나 베풂도 없이 제 소유 지향적 환상에 저당 잡힌 채 그것의 축적에만 매몰된 어리석은 인간은 예나 지금이나 넘쳐난다. 예수가 한 비유를 통해 풍자해 보여준 한 어리석은 부자의 종말은 그런 인간상을 비판하며 돈의 거듭남과 함께 그 권세를 넘어설 것을 요구한다. 이 부자는 이미 쌓아놓은 재산이 풍족한 상태에서 곳간을 헐고 더 크게 지어 그해 곡식의 소출과 물건을 더 많이 쌓아두는 데 마음이 매몰된 상태였다. 그런 축적 위의 축적이 주는 만족감은 오로지 저 자신의 환상적 독백 가운데서만 누려졌다. "영혼아, 여러 해 쓸 물건을 많이 쌓아두었으니 평안히 쉬고 먹고 마시고 즐거워하자"(눅 12:19)며 오지 않은 미래의 즐거움을 공상 속에 저 홀로 만끽하고 있지만 그는 결국 어리석었다. 그날 밤에 그의 영혼을 하나님이 데려가심으로 생명이 즉시 종료될 터였기 때문이다. 이런 종말론적 상황에서 그가 그토록 애써 준비한 재물이 누구의 것이 되겠느냐는 탄식이 이어진다. 나아가 이 부자의 어리석음이 자기를 위해 재물을 쌓아두고 하나님께 대해 부요하지 못한 데서 비롯된 것임을 지적한다.

돈의 가치를 하찮게 여기는 사람들도 돈이 있어야 먹고살고 조직을 운영하며 선한 사업도 벌일 수 있다. 그러니 하찮게 여기는 레토릭의 거죽을 벗겨보면 그렇게 말하는 성향이 강할수록 사실상 하찮게 여기지 않고 돈에 대한 아쉬움이 큰 사람들이다. 반면 돈을 열심히 축적해 풍요로운 미래를 대비하는 사람도 많다. 이런 쪽의 대비가 있어야 백 세 시대의 미래에 자식들 신세지지 않고 노년의 복지를 챙길 수 있다는 믿음도 강하다. 그러나 그 풍성함이란 게 어느 정도의 풍성함이냐가 관건일 것이다. 또 그 만년의 복지라는 게 얼마나 대단한 수준이어야 만족할 수 있는지도 따져봐야 할 관심사다. 어떤 경우든 돈에 대한 공부는 현대인에게 필수적이다. 돈을 무서워하거나 더럽게 여기지 않기 위해, 반대로 맘몬에 종속되어 돈의 노예로 살지 않기 위해 그 선물의 용도와 가치에 합당한 실천적인 지혜가 필요하다.

"선한 선생님이여, 내가 무엇을 하여야 영생을 얻으리이까?" "네게 아직도 한 가지 부족한 것이 있으니 가서 네게 있는 것을 다 팔아 가난한 자들에게 주라"(막 10:17, 21).

제도권 학습을 잘 받기 위해서도 좋은 선생이 필요하다. 더구나 폭넓은 인생의 공부를 추구하며 자기 수양에 힘쓰고자 한다면 좋은 선생의 중요성은 의심의 여지가 없다. 제자가 좋은 선생을 만나 극진한 예의를 다해 배우고 공부길을 닦는 것은 바람직한 목표다. 마찬가지로 스승이 좋은 제자를 만나 자신의 지혜와 지식을 전수하며 의롭고 선한 삶의 길을 가르칠 수 있다는 것도 즐거운 일이다. 예수는 발 벗고 나서서 스스로 제자들을 선발했지만 이따금 그를 찾아와 배움을 청한 잠재적인 제자들도 있었던 것 같다. 이런 만남을 통해 배움을 얻는 방법으로는 대화가 제격이다.

소크라테스가 제자들과 진리 탐구의 방식으로 "산파술"이라 불린 대화법을 줄곧 애용한 것은 주지의 사실이다. 예수 역시 제자들과 질의응답의 형식으로 종종 대화한 것으로 보인다. 그 대화의 주제는 예수의 훈계조 말씀이나 비유의 말씀을 통해 설정되었고 이에 제자들이 묻거나 답하는 방식으로 진행되었다. 그러나 예수와 기존 제자들의 일상적 만남이 아니라 예수를 만나러 찾아온 외인의 경우 직접 질문을 제기하면서 대화가 이어지기도 했다. 소크라테스의 대화법에 비해 예수의 대화는 소박하고 직설적이다. 특정한 형이상학적 개념을 추론하고 분석하면서 늘어지는 긴 대화가 아니라 짤막하게 당면한 질문의 핵심을 찌르고 명료하게 대안을 제시하는 대화가 그 특색이다. 그러나 그 소박한 대화 속에서도 예수는 대화의 상대자와 함께 점점 깊어지고 넓어진다. 주제의 밑으로 내려가면서 답안을 좁혀가는 대화가 있고, 주제를 가로질러 친밀한 신뢰의 분위기 속에 서로 침투해 들어가는 대화도 있다. 예수가 한 부자와 만나 영생을 논한 대화는 전자의 경우에 가깝다.

예수가 길로 나갈 때 한 사람이 달려와 그 앞에 꿇어앉아 물었다. "선한 선생님이여, 내가 무엇을 하여야 영생을 얻으리이까?" 그는 예수 앞에 달려올 정도로 자기가 그때까지 붙들어온 질문에 절박함을 가지고 있었다. 또 예수 앞에 꿇어앉아 "선한 선생"으로 호칭할 정도로 예의 바른 사람이었다. 무언가 배움을 청하는 자는 이런 예의가 있어야 하고 자신이 배우고자 하는 주제를 단 하나의 질문으로 요약

할 줄도 알아야 한다. 그는 자신의 공부에 초점을 맞출 줄 알았고 그만큼 준비된 사람이었다고 볼 수 있다. 이에 대한 예수의 응답이 흥미롭다. 그는 먼저 자신에게 칭한 "선한 선생"이라는 말을 교정해 돌려준다. 여기에 삼위일체 교리를 들이대면서 예수가 하나님과 동격의 신성을 지닌 틀에 맞춰 그의 말을 교정하려다 보면 오히려 그 진의를 그르친다. 그리하여 "네가 어찌하여 나를 선하다 일컫느냐?"라는 그의 반문을 두고 사실의 부인이 아니라 겸손한 표현이라느니, 그 밖에 수사학적인 이런저런 의도를 깔고 있다고 보는 것은 예수의 담백한 진술을 복잡하고 어지럽게 만들 뿐이다. 예수는 그저 유대인 남자로서 당대 유대인의 경건한 도리를 좇아 오로지 하나님 한 분만 선하다고 인정하면서 하나님께 영광을 돌렸을 것이다.

그렇게 지엽적인 자투리 소재를 정리해놓은 뒤 예수는 십계명을 인용함으로써 상대방의 입장에서 그에게 답변했다. 십계명 중에 인간이 인간을 향해 하지 말아야 할 금기 조항을 상기시키며 그것의 신실한 준수가 영생의 길과 무관치 않음을 내비친 셈이다. 여기서 예수의 답변이 철저히 질문을 제기한 상대방의 입장에서 제시되고 있는 게 흥미롭다. 가령, 그의 답변은 사람이 의롭게 되는 것이 율법의 행위로써가 아니라 자기를 구세주로 믿는 믿음에 의한 것이라는 바울 사도의 교리 공식을 멀리 비껴간다. 그는 유대인으로서 유대인의 경건한 도리를 중시하여 자신에 대한 호칭을 교정했듯이, 유대인의 전통에 익숙한 사람이 그 맥락에서 제기한 영생의 물음을 유대교 전통에 근거하여 답한 것이다. 여기서 영생은 무엇을 행하는 문제와 직결된다. 질문자의 질문이 "무엇을 하여야 영생을 얻는가"로 행함에 초점을 맞추었다면 예수의 답변도 십계명의 이런저런 조항을 신실히 지켜 준행하는 데 초점을 맞춘다. 이는 조상 대대로 언약의 전통을 물려받아 지켜 행함으로 이미 구원의 반열에 들어온 것이라는 선민 이스라엘의 보편적 자의식을 공유하며 추인하는 답변처럼 보인다.

이 대목에서 질문자와 함께 독자들은 예수의 답변에 준해 십계명 조항만 잘 지키면 영생을 얻을 수 있다는 생각을 갖게 된다. 질문한 사람은 자기가 어려서부터 이 모든 계명을 잘 지켰노라고 당당하게 답한다. 이에 예수는 이런 답변을 놓고 교만하다느니, 그 모든 계명을 완벽하게 지킬 리 없다느니 하면서 퉁을 놓거나 트집을 잡기보다 액면 그대로 그 답변을 용납한다. 예수의 마음은 이 대화의 파트너와 더불어 꼬여 있지 않았다. 이렇게 답하는 그 사람을 예수는 물끄러미 바라보면서 사랑하였다고 마가는 보고한다. 예수의 이 사랑 넘치는 시선에는 이 사람의 신실한 계명 준수적 삶을 기특히 여기고 귀하게 보는 존중의 마음이 포함되어 있는 듯하다.

이런 긍정의 마음과 함께 예수는 그의 행함에 한 가지 부족한 점을 발견하고 대뜸 급진적 제안을 한다. 그 제안은 가서 그가 지닌 재산을 다 팔아 가난한 자들에게 나눠주고 자신을 따르라는 것이다. 그렇게 전적인 구제의 실천으로써 하늘에 그를 위해 예비된 보화가 있으리라는 보상의 약속도 빼놓지 않는다. 이런 제안은 그가 부자였지만 그 재물을 가난한 자들에게 활수하게 나눠주는 구제 활동에는 충분히 신실하지 못했다는 암시를 깔고 있다. 앞서 십계명의 예들은 대부분 "하지 말라"는 소극적 금기의 조항들이었다. 반면 여기서 예수가 강조하는 것은 도래하는 하나님 나라를 선취하기 위해 적극적으로 행해야 할 급진적인 종말의 윤리였다. 십계명을 착실히 지키는 것에 추가된 그 종말론적 윤리의 실천이 영생을 얻는 문제와 관련하여 어떤 상관관계가 있었는지는 확실하지 않다. 그러나 분명한 것은 그 급진적 행함이 예수의 제자도에 필수적이었다는 사실이다.

이 만남의 이야기는 주지하듯 해피엔딩으로 끝나지 않는다. 부자였던 그는 재물이 많은 고로 슬픈 기색을 띠고 근심하며 돌아갔다. 이런 결말에 덧붙여 부자가 하나님 나라에 들어가기가 얼마나 어려운가에 대한 낙타와 바늘귀의 비유가 이어진다. 그러나 공부론의 관점에서 주목해야 할 점은 예수의 도전적인 제안이 이 부자를 슬픈 근심 속에 고뇌하게 만들었다는 사실이다. 영생에 대한 애당초의 단순한 물음은 예수와의 대화를 거치면서 이 사람에게 고민거리를 안겨줌으로써 그 질문의 의미를 재구성해야 할 생각의 여백을 제공했다. 다른 전승에 의거해 그가 아직 나이가 많지 않은 부자 청년이었다면 그는 그때까지 집안의 풍족한 유산을 물려받아 여유 있는 모범생으로 살아왔을 것이다. 그러나 그 여유는 이제 슬픔과 근심의 대상이

되었다.

이 대화의 과정에서 예수는 영생이라는 개념에 집착하지 않는다. 다만 이 부자의 질문과 관심을 매개로 그가 살아온 지난 삶의 이력을 긍정하고 사랑의 시선으로 감싸준다. 나아가 진정한 행함은 전통과 함께 전통을 넘어서는 데 있음을 보여준다. 아무리 소중한 전통일지라도 그것을 하나님 나라의 관점에서 재조명하여 자신의 부족한 마지막 한 가지까지 구체적으로 살피는 거울이 될 때 영생으로 가는 진정한 행함도 가능해진다. 그 부자는 이 도전적 삶의 제안이 무엇을 뜻하는지 알았기 때문에 슬픔과 근심을 품고 비로소 고민하기 시작한 것이다.

이처럼 진정한 대화는 서로를 존중하고 감싸면서 공부의 고비를 넘어가는 데서 결실의 희망을 잉태한다. 서로 다른 논리로 부대끼며 치고받고 해서는 아무런 창조적 도전을 줄 수 없다. 유대교 전통의 공감할 만한 일반적 토대 위에서 서로 존중하고 수긍할 때 한 계단 내려와 "한 가지 부족한 것"을 살피는 여유와 함께 공부의 전진을 이룰 수 있다. 그 여유는 그렇다고 마냥 자족적인 수준으로 겉돌지 않는다. 그것은 자신의 현재 상태를 정당화하는 이기적인 여유가 아니다. 이 부자의 경우가 암시하듯, 그 여유는 그동안 아무런 문제없이 누려온 자신의 풍족한 모범생의 삶을 근심과 슬픔의 도전 가운데 투사하며 새로운 탈출구를 찾아 고민하는 여유까지 포함한다.

"내가 행한 모든 일을 내게 말한 사람을 와서 보라. 이는 그리스도가 아니냐?"(요 4:29)

대화를 잘하여 공부에 도움을 얻기 위해서는 대화의 지형을 잘 파악해야 한다. 땅의 지형과 유사하게 대화에도 골과 마루가 있다. 골로 내려가면 대화가 낮은 자리를 파고들면서 깊어진다. 섬세한 현미경의 대화가 그 자리에 점강법으로 펼쳐진다. 반대로 마루로 올라가면 먼 곳을 조망하기 쉽고 대화는 점점 더 상승 국면을 타게 된다. 거기서 대화의 높은 자리가 점층법의 리듬을 타고 펼쳐지는데 마치 망원경으로 사방을 폭넓게 조망하듯 대화의 지평이 광활해진다.

대화의 지형을 잘 파악해야 한다는 말은 대화가 출발한 맥락을 잘 살펴 그 맥락의 이치를 잘 따라가야 한다는 뜻이다. 그렇지 않으면 대화가 잔가지를 뻗으면서 만드는 지류들의 미로에 길을 잃기 십상이다. 그 지류는 나름의 메타적 맥락을 조성하면서 유의미한 소주제를 이루지만 그 골짜기가 막다른 골목에 다다르게 될 때 대화의 본래 목적과 의도, 애당초 겨냥했던 방향을 상실하게 된다. 그러다 보면 주제 역시 혼란스럽게 꼬여 무엇을 이야기했는지, 무엇에 동의하고 공감했는지, 또 어떤 이견이 노출되었고 그 차이의 암시점은 무엇인지 감감해진다.

따라서 공부로서의 대화는 수다스런 채팅과 다르다. 그저 생각나는 대로 이 얘기 저 얘기 옮겨가면서 아무 말이나 떠벌이는 식으로 수다를 떨다 보면 막판에 여운 없이 공허해진다. 그 격의 없는 자리가 스트레스 해소의 수단은 될 수 있을지언정 배움의 경험은 별로 제공하지 않는다. 가령, 애당초 고기를 맛있게 먹기 위해 어떤 고기 재료를 어떤 방식으로 요리하는 게 좋을지를 대화의 주제로 잡았다고 치자. 그런데 도중에 대화의 파트너가 왜 우리는 꼭 고기를 먹어야 하는지 의혹이 생겼다면서 채소가 고기보다 몸에 더 좋다는 식으로 화제를 뒤집어 몰고 가면 어떻게 되겠는가? 대화는 즉각 꼬이면서 방향을 잃어버리고 무르익기도 전에 파산의 위기에 봉착한다.

대화에는 예외성이 있어서 무슨 이야기를 끌고 가다가 옆길로 새버리는 일탈의 상황이 꼭 생기게 마련이다. 특히 한 이야기를 넓게 조명하다가 지엽적인 소재에 매몰되어 그 타당성 여부를 놓고 좌충우돌하다 보면 대화의 큰 흐름을 놓치는 경우가 많다. 그러므로 생산적이고 좋은 대화로 공부의 효율성을 높이려면 세목과 지류를 건드리면서도 일관된 방향성을 견지하여 본래의 주제를 더 명징하게 밝히려는 노력이 필요하다.

예수의 대화에서 이런 점층법의 패턴 속에 대화자들이 소기의 목적을 달성하여 배움과 가르침이 좋은 결실을 맺은 사례가 있다. 바로 예수가 수가성 우물가에서 사마리아 여인을 만나 대화를 나눈 이야기다. 요한복음 4장에 나오는 이 이야기는 다양한 해석의 관점이 존재한다. 대화에서 어디에 초점을 맞추느냐에 따라 이 이야기의 주제를 영생이나 예배에 둘 수도 있고, 사마리아 선교에 둘 수도 있다. 그러나 내 보기에 이 본문 역시 요한복음 전체의 맥락에서 살피면 예수가 누구인지 그의 정체성을 서서히 점층법의 리듬으로 조명하면서 막판에 확연히 드러내고자 하는 기독론적인 계시의 의도를 품고 있다.

예수는 사마리아 지역을 통과하던 중 수가라는 동네에 이르러 야곱의 우물가에 앉아 쉬게 되었다. 식사 때를 놓쳤는지 제자들은 음식을 구하러 갔고 예수는 피로한 나머지 물 한 모금을 구했다. 마침 그때 만난 사마리아 여인은 물을 달라 부탁한 예수의 접근에 유대인과 사마리아인이 상종하지 않던 당시의 관행을 지적하고 물에 대한 대화를 나눈다. 그 물은 야곱의 우물에서 두레박으로 길어 올린 생수겠지만 이 생수의 이미지는 즉각 대화를 통해 "영생하도록 솟아나는 샘물"로 변용되어 영원히 목마르지 않는 무슨 마법적인 물이 있는 양 호기심을 자극한다. 예수가 물의 이미지를 활용하여 여인의 호기심을 자극하는 동안, 이 여인은 예수의 정체에 대해 사마리아인을 상종하지 않는 유대인에서 출발하여 그가 "야곱보다 큰 자"인지 의문을 제기하며 넌지시 탐색의 시선을 드러낸다.

한 번 마시면 영원히 목마르지 않는 샘물, 영생하도록 솟아나는 샘물에 대한 호기심을 매개로 예수에 대한 관심을 선뜻 내비친 이 여인을 향해 예수는 갑자기 남편을 데려오라는 요청과 함께 대화의 지류를 판다. 그녀의 남편이 다섯이 있었고 지금 함께 사는 자도 그녀의 남편이 아니라는 족집게 같은 지적에 이 여인은 가타부타 확답을 피하고 대신 예수의 정체성을 "선지자"로 격상해 파악한다. 평범한 "유대인"에서 "야곱보다 큰 자"의 가능성을 암시하더니 대번에 "선지자"로 예수의 정체를 한 단계 깊숙이 파고들어 온다. 그러다가 여인은 다시 화제를 바꾸어 사마리아 사람과 유대인 간에 상이했던 예배의 장소로 운을 떼니 예수는 이에 응대하면서 예배의 때, 참된 예배의 의미로 화제를 심화해나간다. 그 결론은 예배의 장소와 때에 관한 것이 아니라 "하나님은 영이시니 예배하는 자가 영과 진리로 예배해야 한다"(요 4:24)는 신학적 원리에 대한 것이었다.

그러나 예배에 대한 대화로 드러난 최종 결론은 참된 예배에 대한 것이 아니라 그 주제를 부각시킨 예수의 정체가 "메시아/그리스도"로 한 단계 더 격상되는 기독론적인 계시였다. 이 대화에서 예수는 유대인들이 상종하기 꺼려하던 사마리아 여인에게 접근하여 말을 걸었다. 이 파격적인 포용의 자세는 대화를 낳았고 대화는 생수와 예배를 화제로 거치는 동안 예수의 정체를 점차로 근접해 조명하더니 결국 그가 메시아/그리스도임을 밝혀주었다. 예수 역시 이 여인에 대한 허물없는 접근으로 그녀의 질문에 응답하고 또 그녀의 부끄러운 부부 관계의 실상을 드러냄으로써 두 사람은 서로의 비밀을 아는 친근한 사이로 가까워졌다. 이로 인해 예수를 믿고 따르게 된 사마리아 여인은, 막간의 장면에 제자들이 등장해 예수의 진정한 양식이 무엇인지 잘 모른 채 허둥대는 동안, 물동이를 내던지고 자기 동네로 들어가 예수를 메시아로 전하는 선교사로 돌변한다. 이 여인이 다리를 놓아줌으로써 예수는 마을 사람들과 직접 접촉하여 복음을 전했고, 이들은 마침내 예수를 유대 민족주의 기대에 부응한 수준의 "메시아" 단계를 넘어 "세상의 구주"로 인정하기에 이른다.

이처럼 이 대화에는 생수와 예배, 선교 등의 굵직한 화제가 곁가지로 뻗어가면서 대화 속의 대화를 위한 접점을 제공한다. 그 가운데 동문서답의 아이러니한 순간도 포착되고 이중적 의미의 여백도 탐지된다. 이런 곁다리 주제들이 나중에 독자들이 이 둘 사이의 대화에 끼어들어 나름의 해석과 의견을 가지고 참여할 여백을 제공하는 것은 사실이다. 그러나 이 대화의 중심을 관통하는 점층적 특징을 일관되게 따라가면 대화 가운데 핵심적인 관심사는 유대인 → 야곱보다 큰 자 → 예언자 → 메시아 → 세상의 구주로 예수의 정체를 점점 더 명백하게 드러내는 데 있음을 알 수 있다. 그 계시적 노출과 더불어 이 여인은 사마리아 출신에 남편을 여러 번 바꾼 자라는 이중적 질곡을 떨쳐버리고 복음을 전하는 증인으로 거듭나는 모습을 보여준다. 이런 관계의 점진적 발전과 진지한 소통의 과정이 결국 대화의 심지를 놓치지 않고 착실한 열매를 거두게 된 것이다.

세상의 구주인 예수가 천하게 취급받아온 사마리아 여인에게 허물없이 다가가 눈높이를 맞추되 서로 존중하며 진지하게 묻고 답하면서 대화를 할 수 있었다는 것이 참 예외적인 사건이었다. 이렇게 서로의 관심을 증폭시키고 상대방의 인격을 고양시키는 점층적인 대화법을 우리는 거의 잃어버렸다. 그래서 대화의 수직적 위계를 의식하여 "격"이 맞느니 안 맞느니 따지며 만나 대화할 사람을 가린다. 이런 대화의 차별성 속에서는 서로를 발견하며 견인하는 공부로서의 대화가 도저히 자생하지 못한다. 거기에는 서로를 끌어당기는 매혹적인 호기심도, 상대방을 존중하고 조금씩 앞으로 다가서는 포용성도 존재하지 않기 때문이다.

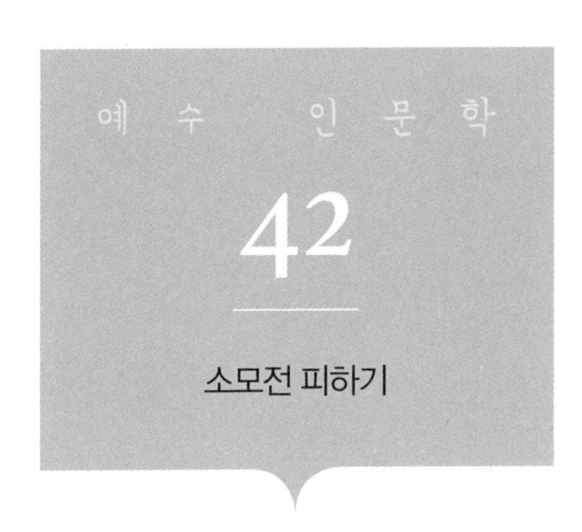

"가이사의 것은 가이사에게, 하나님의 것은 하나님께 바치라"(막 12:17).

"요한의 세례가 하늘로부터냐, 사람으로부터냐? 내게 대답하라"(막 11:30).

대화가 밀도 있게 응집되면 토론이 된다. 또 토론이 날카롭게 논리적인 대립으로 발전하여 시비를 다투는 상황에서는 논쟁이 되기도 한다. 이 모든 것이 공부의 소중한 기회를 제공하는 것은 사실이다. 그러나 함정도 없지 않다. 그것은 일방적인 독백과 독백의 충돌이 빚어내는 소모적인 쟁변을 되풀이하다가 아무런 보람도, 의미도 없이 파국으로 치닫는 경우다. 배우고자 벌인 대화와 토론이 긴 시간을 잡아

먹기만 하고 서로의 날카로운 차이만 드러낸 채 종료될 때 허탈하지 않을 수 없다. 더구나 시비판별의 문제가 서로를 이기고자 하는 승부근성을 자극하여 자극적인 공세를 펴다 보면 감정도 덩달아 흥분해 날뛰기 십상이다. 이와 같이 상대방을 압도하고자 감정적 파열음을 내는 분위기가 대화와 토론의 자리를 주도하다 보면 그 본래의 목적을 이탈하여 생채기를 내는 무익한 시간이 되곤 한다.

한국 사람들이 토론에 미숙하다는 이야기는 부끄럽지만 사실이고 극복해야 할 장벽이다. 어려서부터 논리적인 사고 능력의 계발이 취약했다거나 자신의 의견을 당당하게 표현하는 훈련보다는 분위기에 맞춰 눈치 보는 습성에 익숙했다는 식의 진단은 일리가 있다. 주입식 교육의 부정적 여파도 부인할 수 없는 사실이다. 그렇다고 넉넉한 지적인 사고와 훈련의 과정을 거친 어른들이 대화하고 토론하는 자리가 대단히 뛰어난 것도 아니다. 사회 각계의 전문가들이라고 하는 분들이 나와 벌이는 TV 토론이라는 프로그램을 볼 때마다 답답함이 차오르는 것은 그들 역시 자신이 하고 싶은 이야기만 시종일관 쏟아놓다가 상대방과 평행선을 확인하는 지점에서 밋밋하게 대화를 끝내기 때문이다. 어느 정도 사회적 지위를 지닌 사람들이나 학자들이 만나 대화하는 자리라고 별다른 차이를 보이지 않는 것이다.

대화가 겉돌고 토론이 소모적인 쟁변으로 치달을 때 우리가 후회하는 것은 헛짓을 하면서 시간과 에너지를 낭비한다는 사실이다. 인생의 탕진 요소를 계산해볼 때 이런 소모적인 낭비의 몫이 적지 않다. 자신에게도, 상대방에게도, 아무에게도 유익하지 못한데 주구장창 서로 엉겨 붙어 말로 공격하고 방어하는 이 무모한 자리는 때로 불가피한 듯하다. 마치 가만히 서 있는데 뒤에서 들이받는 차가 있어 교통사고를 당하듯이, 가만히 있는데 시비를 걸고 공격을 가하게 되면 어떤 식으로든 응수하지 않을 수 없게 된다. 그런 불가피한 상황을 맞닥뜨리면 공부하는 자로서 현명한 길은 그로 인한 소모적인 이전투구를 회피하는 것이다. 또는 시간과 에너지의 소모적인 낭비를 최대한 줄이면서 자기를 방어하여 상황을 악화시키지 않는 것이다. 인생의 공부길에서 최악의 아이러니는 잘하고자 발버둥 치면 칠수록 점점 더 사태가 악화되어 결국 생 자체를 파멸로 몰아가는 경우다. 마치 늪에 빠진 자가 거기서 벗어나고자 몸부림칠 때 더 빨리, 더 깊이 빠져드는 것과 유사한 이치다. 이렇듯, 공부를 잘하려면 건강한 공부를 훼방하고 우리를 허망한 소모전으로 이끄는 무익한 논쟁의 늪관을 조심해야 한다.

예수에게도 이런 경우가 몇 차례 있었다. 그는 당시 유대교의 중앙이 아닌 변두리의 인물로서 참신한 가르침과 하나님 나라 캠페인을 선도하면서 적잖은 대적들에 둘러싸이게 되었다. 물론 그가 원한 것은 아니었지만 종교적인 사상의 차이는 정치적인 기득권의 쟁탈전으로 비화되기 쉬웠다. 이로 인해 예수를 함정에 빠트리고자 덫을 놓는 자들의 술수를 사전에 제어하거나 그렇지 못할 경우 민첩하게 대적들의 예봉을 꺾고 소모전의 덫을 빠져나오는 것이 상책이었을 것이다. 예수는 이런 면에서도 공부의 모범을 보여준다. 이와 관련하여 그의 수사학적 기지를 읽지 못한 채 텍스트의 액면만 살피면 엉뚱한 오해를 하기 쉽다.

그 대표적인 본문이 바로 가이사에게 세금을 바치는 문제와 관련된 논쟁이다. 예수의 사역 중 어느 날 바리새인과 헤롯당 사람이 그를 찾아와 공손하게 물었다. 마태복음의 본문에는 이들이 예수에게 보인 외교적인 덕담이 추가로 등장한다. "선생님이여, 우리가 아노니 당신은 참되시고 진리로 하나님의 도를 가르치시며 아무도 꺼리는 일이 없으시니 이는 사람을 외모로 보지 아니하심이니이다"(마 22:16). 이 얼마나 갸륵한 칭찬인가? 웬만한 사람이라면 이런 칭송 어린 덕담에 마음이 들뜨기 마련이다. 이 외교적 수사에 어떤 의도가 숨어 있는지 생각하지 못하고 접근하는 자들을 덥석 믿어버리고 심리적인 무장해제를 성급하게 단행한다. 특히 상대방이 참된 진리의 수호자이고 하나님의 도를 가르치면서 아무런 거리낌 없이 공정하게 사안을 통찰한다는 이런 수준의 칭찬은 피상적인 사탕발림의 수작으로 받아들이기 어려운 말의 무게가 있다. 그러나 외모로 사람을 보지 않고 그 마음의 중심을 보는 하나님을 닮고자 할 때 예수 역시 이런 듣기 좋은 말을 하면서 접근하는 그들 말의 외형적 표현 속에 감추어진 불확실한 흉계를 읽어야 했다.

그렇게 말의 수사적 의도를 간파한 예수는 이 말에 휘둘리지 않고 그들이 던진 질문 "가이사에게 세금을 바치는 것이 옳으니이까, 옳지 아니하니이까?"의 의중을 제대로 읽었다. 이런 질문은 예수를 함정에 빠트려 소모적인 논쟁으로 이끌거나 그 결과 예수의 이미지에 타격을 가하는 대중적인 정죄의 낙인을 찍고자 하는 "시험"의 발로였다. 예수는 그것을 악의적인 것으로 판단했고, "외식하는 자들아, 어찌하여 나를 시험하느냐?"라고 그들의 흉계를 단박에 까발렸다. 예수의 이 한마디야말로 이 본문에 담긴 수많은 해석적 논쟁을 잠재우는 촌철살인의 비수다. 예수는 그들의 사악한 의도가 스며든 수사학적 질문을 수사학적 계략으로 받아치기로 작정한 것이다. 그래서 그는 세금 내는 은화 데나리온을 가져오라 명했고, 거기에 새겨진 형상과 문자의 주인이 누구냐고 물었다. 이로써 그는 "예"와 "아니오" 중 간명한 한마디를 기대했던 그들의 의중을 뭉개고 그 관심을 전혀 다른 지평으로 끌고 갔다. 거기서 나온 예수의 한마디가 "바로 가이사의 것은 가이사에게, 하나님의 것은 하나님께 바치라"는 응답이었다.

소모전을 파하는 수사학적 계략으로 읽으면 이 말 속에 착란의 논리가 포착된다. 가이사에게 세금을 바치는 게 옳은지 그른지를 물었던 질문의 흔적은 이 대답에서 찾을 수 없다. 대신 가이사의 것이 무엇인지, 하나님의 것은 또 무엇인지, 나아가 그것을 각기 가이사와 하나님께 바치라는 것은 세금 논쟁과 어떤 상관관계가 있는지 모호해진다. 예수는 한 가지 간단한 질문으로 함정을 파고 예수를 시험하고자 한 사람들을 향해 더 복잡한 생각을 품은 질문으로 몰아가면서 그 시험의 예봉을 단번에 제압한 것이다. 예수의 말에 담긴 구체적인 의미와 해석은 이 대목에서 부차적이고 심지어 무의미할 수 있다. 그 대신 의미심장한 결론은 그들의 사악한 말의 함정을 소모전의 이전투구 판으로 만들지 않고 가뿐하게 빠져나왔다는 사실이다.

이와 유사한 예수의 지략은 그가 성전에서 가르치는 걸 보고 불만을 품은 장로들이 그 권위가 어디서 온 것인지, 누가 그걸 주었는지 따지고 물었을 때도 발견된다. 예수는 이 질문에 즉답을 피하고 대신 또 다른 질문으로 받아친다. 세례 요한의 세례가 하늘로부터 왔는지 사람으로부터 왔는지 물으면서 그들의 질문이 그들의 함정이 되도록 수사학적 지략을 발휘한 것이다. 이런 질문의 답변은 어느 쪽을 취해도 낭패를 볼 수밖에 없다는 걸 그들도 잘 알았다. 예수는 이 수사학적 질문을 통해 그들의 말에 담긴 간계를 폭로하고 더 중요한 것이 무엇인지 깨우칠 제3의 가능성을 제시한 것이다. 기원을 따져 묻는 것은 밑도 끝도 없는 소모적 쟁변의 대표적인 주제다. "예"와 "아니오" 중 단 한 가지 화끈한 대답을 구하는 것은 인간 세상의 사정과 이치를 지나치게 단순화하여 교조적인 얼개를 만들어내는 가장 상투적인 논리의 함정이다.

예수는 그들의 이런 함정을 피해감으로써 무익한 소모전을 사전에 차단했다. 그 시험의 계략을 정확하게 간파하여 무용한 이전투구의 말싸움을 민첩하게 회피했다. 그들의 단순무지한 열정은 예수의 모호한 수사학적 질문 속에 훼파되었다. 그 결과 아무리 선해 보이는 말도 악한 취지와 의도 속에 어떻게 사람을 미궁으로 몰아넣는 사악한 시험의 함정이 될 수 있는지가 폭로되었다. 오늘날 우리의 공부를 백해무익한 함정으로 유인하여 소모적인 쟁변을 일삼게 만드는 이런 패턴의 시험은 계속된다. 말에 가시를 달고 있으면서 그것을 감추려는 위장의 수사학도 만연하다. 말의 외모와 속내가 때로 구별되지 않기에 농담과 진담의 경계가 모호할 때도 많고 이로 인해 수많은 오해가 양산되기도 한다. 무엇보다 사람을 살리고 세우는 말이 사람을 죽이고 난타하는 말에 압도되어 질식할 지경으로 보일 때가 잦다. 그런 소모전을 만들지 않고 매설된 함정을 피해가는 것도 만만찮은 내공을 필요로 하는 공부의 지혜다.

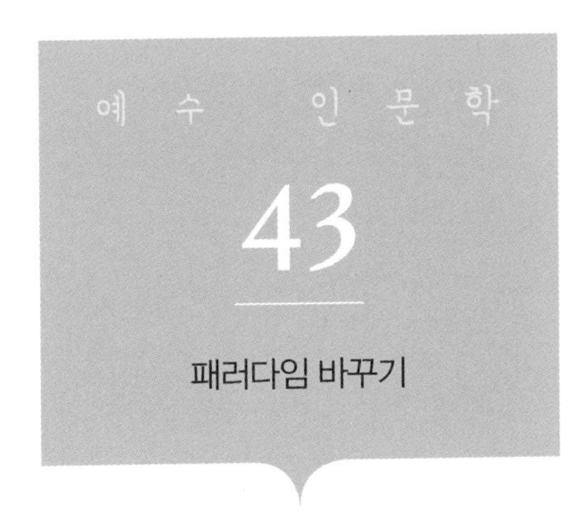

"오직 새 포도주는 새 부대에 넣느니라 하시니라"(막 2:22).

지식도 변하고 문화도 바뀐다. 절대 불변하는 진리를 고집하고 싶어 하는 게 불안한 실존에 자주 시달리는 인간의 보수적 기질이지만 그것조차 어떤 시대의 틀 속에 갇혀 있다. 보편타당성이란 것 역시 그 시대의 제약 안에서 통할 뿐, 인류의 짧은 역사를 관류하여 인간의 이름으로 "절대"를 선포할 만한 것은 존재하지 않는다. 물론 절대자 하나님이 그중에 유일한 예외라고 믿는다. 그 믿음 자체는 무해하다. 그러나 그 하나님이 인간의 언어로 발화되는 순간 문화의 옷을 입는다는 사실을 기억해야 한다. 객관적인 절대 타자로서 존재하는 하나님도 그런 표현과 믿음의 얼개 속에서만 정당성을 얻는다.

따라서 우리는 지금 살고 있는 시대에 민감하게 반응해야 한다. 이 시대의 가능성과 제약이 무엇인지, 또 하나님이 이 시대를 향해 계시하고자 하는 바가 무엇인지 예민한 촉수를 드리우고 그 풍향계에 따라 우리의 삶을 설계하고 우리 공부의 방향을 설정해야 한다. 그렇지 못할 때 우리는 각종 "시대착오적" 족쇄에 매여 열심과 공력을 다해도 그 소득이 초라해지기 쉽다. 그 열심 자체에 문제가 있다기보다 열심을 쏟은 대상이나 방식이 동시대적인 적합성을 띠지 못할 경우가 많다. 진정성이란 것도 이런 동시대적인 적합성에 부응할 때 공감을 얻게 되고 구체적인 변혁의 힘이 되며 결국 역사를 일구는 자리에 이바지할 수 있다.

문제는 동시대의 절박한 관심사를 포괄하면서 새 시대의 계시를 선취하는 이런 공부의 코드 맞추기가 쉽지 않다는 것이다. 이유는 두 가지다. 우리는 현재의 성취에 만족하여 눌러앉으려는 정주민의 기질과 함께 현 체제와 규범을 보수하려는 성향이 강하기 때문이다. 젊은 한 시절 변혁의 열정을 불태우며 투쟁하다가도 나이가 들면 몸도 맘도 연약해지고 진보의 믿음과 비전도 희미해지는 게 인간의 생물학적 존재 여건이다. 그래서 평생을 통틀어 시종일관 투쟁적이고 삶의 변방을 개척하는 일에 매진하는 사람은 참 드물다. 그렇게 보이는 사람들도 가급적 많은 시간을 할애하여 소박한 일상의 터전을 일구는 중에 밤의 안식을 그리워하고 평정한 삶의 리듬을 갈구한다.

이런 보수적인 성향과 함께, 다원화된 21세기 지구촌의 복잡다단한 삶의 자리에서 무엇이 동시대의 과제이며 절박한 계시적 명령인지를 파악하기가 힘든 현실이 또 다른 장애물이다. 그래서 진보의 역사를 부르짖어온 20세기 후반을 거쳐 21세기에 접어들면서 적잖이 퇴행적인 국면을 여기저기서 접하고 있다. 보편적 가치의 우선순위였던 인권과 민주주의가 다시 퇴보하고 신자유주의 이념을 좇아 전 지구를 호령해오던 자본주의 경제체제가 추락하는 기미를 드러내면서 진보의 희망에 대한 불신도 심해지고 있다. 이런 혼종적인 세계정세와 심층적인 삶의 국면들이 공부의 시대적 좌표를 설정하는 데 몽롱한 연막을 치곤 한다.

토마스 쿤(Thomas Kuhn)이 과학기술혁명의 이론을 정립하면서 고안한 "패러다임"이란 용어가 보편적인 공감을 얻으면서 지금까지 폭넓게 확산되어왔다. 지난 역사의 시대에 주도적인 지적인 담론이 유통되고 과학기술의 수준이 전형화된 틀을 형성해온 것은 사실이다. 특히 원시시대 이후 오랫동안 느리게 전개되던 인류 역사가 근대화의 격랑을 타고 불과 몇 세기에 걸쳐 급격한 변화를 경험하면서 혼란스럽게 소용돌이쳐온 형국이다. 그 가운데 세계화한 삶의 질서와 그 체계 속에 다양성을 존중하면서 인류는 공통된 보편적 가치를 추구하는 또 다른 패러다임의 전환기를 맞고 있다.

그런데 역사의 전개가 단선적으로 진행되지 않는다는 것은 확실하다. "포스트모던"을 구가하는 지식사회 주변에는 여전히 "모던"과 "프리모던"이 함께 동거하고 있다. 어디 그뿐인가? 지구촌 구석구석을 누비다 보면 여전히 르네상스의 인문주의는 물론 고대와 중세의 물질적·정신적 유산에서 마냥 자유롭지 못한 현장도 꽤 많다. 신학사의 견지에서 보면 우리나라의 절대적 대세를 이룬다는 "복음주의" 전통만 해도 고대 아우구스티누스 신학과 근세 루터와 칼뱅의 종교

개혁 신학이 수백 년, 아니 천오백 년 이상의 세월을 뛰어넘어 여전히 우리의 신앙고백과 그 무의식적 저변을 지배하고 있다. 성서해석학의 세계는 중세기의 알레고리적 독법이 여전히 만연하고, 그 변형된 알레고리적 정답 맞추기식 성서 독법은 현재 국내 이단 섹트의 단골 메뉴가 되었다. 그런데 그 고색창연한 수백 년 전 서구 유럽의 신학 담론이 우리에게 "개혁주의"라는 외투를 입고 수시로 출몰하는 셈이니 패러다임의 전환을 읊어대기가 여간 민망한 게 아니다.

헤겔이라는 괴물 같은 역사철학자가 부르댄 절대정신과 시대정신의 상관관계를 복잡하게 호출하지 않더라도 우리는 절대정신에 이르는 시대정신의 소자들이다. 예수 역시 1세기 팔레스타인의 유대교라는 시대정신의 제약 속에서 절대정신을 살포시 암시했을 뿐이다. 그런 그가 싸워야 할 것은 동양의 불교나 유교가 아니었다. 21세기의 남북분단 현실에서 각축장을 벌이는 낡아빠진 이데올로기도 그때는 없었다. 그것은 1세기의 당대 백성의 심장을 움켜쥐고 있던 규범적인 유대교였고, 그의 선배 세례 요한이 마무리했던 "옛 시대"의 끝자리였다. 더 자세하게 살피자면 예수의 시대정신은 물로 세례를 줌으로써 언약 백성의 신분을 회복시키고자 애썼던 세례 요한의 금욕주의적 성결 운동을 넘어서면서 생명의 원천적 은총을 기리고 하나님 나라의 본격적인 도래를 내실화하는 것이었다. 거기서 그는 패러다임의 전환을 암시하는 새 시대의 조짐을 보았다.

그의 이런 분별은 삶을 장례식과 혼인식으로 나누어 전자에 이르기까지 후자의 마음가짐으로 흥겹게 먹고 마시며 누리는 향유로서의 가치를 활성화하는 방향으로 나타났다. 이처럼 결정적인 기준으로 패러다임이 갈리는 시점을 읽지 못한 채 옛 시대의 관습에 절어서는 공부의 틀도 우물 안 개구리의 몸짓을 벗어날 수 없는 법이다. 예수는 이런 시대착오를 낡은 옷에 생베조각을 붙여 기우는 행위에 빗대면서 그것이 둘 다 버리게 되는 최악의 결과로 나타난다고 경고했다. 마찬가지로 새 포도주를 낡은 가죽부대에 넣을 때 생기는 손실을 상기시키면서 그는 새 포도주를 새 부대에 담을 것을 권고했다. 이 어록을 가만히 숙고해보면 예수는 세례 요한과 창조적인 이별을 감행했음을 알 수 있다. 그 둘이 더할 나위 없이 극진한 관계로 사적인 친분과 의리 역시 출중했는데 말이다. 그는 자신의 시대정신을 세례 요한의 "옛 시대" 끝자락에서 떼어내고자 한 것이다. 그렇게 패러다임의 전환을 결행하지 않으면 예수의 하나님 나라는 어쩌면 민족주의적 결사체의 동맹 학습 단계를 벗어나기 어려웠을 것이다.

오늘날 우리의 공부판에 신구약성서를 비롯하여 고중세의 휘황한 고문서들이 깊이 들어와 있다. 또 중세와 근세를 거치면서 서구의 세계관과 신앙적 가치관을 형성한 비중 있는 규범적 신학 전통이 축적돼 있는 게 사실이다. 현대신학의 다양한 입자들 역시 수입되어 번역과 개론적인 재서술의 상태에 머물러 있지만 일반 신자 대중을 넓고 깊이 감화하지는 못하는 실정이다. 그런데 이제 또다시 포스트모던의 패러다임 전환을 부르짖는 목청이 만만치 않다. 또 남북분단을 필두로 펼쳐지는 한국 사회의 역사적 특수성에 터하여 공부와 지식 이전의 전근대적 습속과 관행도 완고한 편이다. 그래서 시대정신의 갈증은 심하고 패러다임 전환의 필요 역시 절박하다. 그 긴요한 필요에 부응하여 공부의 틀을 짜지 못하고 그 판을 갈아엎지 못한 상태에서는 아무리 열심히 예언자의 탄식을 되풀이하여 목청을 높이고 서구 선진국의 표준을 주워섬겨도 공부의 현장은 내내 척박할 수밖에 없다. 그게 이 시대 공부의 지형을 좌지우지하는 냉엄한 현실이다.

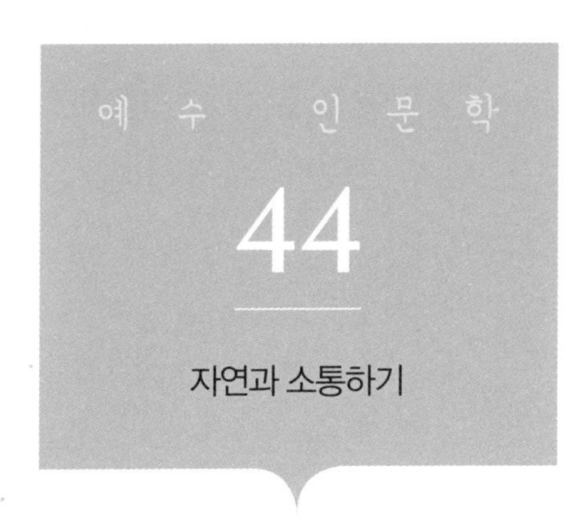

"예수께서 깨어 바람을 꾸짖으시며 바다더러 이르시되 잠잠하라, 고요하라 하시니 바람이 그치고 아주 잔잔하여지더라"(막 4:39).

자연이 인간의 타락과 함께 험악해진 것은 사실이다. 그것은 대체로 보복의 형태로 인간을 공격하는데 유사 이래 끊임없이 이어져온 각종 자연재해는 그 대표적인 예다. 자연과 인간의 평화로운 공존은 늘 목가적인 꿈을 유발하지만 그것이 보편적이고 지속적이지 않다는 게 아쉬운 점이다. 그러나 불행 중 다행이라면 자연의 재생력은 인간보다 월등하여 숱하게 부대끼고 무너지며 스스로 파괴하면서도 신속하게 변형된 또 다른 모습으로 하나님의 창조 역사를 이루어간다는 사실이다. 그래서 여전히 껄끄럽고 두려움이 잔존할지라도 인간은 가장 부패한 그 마음을 성찰하면서 다른 인간과 부대껴 받은 상처를 자연 가운데서 위로받곤 한다. 그 너그러운 덕성으로 인하여 자연은 하나님의 가장 심오한 교훈을 담아내는 공부의 터전이 될 뿐 아니라 인간의 경우와 또 다른 하나님의 형상을 머금고 있는 듯하다.

한 비평가의 통찰대로 자연은 그 최대치의 덕성을 발휘할 때 인간을 억압하지 않는다. 오히려 인간에 의해 억압받은 상처의 기억들을 떠올려 생각나게 하고 그 순간 그 환부를 어루만져줌으로써 치유의 기능을 수행한다. 언제부터 유행처럼 번졌는지 모르지만 그리 오래되지 않은 때부터 산에 가는 사람들이 점점 더 많아지더니 주말에는 넘쳐나기 시작했다. 언론의 보도에서도 드러났지만 나 역시 나름의 산행 경험을 통해 확인한 이런 현상을 다소 "문제적인" 현상으로 진단하기 시작했다. 주중에 특히 중년 여인들이 산길에서 눈에 자주 띄는 사유를 곰곰이 묵상해본 적 있다. 직장에 다니지 않는 중년 부인들이 우리 사회에 많다는 단순한 이유 외에도 어쩌면 그들에게 중년기까지 가해진 사회경제적·문화적 억압이 상대적으로 더 심한 탓이 아니었을까? 요컨대, 산에 다니는 사람들이 넘쳐나는 것은 그만큼 여가를 선용할 경제적 삶의 수준이 높아졌고 정신적인 교양의 욕구가 커진 탓도 있겠지만 반대로 경쟁사회를 통과하면서 누적된 피로와 불안이 자연과의 교감을 부추겨온 측면도 부인할 수 없으리라는 것이다. 더구나 여전히 완고한 가부장 체제의 틀에 눌리며 살아온 중년 부인네들은 일상의 스트레스 해소를 넘어 건강의 회복을 갈구하면서 억압을 돌파할 만한 통풍구를 자연 속에 개척하고 싶었던 것 같다.

이처럼 억압의 강도가 높을수록 그 억압에서 탈출하려는 욕구도

커진다. 이런 정신적 해방 욕구와 정서적 통풍의 동기는 한동안 교회 공동체가 담당하는 듯했다. 특히 부흥집회의 열정적인 도가니나 새벽기도회의 은밀한 공간은 집안에서 체감하는 억압의 정도가 심한 부인네들의 해방구 역할을 어느 정도 담당했다. 그러나 그들은 성과 속을 막론하고 인간들이 모인 공간과 거기서 구축된 관계 자체가 억압의 소인이 된다는 걸 어느 순간 본능적으로 알아챘던 것 같다. 이후 그 대안으로 부상한 것이 도심지의 인근 야산과 때로 멀리 떨어진 유명한 산들까지 다니며 시도한 원족의 탈출이다.

이처럼 인간의 억압을 풀어주고 상처를 다듬어주는 자연의 덕성을 잘 표상하는 자연물이 산이라면, 바다는 약간 다른 성질을 띠고 있는 것 같다. 땅의 일부로 가만히 고정된 채 너그러운 품을 열고 인간의 발길을 받아내는 산과 달리 바다의 물은 끊임없이 움직이면서 땅의 경계를 위협한다. 바다는 그 깊이로 자신의 속성을 드러내지만 그 바다 속의 컴컴한 심연은 보이지 않기에 두려움을 자아낸다. 성서의 기록 가운데 바다는 일관되게 하나님의 창조 질서를 전복시키는 흉용하는 물의 이미지로 인식된다. 하나님이 천지창조를 통해 물과 뭍을 나누었다는 것은 물의 혼돈을 제어하고 육지의 창조로써 이 땅에 살 만한 터전을 구축했음을 시사한다. 그러나 홍해와 요단 강을 위시하여 물을 매개로 발생한 역사적 사건과 "리워야단"(Leviathan) 같은 괴물의 존재를 떠올린 신화적 상상력은 이후에도 오랫동안 인간은 물론 하나님과 불화하는 창조의 아킬레스건처럼 바다와 물의 세력을 묘사하곤 했다.

이런 배경을 깔고 있어서인지 복음서에서 예수와 제자들이 산에서 생존의 심각한 위기를 겪은 이야기는 찾아볼 수 없다. 오히려 산은 이들에게도 안온한 도피처였고, 변화산 이야기가 시사하듯, 신령한 초월적 경험을 제공한 계시의 전당이었다. 그러나 이들은 갈릴리 바다를 선교의 무대로 누볐던 터라 바다와의 부대낌을 피할 수 없었다. 예수와 제자들은 뱃길 여행 도중 바다의 변덕스런 흉포함을 마주해야만 했다. 그 가운데 배를 타고 이동하던 중 풍랑을 만나 제자들이 예수를 깨우는 이야기는 바다라는 자연과 인간의 만남이 창세 이래 미완성의 평화라는 점을 상기시켜준다. 풍랑이 치는 와중에 작은 배의 한구석에서 잠든 예수는 그 지독한 피로만으로 설명하기 어려운 희한한 예외성을 보여준다. 사후승인적인 해석을 미리 끌어들이면 그는 흉용하는 물의 혼돈을 잠재우고 창조의 질서를 세운 하나님의 마음을 닮아 그 위협적인 물의 압제를 두려워하지 않았다고 볼 수 있다. 그리하여 날뛰는 물속에서 평안하게 잠을 잘 수 있었고, 제자들의 종용에 깨어나서도 전혀 당황함 없이 "잠잠하라, 고요하라"는 단 두 마디로 그들의 변덕스런 기세를 대번에 꺾어 누를 수 있었다.

여기서 우리가 놓치기 쉬운 흥미로운 점은 예수가 바다에 말을 걸며 소통을 시도했다는 것이다. 더 놀라운 것은 그의 외침에 바다가 말귀를 알아듣고 순종했다는 사실이다. 이는 예수가 혼돈의 흑암 위에 감도는 물의 세력을 누르고 천지를 지으신 창조주의 권능을 대변하는 상징적 의미를 담고 있지만 생태론적 맥락에서 조명해도 의미심장한 대목이다. 중세의 성자 프란체스코를 비롯해 일부 출중한 영성의 소유자들이 자연과 대화하며 소통했다는 전설이 있긴 하다. 그런 자연친화적 영성은 순한 동물이나 수동적인 식물과의 관계에서 무난하게 실현될 수 있었을 것이다. 그런데 자기를 통째로 잡아먹으려 달려드는 풍랑과 같은 무생물을 향해 사람에게 소리치듯 말을 건다는 것은 평범한 상황에서는 정신병자 취급받기 십상인 행태다. 예수는 그런 기괴한 행동을 직접 구연했다. 이는 제자들에게 믿음 없음을 질타하고 무엇이 진정한 믿음인지 보여주는 극적인 신앙 교육의 순간이었다. 공부의 기회는 이렇게 비범한 능력과 함께 찾아오기도 했다.

"생육하고 번성하라. 땅을 정복하라"는 창조명령은 아무리 신학이 고도로 발전해도 여전히 인간중심주의의 반경을 넘어서지 못하고 있다. 코스모폴리턴 신학이 자연을 어떻게 동료 피조물로 영접하고 환대해야 할지 그 이론적 근거와 실천적 지침을 마련해놓았다는 소문을 아직 듣지 못했다. 우리는 여전히 자연을 효용가치로 보는 관점에서 자유롭지 못하다. 그래서 개발을 빙자한 무차별 파괴의 움직임도 여전히 현재진행 중이다. 땅을 정복하라는 명령이 청지기직을 떠맡아 창조주 대신 이 피조세계를 성실하게 관리하라는 선교적 소명임을 깨달았다면 자연은 더 풍성한 공부의 전당으로 우리에게 다가와 더 친숙한 동반자가 되었을 것이다. 이 땅의 신학이 자연을 그런 동반 관계로 포용하되 심지어 난폭한 바다의 풍랑까지 영접하고 환대하는 품을 확보했더라면 굳이 큰소리치지 않고서도 다정한 대화와 소통의 장을 일구며 행복한 동행이 되었음 직하다. 그러나 인간 문명의 워낙 큰 소음들이 공해를 만드는 난개발의 현장에서 자연의 신음소리를 듣기란 너무 힘들다. 그 여린 생명들이 속삭이는 다정한 초청의 세미한 음향에서 소외된 채 살기에 가끔 천둥과 태풍, 지진과 화산 폭발의 굉음에 우리는 두려움을 느낄 수밖에 없다. 그러나 그 굴곡을 무릎쓰고 다가서서 공존하고 경청할 수 있다면 자연과 소통하며 배우는 것은 문자를 통해 배우는 것보다 그 배움의 품이 넓고 깊다.

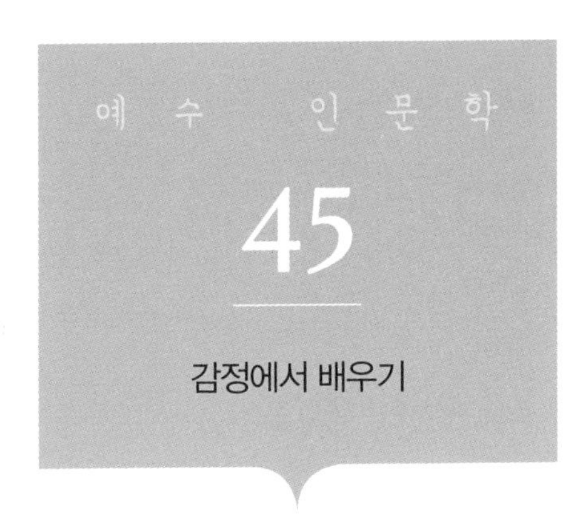

"예수께서 나오사 큰 무리를 보시고 불쌍히 여기사 그중에 있는 병자를 고쳐 주시니라"(마 14:14).

"예수께서 나오사 큰 무리를 보시고 그 목자 없는 양 같음으로 인하여 불쌍히 여기사 이에 여러 가지로 가르치시더라"(막 6:34).

인간의 배움을 지적인 사고 작용에 국한하는 것은 어리석다. 배움은 뇌를 중심으로 하는 정신적인 작용으로만 이루어지지 않는다. 정신으로만 배우는 것이 아니라 몸으로 배우는 영역도 매우 크다. 이성을 통한 지각의 활동이 배움에 큰 몫을 차지하는 것은 사실이다. 그러나 인간은 동시에 감정으로도 배운다. 이즈음 감정에 대한 학문적 관심도 폭발하는 추세인데 그 사상사적 기원은 19세기의 니체로 소급된다. 그 뒤로 감정 연구가 인문학과 사회과학은 물론 신학의 영역에서도 매우 다양하고 역동적으로 이루어져 왔다. 그 가운데 인간이 어떤 사안을 판단하고 중요한 결정을 내리는 과정에서 합리적 이성의 개입이 필수적이지만 그 미묘한 틈새로 감정이 결정적인 작용을 하는 점이 부각되기도 한다. 우리가 영적인 세계로 거론하는 관심사의 상당 부분도 곰곰이 따져보면 감정과 열정의 에너지가 투여되는 측면이 있다.

한편 감정을 부정적인 감정과 긍정적인 감정으로 나누어 분노, 좌절, 실망, 죄책감, 무력감, 질투, 시기, 슬픔, 외로움, 근심 등의 범주를 기쁨, 사랑, 위로, 감사, 감동, 연민, 긍휼 등의 범주에 비해 격하시키는 경향이 없지 않았다. 그러나 정신분석학과 심리학의 발전으로 부정적인 감정 역시 긍정적인 순기능을 가지고 있으며 그것이 생래적으로 인간의 가슴에 박혀 있는 게 아니라 후천적인 삶의 경험을 통해 획득되는 성질의 것이라는 사실도 여러 검증 결과 밝혀졌다. 특히 타인의 고통과 슬픔에 공감하는 연민과 긍휼의 감정은 역지사지의 성찰을 통해 꾸준히 배우지 않으면 인간적인 기본 자질을 결여한 냉혹한 인간이 될 수 있음이 여러 사례를 통해 확인된다. 감정이 인간화에 기여한다면 바로 이런 공감의 효과를 통한 것이고 그 토대에 근거하여 공적인 정당성을 띨 수 있을 것이다.

미국 사회를 보는 여러 긍정적·부정적 관점이 있지만 한 가지 후하게 인정할 수 있는 측면은 수많은 다문화를 지닌 다민족이 뒤섞여 살아가면서 거대한 나라로 통합된 질서를 유지하는 저력이다. 여기에도 물론 앵글로색슨계의 백인들로 구성되는 주류 세력이 있고 그 밖에 다양한 소수민족들이 병존하면서 적잖은 갈등을 야기해왔지만 노예해방과 인권 투쟁의 역사를 거치면서 그들은 서로 평화롭게 공존하는 방향으로 사회의 진보를 이끌어왔다. 그 진보의 흐름을 뒷받침해온 강력한 요인이 바로 공감의 능력인데 그 능력은 어려서부터 제도권 안팎의 다양한 교육 프로그램을 통해 구체적으로 함양되어왔다고 볼 수 있다. 공감의 역량도 체계적인 인성 학습과 세계를 보는 열린 시각을 길러주는 공부의 경험과 무관치 않았던 셈이다.

우리 사회가 점점 더 각박해지고 원자화된 개인의 각축장 속에서 점차 냉혈한이 되어가는 추세는 현 신자유주의 체제를 뒷받침하는 무한경쟁의 이데올로기 탓이 크다. 점점 더 악화되어가는 양극화의 물결에 우리 사회가 그토록 철저하게 무기력해진 것은 결국 그런 세태를 압도하는 교육의 힘이 실종된 때문이라고밖에 볼 수 없다. 특히 타인의 슬픔과 고통에 공명하고 그것을 자신의 것으로 깊이 체화하여 공감하는 능력의 약화는 교회마저 황량한 미립자 집단으로 소외시켜 조직의 지탱을 위해 고통과 슬픔 가운데 처한 사람들의 희생이 침묵을 강요당하는 실정이다. 우리 사회에 공동체성이 상실되고 그 구성원들 간에 공감의 능력이 박약해진 것은 종교가 오랫동안 유포해온 헌신과 희생의 이데올로기가 신앙적인 맥락에서 정당화되어온 저간의 사정과 무관치 않다. 자발적 희생자의 헌신이 없으면 억지로라도 만들어 격렬하게 처단함으로써 희생 제물로 삼고자 하는 병리적인 증상은 너무 뿌리 깊이 박혀 있어 치유의 처방이 쉽지 않다. 냉철한 이성의 판단과 별도로, 서로 간에 차이를 포용하고 타인의 감정에 공명하는 감정 학습이 긴요한 상황이다. 우는 자들과 함께 울고 웃는 자들과 더불어 기뻐할 줄 아는 공감 교육의 활성화가 절박한 것이다.

이와 관련하여 예수로부터 중요한 단서를 얻어 우리 공부에 활용한다면 무엇이 있을까? 복음서의 압도적인 분량을 차지하는 내용은 예수가 병든 자들을 치료한 이야기들이다. 거기에 공통적으로 드러나는 특징은 예수가 그들을 치유한 동기와 관련해 일관된 어휘를 사용해 표현하고 있다는 것이다. 그것은 "스플랑크니조마이"(*splanchnizomai*)라는 단어인데 그 명사형은 "스플랑크논"(*splangchnon*)으로 "내장", "창자"를 뜻하는 말이다. 마치 구약성서에서 "긍휼"(*raḥamim*)을 뜻하는 용어로 여성의 자궁을 뜻하는 "레헴"(*reḥem*)이란 히브리어를 사용했듯이, 신약성서에서는 유사한 의미를 생체의 또 다른 부분에 빗대어 담아낸 것이다. 나는 이 단어의 동사형을 다른 곳에서 "창자가 끊어질 듯한 통증을 수반하는 치열한 연민"으로 조금 길게 해석하곤 했다. 이는 내 몸이 스스로 경험한 적이 있기에 언제나 실감 나는 의미로 다가온다. 마치 부모가 병든 자식의 아픔을 깊이 끌어안고 불쌍하게 여기듯이, 그와 같이 치열한 연민의 심정으로 상대방의 아픔을 자신의 것으로 동화시켜 깊이 공감한다는 뜻이다.

복음서의 예수는 두 가지 문맥 속에서 이 단어를 자신에게 적용하여 표현한다. 그 절대 다수를 차지하는 맥락은 예수가 병든 자나 죽은 자를 향해 치유의 의욕을 발동시키는 대목이다(마 14:14; 20:34; 막 1:41; 6:34; 9:22; 눅 7:13). 또 한 가지의 맥락은 예수를 따라온 군중이 저녁때를 맞아 먹을 것을 얻지 못한 채 목자 없는 양처럼 유리하는 모습을 보며 탄식하는 대목이다(막 6:34; 마 9:36). 인간 삶의 풍경 중에서 가장 불쌍한 현실은 죽거나 병들어 방치된 자식을 대하는 부모의 무기력한 심정과 보호자 없이 버림받은 채 먹을 것을 취하지 못한 채 굶주리는 모습이다. 예나 지금이나 굶주림과 질고의 고통은 살아 있는 생명을 짓누르는 가장 큰 고통이다. 이로 인해 사망에 이를 때 겪는 그 슬픔 역시 뭇 인간이 통과해야 할 가장 극렬한 감정이다. 예수는 인간의 이런 실존과 현실적 고통에 자신의 내장이 찢어지는 수준으로 공명할 줄 알았고, 그것이 바로 치유와 문제 해결의 직접적인 동기였다.

인간은 누구나 고통이 다가오면 회피하는 경향이 있다. 슬픔이 좋아 그것을 자초하길 원하는 자는 아무도 없다. 이런 것들이 인간의 내면에 가하는 부정적인 타격과 건강을 해치는 악영향을 우리는 상식과 경험을 통해 잘 안다. 그래서 세상이 험악해질수록 고통의 회피자들이 늘어나는 것은 어쩌면 당연한 현상이다. 그러나 그런 현상에 대한 탄식만으로 살아서는 이 땅의 역사에 진보는 없다. 그렇게 메마른 세상에서 인간성의 심화는 점점 더 불가능해지고 오히려 황폐한 세상의 파멸을 점점 더 부추길 뿐이다. 분명한 사실이 그렇다. 타인의 고통을 힘써 배우지 않으면 공감의 능력은 저절로 우리 내면에 자생하지 않는다.

감정이 격렬하게 폭발은 해도 차분한 공감의 역량이 쇠락한 세태다. 내장이 파열될 듯한 고통을 수반하는 치열한 연민이란 예수에게만 해당되는 미덕일까? 하나님은 우리에게도 타인의 고통과 슬픔에 민감하게 반응할 만한 감정의 능력을 심어두셨다. 다만 애써 공부하여 배우지 못하고 경험하여 깨치지 못하기 때문에 점점 둔화되고 마비되어왔을 뿐이다. 선한 사마리아 사람의 선행이 그가 사마리아 사람이기 때문에 가능했다고 말하는 것은 분명 과장이고 섣부른 예단이다. 그러나 그가 사마리아 사람의 차별 경험을 통해 타인의 고통과 슬픔을 몸으로 애써 배울 수 있는 교육적 환경에 노출되어 있었기에 그런 치열한 연민의 행동을 더 수월하게 감당할 수 있었을 것이라고는 말할 수 있다. 그는 분명히 고통에 처한 상대방을 향해 깊이 공감하는 능력이 있었고 그것은 자기 상처를 통한 감정 공부에서 발원했을 것이다.

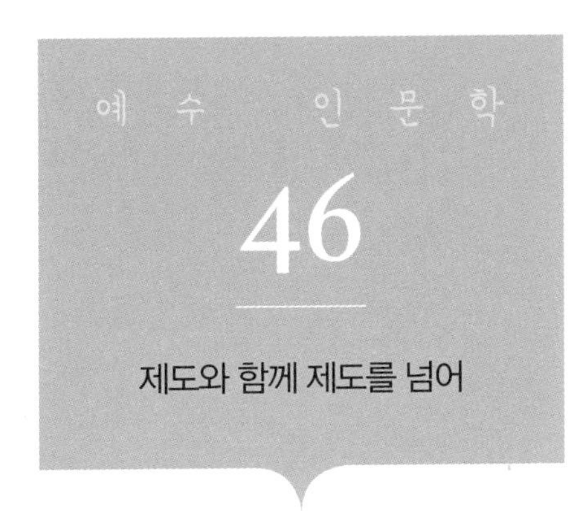

"삼가 아무에게 아무 말도 하지 말고 가서 네 몸을 제사장에게 보이고 네가 깨끗하게 되었으니 모세가 명한 것을 드려 그들에게 입증하라"(막 1:44).

흔히 공부의 단계를 중시하여 동양에서는 "수신제가 치국평천하"(修身齊家 治國平天下)라는 『대학』의 문구가 애용된다. 자신의 몸을 극진하게 닦아 집안을 다스린 연후에 나라를 통치하고 천하를 태평하게 할 수 있다는 이 교훈의 일리는 아무리 강조해도 지나치지 않다. 이와 유사하게 신약성서에서도 교회 공동체를 치리하는 감독 직분의 자격과 관련하여 "자기 집을 잘 다스려 자녀들로 모든 공손함으로 복종하게 하는 자"라는 단서 아래 "사람이 자기 집을 다스릴 줄 알지 못하면 어찌 하나님의 교회를 돌보리요"(딤전 3:4-5)라고 반문한 바 있다. 자기 집을 잘 다스려야 하는 역량을 강조한 나머지 그것이 가부장 체제의 강고한 기반을 무조건 정당화하는 방향으로 인식된 것은 과잉 해석의 부정적 유산이다. 여기에는 그 가부장 감독의 개인 신앙과 영성, 인격을 어떻게 잘 도야해야 가정을 다스릴 자격을 얻을 수 있는지 그 행간의 의미가 사장되어 있기 때문이다.

그러나 공부는 끝이 없어 아무리 극진하게 개인의 "수신"을 해도 다함이 없으며, 아무리 정성껏 "제가"를 해도 미진함만이 도드라질 뿐이다. 따라서 개인의 공부를 완성한 뒤 집안을 다스린다는 것은 지나치게 이상적인 목표다. 집안을 온전히 다스린 뒤에야 나랏일로 섬기거나 천하를 평화롭게 하는 공익을 추구할 수 있다는 것도 과도한 비인간적 관념론이다. 인간이 그렇게 질서정연하게 진보하는 존재로 생겨먹지 않았기 때문이다. 여전히 미숙한 인격의 수준에서 가정을 갖게 되고 여전히 잠재된 가정의 불화와 갈등 요인을 품은 채 공무를 수행하며 천하의 제반사를 논하곤 하는 게 인간이다. 이런 미완성의 공부를 끝까지 밀어붙이며 포기하지 않는다면 그 가운데 공부의 결실을 헛되이 낭비하지 않기 위해 공적인 맥락에서 짚고 넘어가야 할 또 하나의 관문이 있다. 그것은 제도를 어떻게 다루어야 하는가라는 문제다.

흔히 자유주의자는 제도권을 허접하게 본다. 정신의 자유를 고상하게 여기는 사람일수록 제도권이라는 말 속에 세속적인 이권의 분배에 달라붙어 서로 한 점의 고기라도 더 뜯어먹겠다고 아귀다툼으로 덤벼드는 풍경을 상상한다. 나는 그런 태도의 절반쯤이 위선이나 허세라고 본다. 그런 초월적 포즈 이면에 제도권의 사회경제적인 이권, 정치적인 권리에 민감하게 반응하면서 남들보다 손해 보지 않으려고 아등바등 더 집착하는 심리를 감추는 경우가 허다하기 때문이다. 이와 반대되는 위치에 제도권의 세계를 삶의 전부로 간주하는 또 다른 극단이 자리한다. 이른바 현실주의자의 태도다. 우리가 살아가는 삶의 모든 영역이 국가와 지역사회, 교회와 직장, 그 밖에 직간접으로 연루된 각종 조직과 체계의 규범에 연계되지 않은 부분이 없다는 인식이 그런 태도의 밑바닥에 깔려 있다. 이런 태도를 실용적으로 잘 갈무리하면 세속적 출세와 성공의 가능성이 활짝 열린다. 그러나 그 대가로 자신의 삶과 공부의 태도를 언제든지 인습과 관행에 저당 잡힐 준비가 되어 있어야 한다.

이런 제도권 안팎의 사정을 면밀히 투시해보면 제도와 함께 제도를 넘어서는 게 얼마나 중요한지, 또 그것이 얼마나 어려운지 새삼 중요한 공부의 음지를 발견하게 된다. 제도를 무시해서는 이 땅에 명랑하게 발붙이고 살기가 버거워진다. 아무리 부족하고 문제가 많아도 현재 상태에서 다중의 욕망을 관통하는 최소공배수가 그 제도와 각종 법규 속에 압축되어 있기 때문이다. 반대로 현행 법규와 제도에 매몰되어버리면 그 너머로 펼쳐지는 미래적 희망이 고갈되어 더 이상 우리를 영원의 지평으로 이끌어주는 하나님의 꿈을 공유할 수 없게 된다. 그 대가로 얻는 것은 풍성한 실용주의의 미덕이겠지만 잃는 것은 도통 써먹을 수 없기 때문에 역설적으로 소중한 가치들이다. 더구나 그 제도 지향적인 실용주의의 미덕이 다수와 공유되지 않으면 그 길이 바로 속물로 가는 지름길이라는 사실을 잊어서는 안 된다.

열렬한 청춘의 시각에서 예수를 흔히 반율법주의자로 낙인찍어 이해하는 경향이 있는데 그것은 맞기도 하고 틀리기도 하다. 예수가 당시 유대교의 여러 율법적 관행을 비판적으로 성토하고 전복적으로 해체하는 언행을 보여준 것은 사실이다. 그는 음식 먹을 때 손을 씻는 장로들의 전통에 구애되지 않았다. 안식일에 선행을 실천함으로써 일하지 말아야 한다는 규율의 문자주의도 멀찌감치 벗어났다. 그뿐 아니라 구전 율법 가운데 왜곡되고 오용되던 여러 조항들의 의미를 재해석하여 그가 당대 주류의 해석적 통념과 제도권의 관행에 찬물을 끼얹은 것도 사실이다. 그가 율법을 자랑하는 자들에게 붙여준 "외식"의 딱지는 주로 율법의 본령을 도외시하고 그 형식주의적 겉치레에 치중하여 율법을 베풀어주신 하나님의 뜻을 망각한 결과였다. 그러나 이런 특징을 예수가 율법의 전통 자체를 무시한 증거로 읽어서는 안 된다. 그는 안식일에 회당에 들어가 유대교의 전통대로 두루마리의 말씀을 읽고 선포하는 일을 자연스럽게 이행했고, 결혼과 이혼에 대한 입장을 토라의 보수적인 전통 위에 못 박아 강조했다.

무엇보다 율법 중 가장 보수적인 제사법을 그가 제도권의 유익한 혜택으로 강조한 점은 제도와 함께 제도를 넘어가는 일의 한 모범적 사례로 특기할 만하다. 한 나병 환자가 예수 앞에 다가와 꿇어 엎드려 깨끗하게 해주시길 간청했다. 예수는 그 특유의 자비심, 즉 "내장이 끊어질 듯한 통증을 수반하는 치열한 연민"에 이끌려(*splanchnitheis*) 그에게 손을 대 소원을 들어주었다. "내가 원하노니 깨끗함을 받으라"(막 1:41)는 것이 그가 안수하면서 건넨 말이었다. 예수는 나병 환자를 대하면서 나병이 하나님의 저주를 받아 생긴 천형이라는 제도권의 인식을 멀찌감치 벗어나 있었다. 이로써 예수는 나병 자체보다 불결한 생명으로 낙인찍혀 공동체의 바깥으로 퇴출된 그의 존엄한 생명과 그 불쌍한 상태에 더 관심을 보였다. 그렇기에 그 나병 환자를 천벌 받은 상태라는 족쇄에 묶어두기보다 깨끗함을 받게 해주는 것이 예수의 뜻이었다. 그 반제도적인 "뜻"은 즉각 제도 초월적인 행동으로 나타났으니 바로 그가 제도권에서 불결하게 여겨지던 나병 환자의 몸에 손을 댄 것이다.

그 결과 그는 기적적인 치유의 권능에 힘입어 깨끗한 몸으로 회복되었다. 물론 여기서 이야기가 종료된 것은 아니다. 그의 치유는 곧 재활과 사회적 회복으로 이어진다. 당시 율법에 규정된 대로 그 몸을 제사장에게 보이고 깨끗해진 증거를 얻어 모세의 율법 규정을 따라 제물을 드림으로써 사회적 회복 절차를 밟게 했다. 그는 철저하게 제도의 규범을 준행하여 그 절차를 따르라고 요구한 것이다. 그것이 유대인 공동체로 복귀하여 가족과 재회하고 정상적인 사회인으로 새 출발을 하게 되는 외곬의 재활 절차였기 때문이다. 이 후반부의 명령이 과연 예수의 말씀인가 싶지만 그게 바로 제도를 넘어서되 제도와 함께 그렇게 하고자 지혜를 발휘한 예수의 선택이 맞다. 예수 자신을 위해서는 이런 지혜가 불필요했을 것이다. 법 없이도 사는 사람이라는 호칭에 걸맞은 행보를 그가 줄곧 보여왔기 때문이다. 그러나 그의 이타적 사랑은 제도권 속에서 입증받아야 하는 연약한 삶의 자리까지도 십분 수긍하여 그런 번거로운 절차마저 감내하도록 했다.

제도를 통과하는 제도적인 사랑의 힘은 보수적이라고 과소평가하기 쉽다. 그러나 어떤 종류의 삶도 평가의 대상이기에 앞서 향유의 대상이다. 건강한 심신으로 누리는 구체적인 삶의 자리가 공백인데 무슨 중뿔난 평가가 그 삶을 건사할 수 있단 말인가? 살이 썩어 냄새 나는 몸으로 천덕꾸러기처럼 떠돌며 살지 않아도 된다는데 제사장에게 가서 입증받고 작은 제물 하나 드리는 게 뭐 그리 대수란 말인가?

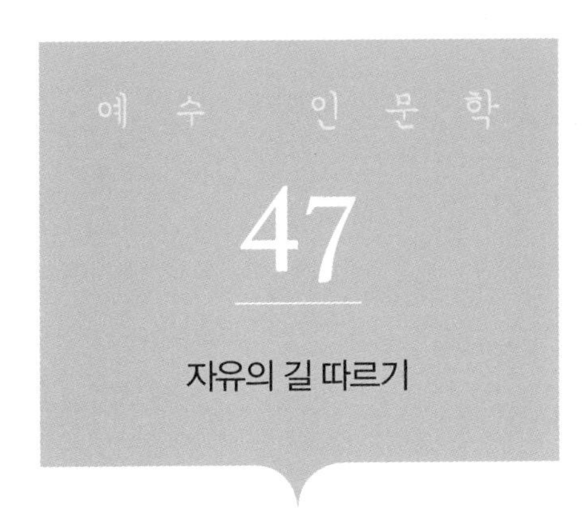

"진리를 알지니 진리가 너희를 자유롭게 하리라"(요 8:32).

자유만큼 매혹적인 가치는 없다. 공부의 목표로서도 최상급의 목표라 할 만한 주제가 바로 자유다. 하나님의 최고 최상의 속성을 따지고 또 따져봐도 자유 우편에 설 항목이 없어 보인다. 그렇다면 하나님의 형상을 따라 만들어졌다는 인간도 이 자유를 깊이 추구하는 존재일 수밖에 없다. 물론 그 자유는 인간의 죄와 악으로 인해 많이 훼손된 상태다. 바로 이런 이유로 더 치열하게, 피의 냄새를 풍기면서까지 인간의 역사는 해방과 자유를 추구해온 역정으로 점철되어 있다. 그만큼 자유는 빵의 가치 못지않게, 아니 그 이상으로 인간을 인간답게 만드는 소중한 미덕이다. 목숨을 걸고 투쟁할 만큼 인간은 누구나 자유로운 존재로 살고 싶어 하고, 자유로울 때 가장 창조적인 생명으로 약동한다.

자유를 옭아매는 요소는 퍽 많다. 노예를 사유재산처럼 부리던 시대에는 인간의 계급 구조가 족쇄가 되었다. 그 틀 속에 특정 인간을 가두어 태어난 혈통에 따라 차별하는 습속이 사라진 것은 인간의 존엄성에 대한 발견과 함께 꾸준히 지속해온 가치 투쟁의 결과였다. 정치적인 독재와 그 체계의 억압, 물질 소유의 과소에 따른 경제적인 주종관계 역시 근대화된 세계에서 은근히 자유의 독소로 작용하곤 한다. 오늘날 자본주의 체제가 무한경쟁을 부추기는 신자유주의라는 신종 이념의 날개를 달면서 얼마나 인간을 비굴하게 만들고 노예근성을 강제해왔는지 개론적 수준의 분석만 들이대도 대번에 드러난다. 이처럼 역류하는 시대정신의 혼돈 속에 억압이 심할수록 역설적으로 인간은 더 집요하게 자유를 꿈꾼다. 그 꿈이 영글어갈 적절한 시점에 자유의 말이 튀어나오고 자유를 쟁취하는 과감한 행동이 돌출하기도 한다. 나아가 그 행동이 한 개인의 것이 아니라 다수 집단의 극적인 행동으로 증폭될 때 마침내 자유를 공동체 전체의 결실로 실현하려는 해방의 혁명이 활화산처럼 터져 나오게 마련이다.

자유의 가치를 신학 윤리적 맥락에서 공들여 사색한 선구자는 사도 바울이다. 그는 갈라디아서와 고린도전서를 통해 자유를 두 가지 관점에서 조명했다. 먼저 그는 당시 유대교의 제반 율법적 규범이 인간을 해방시키는 데 기여하기보다 억압적인 기제로 오용되는 현실을 직시했다. 이에 대한 신학적 응답으로 그는 예수 그리스도 안에서 "이신칭의"의 복음이 죄와 율법, 죽음의 족쇄로부터 인간을 해방시켜주는 자유의 토대임을 역설했다. 정신적·영적 해방으로서의 자유가 복음의 본질임을 간파한 것이다. 그것은 우리가 발버둥 치며 정치투쟁이나 혁명을 통해 쟁취한 제도적인 자유가 아니라 그리스도가 우리를 자유롭게 하려고 주신 선물로서의 자유였다(갈 5:1).

그러나 바울 시대의 세계관을 주도하던 헬레니즘 사조 가운데 전승된 자유는 자기가 하고 싶은 대로 하고자 하는 개인주의적인 자유의 전통이 강했다. 또 이것이 고린도 교회 일부 교인들에게 영향을 끼쳤는지 그들 역시 자신의 지성과 분별에 의지하여 "주 안에서" 모든 것을 거리낌 없이 할 수 있고 마치 그것이 그들의 영적인 목표인 양 인식하고 행동한 듯하다. 이런 개인의 자유 행동이 공동체의 일치와 단합을 저해하고 그 질서를 훼손할 위험이 생기자 바울은 자유의 또 다른 윤리적 지침을 조탁한다. 그 기본 원리는 그리스도 안에서 우리가 모든 것을 할 자유가 있고 그것이 개인의 권리로 합당할지라도 공동체를 건실하게 세우지 못한다는 것이었다. 이와 함께 바울은, 그 자유에 대한 앎이 개인의 지각과 양심만을 따질 경우 우리를 교만하게 만들기 쉬운데 비해 사랑은 그 자유를 연약한 타인을 배려하는 섬김의 자유로 이끈다는 통찰도 제시했다. 바로 이런 맥락에서 바울은 사랑과 자유의 변증법적 역설을 고안해냈다. 헬레니즘의 사유에 익숙하던 고린도 교회는 자유의 신학적 보편 원리가 신앙 공동체의 구체적인 상황과 부대끼면서 "~로부터의 자유"에 머물 수 없었다. 그 해방의 자유는 "~을 위한 자유", 곧 섬김의 자유와 짝을 이루어 그 신학적 윤리학의 토대를 세울 수 있었다.

바울과는 또 다른 전승을 좇아 요한복음의 예수는 진리가 우리를 자유롭게 하리라고 선포했다. 우리가 스스로 자유롭게 되는 것이 아니라 "진리"가 그 자유를 선사하는 매개체라는 것이다. 요한복음의 맥락에서 진리는 스스로 "길이요, 진리요, 생명"이라고 선포한 예수 그리스도 자신이다. 이 어록의 주변을 살펴도 하나님의 아들인 예수는 "노예"의 신분과 구별된 위상을 가지고 자유를 매개하는 결정적인 변수로 자리매김된다. "아들이 너희를 자유롭게 하면 너희가 참으로 자유로우리라"(요 8:36)는 것이다. 이런 자유는 인간이 각자 자신의 자유를 위해 투쟁하며 쟁취하는 그림에 비해 매력이 좀 떨어지는 듯하다. 그러나 관점을 바꾸어 해석하면 이런 자유야말로 우리가 얻어 누릴 수 있는 최선의 목표라는 생각이 든다.

자유는 자유로워져야 할 구체적인 대상이 전제되어야 하듯이, 무엇을 지향하는 자유인지 그 질적인 수준과 누구를 통해 그 자유의 길

을 닦아야 할지 매개항이 반드시 개입한다. 막연하게 탈출하는 자유의 개념만으로는 방종으로 흐르거나 자족적인 내면의 자유에 국한될 뿐이다. 이 세상의 모든 공부가 그렇고 신앙도 꾸준히 배워야 하듯이, 자유 역시 특정한 진리의 토대 위에서만 활성화되는 가치다. 가령, 예수를 훼방하고 대적한 유대인들은 아브라함의 자손으로 남의 종이 된 적이 없다고 믿고 있었지만 선민 이데올로기의 틀에서 확립한 그 제도적인 자유로써 진리를 선포하는 예수를 죽이려고 했다. 그들의 자유는 정치적·종교적 자유로 정당성을 띠고 있었지만 파괴적인 일에 소모됨으로써 결국 진리에 역행하는 부정적인 가치로 전락한 것이다. 그것은 진리라는 내용이 없이 자유라는 허울로써 오히려 몽매한 의식의 부자유 속에 생명을 갱신하는 해방의 자유를 가둔 격이었다.

어떤 스승을 만나 어떤 종류와 어떤 질적 수준의 자유를 배우고 익히는가에 따라 자유로써 일구어가는 공부의 결실이 천차만별로 드러난다. 진리를 따라 수행해온 공부의 축적이 없으면 자기 마음에 하고 싶은 대로 행하는 개인주의의 자폐적 자유에 머문다. 자유가 그렇게 숨구멍을 잃을 때 그것은 무위도식이나 방종의 지름길이 될 수도, 파괴를 일삼는 음모와 살인 기계가 될 수도 있다. 반대로 타인의 억압에 민감하여 그 족쇄를 넘어 하나님의 자유를 갈망하는 자에게 그 자유는 피를 대가로 치르면서까지 정치적·종교적 해방의 자유로 팽창해나갈 수 있다. 그런가 하면 진리를 향한 공동체적 순례의 여정 속에 자유로운 유랑의 삶을 추구하는 경우도 있다. 그 과정에서 유랑자는 억압과 독재에 저항하고 투쟁하면서도 자유를 자기 성찰의 거울로 선용할 줄 안다. 덕분에 그는 그 싸움으로 인한 상처의 독소에 감염되거나 그 싸움의 대상을 닮아가는 누추함을 피해갈 수 있다. 자신의 자유를 극대화하기 위해 타인의 자유를 침해하고 파괴하지 않는 것이다.

혹자는 말한다. 오늘날과 같은 자본주의 사회에서는 돈을 많이 벌어 경제적인 여유가 풍족해야 돈의 족쇄에서 해방되어 자유를 누릴 수 있다고. 또 다른 목소리는 흥분하여 외친다. 오늘날 제도권 종교가 워낙 부패한 탓에 거기서 속히 탈출하여 체제의 속박을 벗어나고 자신의 사적인 정신세계를 확보하는 것이야말로 진정한 자유의 지름길이라고. 그런가 하면 정치적 자유의 신장을 추구하는 또 다른 한편에서는 이렇게 선포한다. 혁명을 하든, 개혁을 하든, 화끈하게 이 세상을 뒤집어버려야 평범한 서민 대중의 인권을 확대할 수 있고 이에 비례하여 다방면의 자유도 맘껏 누릴 수 있게 될 것이라고. 그러나 어떤 방향의 자유든, 좋은 스승을 만나 그 자유의 실상을 정확하게 파악하고 그 함정을 조심해야 한다. 무엇보다 자유의 실현 가능성을 자신과 공동체의 삶의 자리에서 탐구하지 않으면 자유가 오히려 파산의 덫이 될 수 있음을 깨달아야 한다. 자유가 하나님의 선물이란 말은 맞다. 자유가 인간의 투쟁의 산물이란 말도 맞다. 그러나 자유가 "진리"를 매개로 추구되어야 할 실험과 공부의 대상임도 동시에 알아야 한다.

"내 안에 거하라. 나도 너희 안에 거하리라"(요 15:4).

"너희가 내 안에 거하고 내 말이 너희 안에 거하면 무엇이든지 원하는 대로 구하라. 그리하면 이루리라"(요 15:7).

공부는 혼자서도 할 수 있지만 좋은 선생을 만나면 탄력을 받게 된다. 물론 선생이 공부를 대신해주는 것은 아니다. 그러나 선생이 공부를 이끌어주거나 공부의 방법을 전수해줄 수는 있다. 또 선생의 감화력은 말로써 가르치는 데서 머물지 않고 사랑과 존경이란 자산을 제자와 공유함으로써 독특한 신뢰 관계를 구축한다. 이것이 내가 보기에 학점 따는 공부, 말로써 전수되는 공부와 별도로 얻을 만한 가장 큰 공부의 자산이다. 신뢰는 특정한 전문 분야에 걸친 선생의 실력만 을 믿는 게 아니다. 선생의 인품이 비록 큰 위상을 차지하긴 하지만 그것도 인간의 오장육보를 지니고 살아가는 한 한계가 있다. 인품에 대한 과도한 기대는 거기에 나는 작은 생채기 하나로 하루아침에 와르르 무너질 수 있다. 그러면 신뢰의 궁극적 지향은 무엇인가? 그것은 서로가 서로 안에 거하는 상호 내주의 관계에서 싹트는 특별한 인연이다. 거기에 충실성을 걸고 한평생 귀하게 여기는 일종의 운명적인 투탁의 자세다.

상호 내주는 서로가 서로 안에 거하는 특별한 신뢰의 관계다. 서로가 서로에게 속하지 않고는 이런 관계의 탄생은 불가능하다. 그것은 무슨 중뿔난 지식을 습득하기에 앞서 그 지식을 전수하고 전수받는 사람을 알아가는 돈독한 신뢰 가운데 싹튼다. 서로가 서로에게 속하는 공부의 관계, 그로써 서로가 서로 안에 거하는 상호 내주의 인연은 요한복음의 예수에 의해 여러 차례 강조된 메시지다. 그 사상사적 기원을 추적해보면 이미 창세기에 그 원뿌리가 내려져 있음을 알 수 있다. 아담의 갈빗대 하나를 꺼내서 하와를 지었다는 이야기는 얼핏 남녀 종속적 차별의 관계를 전제하는 것 같다. 그러나 다른 관점에서 보면 이는 한 남녀가 서로를 자신의 몸의 일부로 용납함으로써 상호 내주의 관계로 파악한 최초의 증거다.

아담이 하와를 향해 "이는 내 뼈 중의 뼈요, 살 중의 살이라"(창 2:23)고 고백한 진술도 그렇고, 하나님이 이 두 사람을 짝으로 맺어주면서 둘이 한 몸을 이루라고 선포한 명령도 마찬가지다. 서로가 그렇게 몸으로 깊숙이 받아들여 알지 못하면 아무리 많은 객관적 정보를 지니고 있어도 제대로 안 것이 아니다. 요한복음에서 "안다"는 말은 그 그리스어 표현(*ginōskō*)과 거기 상응하는 히브리어 표현(*yada*) 모두 남녀의 신체적 결합을 은연중 전제로 한다. 사람이 사람을 아는 가장 친밀한 관계는 신체를 동원하는 성적인 결합이다. 따라서 부부간의 관계는 단절된 "마디"[寸] 하나 없는 무촌이다. 아무리 싸워도 칼로 물 베기라는 말 그대로 한 이불 덮고 자다 보면 그 몸의 부대낌과 섞임 속에 다시 한 몸으로 융합된다. 이런 배경을 깔고 후대의 영지주의 문헌은 남녀의 혼인방 비밀을 그리스도와 그리스도인들 사이의 영적인 소통과 합일을 추구하는 비유적 모티프로 종종 애용했다.

이와 같이 서로가 서로 안에 거하는 상호 내주의 관계는 고고학적 계보의 탐색을 통해 추적해보면 구약성서 아가를 통해 요한복음의 예수에게로 전승된 것 같다. 에로틱한 언어의 성찬으로 가득한 아가는 술람미 여인과 그 연인 사이의 사랑놀이와 숨바꼭질이 매우 농염한 묘사로 넘쳐난다. 세세한 신체 묘사에 녹아든 에로티시즘의 미학을 통과한 연후에 터져 나온 그 절정의 고백은 딱 두 가지의 문장으로 요약될 수 있을 듯하다. "내 사랑하는 자는 내게 속하였고 나는 그에게 속하였도다"(아 2:16); "사랑은 죽음같이 강하고 질투는 스올같이 잔인하며 불길같이 일어나니 그 기세가 여호와의 불과 같으니라"(아 8:5).

첫 번째 문장은 사랑하는 두 남녀가 몸으로 붙어 있지 않을 때도 서로가 서로에게 속해 있다는 그 믿음을 통해 상호 내주의 인연을 확인하는 장면이다. 개체로서의 인간이 아무리 친밀하다 할지라도 늘 절정의 성관계 상태로 살 수 없는 노릇이다. 더구나 그 연인이 보이지 않는 중에는 그동안 축적된 앎 가운데 이런 상호 내주의 믿음만이 서로를 향한 일체감을 확인해주는 관계의 지렛대다. 이런 고백 속에 화자는 사랑하는 연인이 백합화 가운데 양 떼를 먹이는 모습을 그리면서 자신을 은근히 백합화로 감정이입하여 그 시적인 표상 속에 임과 동행하는 상상을 한다.

두 번째 고백은 이런 상호 내주의 인연을 뒷받침하는 남녀의 끈끈한 사랑이 죽음처럼 강렬하여 야웨의 불에 그 기세를 빗대는 장면이다. 이런 사랑은 그 상호 내주의 소속감이 깨져버리면 죽음으로 직행할 정도로 위험한 부담을 감수해야 한다. 그 틈새로 끼어드는 최악의 독소는 질투다. 질투가 지옥의 불처럼 타오르면 에로스의 사랑은 죽음을 향해 파산한다. 그것이 야웨의 소멸하는 불에 비유되고 있는 것이다. 이 세속적 욕망이 자욱한 사랑 노래는 대개 고대 근동의 유사한 사랑 시편을 태반으로 생성된 것으로 보지만 정경의 일부로 수용되는 과정에서 알레고리의 독법이 크게 작용했다. 하나님과 그의 언약 백성 사이에 맺어진 독실한 사랑이 이런 남녀의 애정 관계에 빗대어져 표현된 것이라는 믿음이 랍비들에게 공감을 일으킨 결과였다. 아울러 신약 시대에 그리스도와 교회의 각별한 관계가 신랑 신부의 혼인 관계에 비유된 내막 역시 이런 아가의 유비적 사랑 전통에 적잖이 빚진 듯하다.

요한복음의 상호 내주적 원리 역시 예수를 통해 이런 사상사적 배경 위에 확대 심화된 감이 없지 않다. 그는 제자들과의 이별을 앞둔 상태에서 신체로 부재하지만 영적으로 소통하는 사제의 인연을 특별히 기리고자 유기체의 신뢰 관계를 강조하면서 이 말씀을 남겼다. 그것은 단순한 서술형의 어록이 아니라 제자들의 신뢰를 강화하기 위한 교육적 목적으로 다급한 명령형의 문장 속에 제시되었다. "내 안에 거하라. 나도 너희 안에 거하리라"(요 15:4). 포도나무와 가지의 유기체적인 관계는 생사를 가르는 운명적인 관계다. 예수는 제자들과의 인연을 그와 같이 각별한 신뢰의 관계 속에 정초하길 원했다. 자신의 살과 피를 나누어주는 마지막 상징제의가 시사하듯, 그는 제자들 역시 운명을 걸고 자신과의 인연을 지켜나가길 소원했다. 그 인연의 초석이 하나님 나라든, 사랑이든, 우정 어린 희생이든, 구원이든, 이 모든 것들의 열매는 오로지 스승인 예수와 제자들을 통해 맺어질 수 있을 터였다. 그만큼 절박한 종말론적 희망의 지표가 서로가 서로 안에 거하는 관계에 달려 있었던 것이다.

예수가 일단 이 땅을 떠나 신체적으로 부재한 상태에서는 그가 남긴 말이 제자들 가운데 지켜져야 할 부재하는 스승의 유산이다. 그래서 예수는 자기를 대신하는 자신의 말로써 그 제자들 가운데 거한다. 제자들이 그 말에 거하는 방식은 그 말을 준행하는 것이다. 그 말이 기억나지 않으니 보혜사의 영으로 틈틈이 상기시켜주는 은혜가 임한다. 채 습득하지 못한 말씀이 있어도 덩달아 연상케 함으로써 덤으로 깨우쳐주는 에누리도 생긴다. 이처럼 말과 실천의 상호 내주 속에서는 스승이 떠나고 제자들의 공부가 부족해도 스승의 지혜를 구하고 더욱더 발전할 수 있는 토대가 제공되는 것이다. 우리가 간절한 무엇을 구해 얻을 수 있는 최선의 길은 전적인 신뢰와 사랑으로 맺어진 이런 상호 내주의 관계다. 당사자가 그 자리에 없어도 그 말의 권위가 살아남아 있는 한 그 구함은 이루어질 수밖에 없다. 이것이 바로 공부에 결정타를 이루는 상호 내주의 원리다.

때로 스승이 남긴 목소리 한 마디, 공책 한 권, 때 묻은 책 한 권, 스승이 다니던 오솔길의 정취 어린 분위기에 대한 기억이 상호 내주의 인연을 지속시키는 매개항이 된다. 보혜사는 그 인연 속에 공부의 성취를 북돋아주는 덤의 선물이다. 배움의 자리에서 맺어진 상호 간의 극진한 신뢰 없이 공부는 꽃피어나지 못하고 결실할 수도 없다.

"내가 진실로 진실로 너희에게 이르노니 온 천하에 어디서든지 복음이 전파되는 곳에는 이 여자가 행한 일도 말하여 그를 기억하리라"(막 14:9).

"이것은 너희를 위하여 주는 내 몸이라. 너희가 이를 행하여 나를 기념하라"(눅 22:19).

잘 사는 것은 잘 죽는 것과 무관하지 않다. 아무리 평생을 잘 살아온 사람도 마지막에 한꺼번에 추해질 수 있다. 가령, "사회적 죽음"이라고 하는 은퇴를 예로 들어보자. 교회를 어렵사리 개척하여 30년 넘도록 성자처럼 목회를 해온 한 성직자는 평생 휴가 한 번 가지 않고 교회를 전심전력으로 섬겨왔다. 헌신적인 섬김의 노력에 하늘도 감동했는지 교회는 크게 성장했다. 마침내 은퇴할 때가 되어 그는 은퇴 조건을 여러 항목으로 빼곡하게 제시했는데 거기에는 자기 아내에게 사줄 자동차 모델까지 적혀 있었다. 이로 인해 교회는 큰 분규와 갈등의 소용돌이에 휘말렸다. 지루한 소송 끝에 주변에 부러움의 대상이 되었던 그 교회는 마침내 목사직 박탈이란 극단의 사태까지 대가로 치르면서 공중 분해되다시피 했다.

자신이 성인이 되어 공들여온 직분에 대한 집착의 결말이 이러할진대 평생을 살아온 그 생명이 생물학적인 종말을 고하는 시점에 이르러 밀려들 회한이 어떠할지는 경험해보지 않은 사람은 실감 나지 않을 것이다. 아무리 공생애의 화려한 성취와 이력을 자랑삼더라도 떠나는 삶의 마지막 자리는 자신의 홀몸이 쓸쓸하게 감당할 수밖에 없다. 그 실존의 호젓한 자리는 평생을 살아온 모든 기억이 총체적으로 회집하는 자리다. 거기에 온갖 회한이 밀려들면서 삶의 미련에 마음이 출렁거리면 막판에 인간이 얼마나 추한 꼴을 보이는지 모른다. 억눌렸던 무의식의 족쇄마저 풀려 억압된 욕망이 난폭하게 분출하여 구정물처럼 범람하기도 한다. 더구나 보상심리의 물꼬마저 터지면 걷잡을 수 없을 정도로 노욕이 발동하여 인간의 기본적인 위엄을 지켜내기가 쉽지 않다. 죽음의 순간이 가까워질수록 내세에 대한 믿음도 희미해져 동물적인 감각으로 찾아드는 공포의 심리마저 겹치면 그야말로 존재의 파국이다.

이렇게 막판의 까마득한 소실점에 우리 삶을 한꺼번에 결산하는 부담을 몰아넣지 말고 평상시에 차분하게 잘 죽는 삶의 연습은 불가능한 걸까? 가만히 생각해보면 날마다 낮과 밤이 교차하고 인간이 컴컴한 자리에 누운 채 눈을 감고 의식이 암전되는 수면의 시간은 죽음을 연습하는 일상의 기회다. 다시 아침을 맞아 눈을 뜨고 일어나면 부활의 생명을 떠올릴 만한 절호의 분위기를 맞게 된다. 그러나 워낙 기계적인 패턴 속에 되풀이되는 일상의 리듬이기에 웬만한 영성의 내공을 쌓지 않고서는 일상에서 "잘 죽기"의 연습을 꾸준히 하기란 만만치 않다. 여기에 플러스알파의 자족적 요소가 필요하다. 그것은 욕망의 빗장을 꽁꽁 쟁여두지 말고 평상시 부드럽게 풀어헤쳐, 남에게 피해를 입히지 않는 선에서 넉넉히 충족시켜주는 것이다. 인간이 행복하게 숨쉬기 위해 태어났다는 바슐라르(Gaston Bachelard)의 통찰에 기대면 인간은 억압을 싫어하는 욕망의 존재다. 그런 동물성 본연의 생김새를 과도한 초자아의 이상과 이념으로 채워 넣다 보니 온갖 거품이 들끓는 불행한 생명들이 양산된다. 그리하여 무슨 거창한 명분이나 사유를 근거로 자신의 욕망을 과도하게 억압하는 자들은 남들을 반드시 억압하는 기질을 키워 사회적 공존에 위협이 된다.

문제는 이런 일상적 욕망의 충족과 이를 통한 행복의 추구조차 기복이 심하다는 것이다. 모두가 병들거나 불감증에 허우적대는 시대에 날마다 때마다 자기만은 행복하다는 사람은 왠지 수상하다. 대체로 밋밋한 일상을 살다가 뭔가 특별한 계기가 있어서 틈틈이 즐거움을 누릴 뿐이다. 그런 정서적 공복 기간을 줄이고 늙어가는 생명의 불우함을 달래기 위해 인간이 고안한 또 다른 문화적 장치가 기억이고 기념이다. 무엇을 기억하고 어떻게 기념하는가? 죽음 앞에서 자기 삶의 가장 아름다운 순간을 기억하고 또 그것을 꼼꼼하게 기획하고 연출하여 고상한 상징의 휘장을 입혀 기념한다. 전통 있는 미국 교회를 경험하면서 느끼는 배울 만한 점은 그들이 예배든, 무슨 특별 행사든, 주도면밀하게 기획하여 마치 영원히 기억하여 기념할 만한 일회적인 사건의 현장처럼 미학적인 연출에 세심한 배려를 아끼지 않는다는 것이다.

이처럼 단 한 번의 예배나 행사를 위해 여러 차례 모여 준비하는 세밀한 연출 마인드는 몇 부 예배를 물량주의적 풍성함의 분위기 속에 밀어붙이는 우리의 메가트렌드와는 분명히 다른 문화다. 이런 향유 지향적 문화의 여유가 개인의 삶에 관여하고, 특히 죽음을 앞둔 자리에서 제의적인 분위기 가운데 상징적으로 연출될 때, 그것이 주는 감동은 독특하다. 그 기억은 그것을 함께 공유한 자들의 마음속에 오래 머물기 때문이다. 특화된 기억과 기념! 그것은 삶과 죽음을 가로지르는 공부의 또 다른 자리로 특기할 만하다. 예수가 죽음에 임박하여 한 여인과의 만남의 자리에서 값비싼 나드 향유로 특별한 서비스를 받은 것은 이런 맥락에서 중요한 시사점을 던진다. 그는 공생애 이전에 가족의 생계 부담을 떠맡아 팍팍한 노동자의 삶을 살았지만 공생애 기간에도 내내 가난하고 병든 변두리 인생들을 섬기고 치유하는 일에 헌신하며 풍족한 삶을 누린 적이 없었다.

그런 그가 200데나리온의 값어치를 지닌 나드 향유의 단 일회적 사치를, 그것도 자신의 몸에 낭비적으로 허락한 사유는 간단하지 않다. 복음서 저자가 장례를 예비하는 의미를 부가했지만, 그 사치를 허용한 예수의 발언으로 미루어볼 때 그것은 죽어가는 자가 막판에 가장 진득한 기억 속에 담아 가져가고픈 마지막 욕망의 실현에 가까워 보인다. 그러나 그것이 이기적인 인간의 욕망에 머물지 않은 것은 그가 그 여인의 갸륵한 헌신의 마음을 복음이 전파되는 자리마다 기억되리라는 예언을 남겼기 때문이다. 제자들과 나눈 마지막 식사 자리도 마찬가지였다. 그것은 자신의 살과 피를 남김없이 제자들에게 주고 싶은 그의 극진한 사랑을 빵과 포도주로 배설된 소박한 유월절 식사의 기억과 함께 길이 남기고자 하는 기념비적 의식이었다. 그 가운데 스승과 제자들의 끈끈한 결속과 연대가 운명적으로 얽힌 까닭에 이는 이천 년이 다 되도록 장구한 전승의 궤적을 타고 여전히 기념되고 있다.

이런 향유 지향적인 의욕이 먹을 것이라는 일상적 소품과 나드 향유라는 사치품으로 골고루 나타났다는 점이 참 흥미롭다. 하나님이 풍성하신 창조주라면서 매일 먹는 일용할 빵 한 덩어리에 국한하여 그 풍성함을 시위한다면 얼마나 초라하고 우스꽝스러운가? 과연 풍족하신 하나님은 그의 아들이 남기는 마지막 삶의 자리, 죽음의 자리로 직결되는 그 아쉬운 현장에 일용할 양식의 소품 외에 거룩한 낭비와 사치의 향품을 예비하여 향유로서의 삶이라는 최종 공부 과제를 제자들에게 남겨둔 것이다. 그것은 반복되는 공동체의 예전적 자리를 매개로 예수를 믿고 따르며 그의 발자취를 좇아 공부하고자 하는 자들에게 거듭 기억하고 기념해야 할 사건으로 지속되고 있다.

예수가 죽음을 앞두고 보여준 위의 두 이야기에서 핵심 동사가 "기억하다"와 "기념하다"로 달리 번역되었지만 그 그리스어 원어의 어근은 동일하다. 어떤 기억이 혼자만의 것이 아니라 공동체에 공유되면 기념의 대상이 된다. 기념할 행사가 적지 않고 개별적·공동체적 단위의 기억도 많겠지만 그 가운데 얼마나 즐거움의 대상이었는지,

또 그 즐거움이 평생 마음에 새기며 공부할 만한 소재로 거룩한 빛 가운데 떠오르는지 바로 우리의 현재 기억 속에 복원해보아야 한다. 향유의 삶이 기억과 만날 때, 또 함께 공부한 자들에게 기념비적 사건으로 전승될 때, 죽어도 마냥 외롭지 않으리라는 믿음이 생기고, 고통스러운 죽음의 관문도 담대히 통과할 수 있으리라.

"아바 아버지여, 아버지께는 모든 것이 가능하오니 이 잔을 내게서 옮기시옵소서. 그러나 나의 뜻대로 마시옵고 아버지의 뜻대로 하옵소서"(막 14:36).

잘 살기의 최종 열매가 잘 죽기라고 믿더라도 실제로 그 현실과 맞닥뜨리면 잘 죽기가 결코 쉽지 않다. 나도 아직 이 지점을 경험해보지 않았지만 적지 않은 임종의 상황에 대한 관찰과 나름의 추체험을 통해 파악할 수 있는 현실이다. 실제로 내게는 청소년 시절의 연탄가스 질식사 직전의 경험을 비롯하여 유사죽음 체험이라 할 만한 가위눌림과 유체이탈의 공포를 오래 체험해본 적이 있는 터라 죽음이 왜 고통스러운 최후의 관문인지 꽤 생생하게 실감할 수 있다.

또 무엇이 잘 죽는 것인지에 대해서도 숱한 토론이 있지만 그 유일한 정답은 여전히 오리무중이다. 고래로 전승된 그리스어의 "좋은 죽음"(*euthanasia*)은 꼼꼼하게 준비된 죽음, 고상한 명분이 있는 자발적 죽음 등의 종속 개념을 포괄하는 말이었다. 그런데 이 말의 원어적 함의는 오늘날 다소 엉뚱하게 변용되어 전혀 다른 맥락에서 "안락사"를 뜻하는 협의의 개념으로 유통되고 있다.

죽음의 공포를 언급할 때 꼭 등장하는 경구가 고대 에피쿠로스학파의 비조가 남겼다는 유명한 어록이다. 쾌락주의자로 알려진 이들의 지향은 육체적 쾌락보다 정신적 열락의 추구로 나타났는데 그 최고 경지를 아무런 번뇌도 동요도 없는 정신적 평정(*ataraxia*)의 상태로 보았다. 죽음도 이런 관점에서 통찰하여 "내가 존재하는 동안 죽음은 부재하고 죽음이 찾아오면 난 더 이상 존재하지 않는다"는 인식 아래 그것을 두려워하지 말아야 할 논리적 근거를 제시했다. 그러나 이후 에피쿠로스학파의 이런 관점은 상당한 비판을 받았다. 인간이 죽음을 두려워하는 이유는 단지 그 경험적 순간의 존재나 부재에 있기보다 타자의 죽음을 통해 자신의 죽음을 끊임없이 의식하기 때문이다. 또 한순간의 급사가 아닌 자연사의 경우 질고와 함께 서서히 죽어가는 과정 그 자체가 두려운 것인데 에피쿠로스학파는 이 점을 등한시했다.

이런 비판적 통찰과 더불어, 죽음에 앞서 드러내는 두려움의 감정을 왜 부정적으로 보아야 하는가 하는 회의적 입장도 있다. 죽음 앞에 선 자들의 통상적인 반응을 연구한 임상 보고에 의하면 두려움과 근심, 슬픔, 좌절, 분노 등의 감정적 표현에 이어 그 실존을 극복해보려는 여러 형태의 분투가 이어진다. 그 다음의 단계로 신 또는 운명과의 거래를 시도하는 순간이 찾아오는데 "목숨이 연장된다면 이러저러한 선행을 하겠다"는 서약이 그 조건으로 제시된다. 그럼에도 죽음의 광풍이 제어되지 않고 오히려 상황이 더 악화될 경우 죽어가는 자는 깊은 좌절과 우울을 경험한다. 그 하염없는 추락의 바닥을 치고 다소 긍정적인 에너지를 회복하는 순간 마침내 자신의 죽음을 순순히 용납하는 단계를 거치게 된다.

이 모든 과정에서 죽음에 대한 두려움의 감정은 인간이 죽음을 자신의 불가피한 실존으로 수락하는 단계에서 그 의미를 내면화하는데 적잖이 이바지한다. "아, 내가 죽는구나!" 하는 단순한 탄식에서 시작하여 "어떻게 마지막 순간을 감당하지?" 하는 근심을 거쳐 그 죽음의 의미를 반추하고 살아남은 자들에게 자신의 마지막 모습을 깔끔하게 갈무리하려는 인간적 존엄까지 포함하여 현실화한 죽음의 자의식 가운데 인간은 의외로 짧은 시간에 많은 것을 담아낼 수 있다. 물론 여한 없는 죽음을 자신의 몫으로 취하기는 매우 어렵거나 불가능하다. 아무리 보람차게 잘 살고 장수를 했더라도 여전히 부족하고 아쉬운 게 바로 인생 아닌가? 그래서 "여한이 없다"고 말하는 순간조차 인간은 그 내면에 수많은 추억과 함께 회한을 품고 있다고 솔직하게 인정해야 할 것이다. 더구나 예의 통상적 패턴을 좇아 인간이 순탄하게 자신의 죽음을 최종적 운명으로 단계적으로 선선히 용납하는 것도 아니다.

내 박사 논문을 통해 연구한 바에 의하면 고대로부터 죽음에 저항하는 모티프는 매우 일관된 계보를 이루며 다양한 전설적 문헌을 통해 전승되어왔다. 그것은 한마디로 치열하게 버티면서 죽지 않고자 발버둥 치는 인간의 동물적 생존 욕구를 마지막 죽음의 순간에 이르러서도 포기하지 않는 태도다. 가령, 자신의 삶이 다하여 데리러 온 죽음의 사자를 이런저런 꼼수로 따돌리면서 조금이라도 더 생명을 연장해보려고 발버둥 치는 식이다. 그런가 하면 병원에서 시한부 생명으로 사형선고를 받은 환자가 고래고래 악을 쓰면서 하나님을 저주하고 주변의 사람들에게 악담을 퍼붓는 비인간화의 현장도 없지 않다. 그러나 이런 형태는 제 죽음의 현실을 부인하여 안 죽으려고 몸부림치다가 최소한의 인간적 존엄성마저 상실한 채 한 번 더 죽는 지극히 추레한 동물적인 유형이다.

이런 유형의 정반대에 위치한 또 다른 극단으로 초연의 유형도 있다. 이는 자신의 평생을 철저한 정신 수련을 통해 다져온 이들 가운데 예외적으로 나타나는데 죽음조차 아무렇지도 않게 대하며 담담히 넘어가는 유형이다. 살 길이 있었음에도 자기에게 주어진 독배를 마시고 평정을 잃지 않은 채 담담히 죽어간 소크라테스가 그 고전적인 모델이다. 이는 훗날 스토아 철인들에게 "초월적 무관심"(*adiaphora*)이나 "무정념"(*apatheia*)의 이상으로 나타난 죽음의 방식이다. 죽음이나 예기치 않은 사건 사고와 같이 피하려고 아무리 애쓰고 발버둥 쳐도 인간의 힘으로 어쩔 수 없는 한계상황이 있다는 것이다. 그 지점에 이르러 그것을 운명의 몫으로 수용하면서 일말의 부정적 감정조차 드러내지 않고 태연하게 임하는 것이 자유의 길을 공부해온 그 철인들의 신념이었다. 이처럼 초연한 태도로 죽음을 넘어서고자 한 유형은 서구 전통뿐 아니라 동양의 선승이나 도인들이 보여준 마지막 순간의 기상천외한 일화에 이르기까지 매우 광범위하게 분포되어 있다.

자신의 죽음에 대한 태도가 후자의 유형처럼 고고하고 초연한 방식으로 드러난다면 우리 공부가 헛되지 않았다는 자부심도 생길 것이다. 그러나 인간은 살아생전 줄곧 연약하듯이 죽어가는 상태의 생명에너지는 그야말로 풍전등화의 실존으로 대개 위태로운 법이다. 따라서 평범한 사람들이 평상시 없던 괴력을 동원해 죽음을 애들 장난처럼 희화화할 수도 없고 그 고비를 마냥 천진하고 초연한 포즈로 안이하게 넘길 수도 없는 노릇이다. 그렇다면 우리는 인간으로서 자신의 죽음에 대해 충분히 슬퍼하고 고뇌하면서 동시에 그 죽음의 마지막 순간까지 인간의 존엄성을 견지하며 공부할 수는 없는 것일까? 앞의 양극단 유형과 달리 겟세마네의 예수는 우리에게 그 사이로 난 제3의 길을 유산으로 남겨주었다. 그는 죽음의 상황을 민감하게 의식한 뒤 겟세마네에 이르러 두려움과 고뇌와 슬픔의 감정을 숨기지 않았다. 제자들에게 연대적 중보기도를 요청한 뒤 그가 세 번 반복해 드렸다는 기도는 죽고 싶지 않은 인간의 생래적 욕망과 함께 그것이 아버지의 뜻과 합치된다는 전제 아래 그 죽음을 수용하고자 하는 결단의 상황을 극적으로 보여준다.

과연 그렇지 않을까? 자연사도 아니고 30세의 젊은 청년으로 예수는 자신 앞에 놓인 죽음의 잔을 옮겨달라고 청할 만큼 생명에 대한 애착이 있었다. 그래서 죽음 앞에서 그가 드러낸

두려움과 고뇌와 슬픔조차 그의 정직한 인간성의 발로로 볼 수 있다. 더구나 그의 아버지 하나님은 모든 것을 할 수 있는 전능하신 창조주 아닌가? 그러나 그 아버지의 최종 판결이 아들의 희생적 죽음을 승인한 것이라면 아들은 그 뜻을 받들어 죽음을 감내하는 수밖에 없다. 그렇게 철저한 순종의 마음으로 자신의 동물적 탈출구를 봉쇄한 기도가 "그러나 나의 뜻대로 마시고 아버지의 뜻대로 하시옵소서"였다. 예수의 이 기도 덕분에 우리는 죽음에 임박해서 충분히 고뇌하고 슬퍼할 수 있다. 두려워하면서 죄책감을 품을 필요도 없다. 다만 "그러나"의 절제된 미학에 충실하여 우리는 죽으면서 인간의 위엄을 내팽개친 채 추해지지 말아야 한다. 아버지의 뜻이 자신의 꺼져가는 생명을 통해 실현된다면 그 뜻에 자신을 맡기고 죽음을 가뿐히 수용할 수 있어야 한다. 그것이 멋있게 잘 죽고, 죽는 순간 제공된 마지막 공부의 기회를 최대한 선용하는 길이다.

예수 인문학

1쇄발행_ 2016년 6월 30일

지은이_ 차정식
펴낸이_ 김요한
펴낸곳_ 새물결플러스
편　집_ 왕희광·정인철·최율리·박규준·노재현·최정호·한바울·유진·권지성·신준호
디자인_ 서린나·송미현·박소민
마케팅_ 이승용·임성배
총　무_ 김명화·최혜영
영　상_ 최정호·조용석

아카데미_ 유영성·최경환·황혜전

홈페이지 www.hwpbooks.com
이메일 hwpbooks@hwpbooks.com
출판등록 2008년 8월 21일 제2008-24호
주소 (우) 07214 서울특별시 영등포구 양평로 11, 5층(당산동5가)
전화 02) 2652-3161
팩스 02) 2652-3191

ISBN 979-11-86409-59-6 03230
책값은 뒤표지에 있습니다.

이 도서의 국립중앙도서관 출판시도서목록(CIP)은 서지정보유통지원시스템 홈페이지(http://seoji.nl.go.kr)와 국가자료공동목록시스템(http://www.nl.go.kr/kolisnet)에서 이용하실 수 있습니다(CIP제어번호: CIP2016014085).